1.er Acte.

La

Prévention

Nationale,

Action adaptée à la Scène;
Avec deux Variantes, ét les
Faits qui lui servent de base :

Première Partie :

contenant

La Prévention - nationale,

action en - cinq - actes;

son Analyse ,

& la seconde Variante.

* Le Français estime toutes les autres
Nations , ét il ne leur attribue pas en-
general , les defauts des Particuliers.

à La-Haie , & se trouve à Paris,
Chés Regnault, libraire , rue
Saintjaques, près celle du-Plâtre

1784.

Voyez, s. v. p. l'errata qui termine cette I.re Partie.

Nota I.

La Prévention-nationale, eſt un ſujet neuf, vaſte & digne de la ſcène-françaiſe : Il eſt ici traité avec une étendue, qui peutétre prolongerait le temps de la repréſentation audelà des bornes ordinaires ; on ſe-propoſe de reduire la Pièce, lors de la miſe-au-theatre · Mais il était à-propos qu'elle reſtât entière, ſoit pour la ſimple lecture, ſoit même pour la repréſentation, tant à la Cour qu'en-Province.

I I.

En-traitant *la Prevention-nationale*, le ſujet a-naturellement-amené des acceſſoires importans, le reſpect-filial, l'autorité-paternelle-&-maritale ; vertus rares dans les Villes ! mais qui n'en-exiſtent pas-moins en-France, dans les Cantons iſolés, où la corruption ne les a.pas-encore-detruites.

I I I.

On a-cru devoir écrire exactement la Pantomime, ou, comme diſent les Comediéns, *les intentions-du-rôle*, pour faciliter le jeu, au-cas de repréſentation, aider l'Acteur, & lui donner ſûrement ce qu'il ne pourrait que conjecturer, les *vues* & les *intentions* de l'Auteur en-compoſant.

I V.

Les lettres [A], [B], &c. repetées à tous les endroits où elles indiquent un éclairciſſement, renvoient aux Faits, dans la *Seconde-Partie* ; obſervant, que chaque Morceau particulier de la Pièce deſignée par [A], [B], &c^a, aura auſſi une indication particulière, en cette forme : [A 1] ou [A 2], [B 1] ou [B 2], &c.

☞ L'épigrafe eſt-pris au *ſecond Acte, xiv ſcène*, p. 78.

A

MADAME

* * * * *.

Madame & Mère

Je crois vous-devoir l'hommage particulier de ce Drame, à tous les titres : je
suis votre Fils ; je vous respecte, je vous
cheris ; vous avéz à mon-égard les tendres
sentimens d'une Mère ;   que pouvais-je
faire de-mieux, que d'adopter un Ouvrage, qui présente le tableau le plus-frap-
pant de la tendresse paternelle-mater-
nelle, ét de la piété filiale ?

La peinture de ces mœurs antiques, re-
leguées dans les Villages,   ou dans les
Châteaus isolés de quelques Gentilshom-

A 2

mes éloignés du commerce-du-Monde, a-frappé, saisi, pénétré mon âme sensible et filiale : ce-sont les mœurs de vos nobles Ancêtres.

J'ai-saisi l'occasion d'obliger l'Auteur; j'ai-lu son Drame, je lui ai-suggeré des corrections, qu'il a-goûtées, enfin j'en-suis-devenu l'Editeur, pour avoir-occasion de vous en-faire hommage; j'adopte tous les sentimens qu'il contient; je vous les exprime par lui, et j'ose vous prier, Madame, de faire-agreer à mon Père, de ma part, le témoignage de la tendresse, du profond respect, avec lesquels je suis, et serai-à-jamais pour Vous-deux,

Madame et Mère,

Votre très-humble, très-obéissant, très-soumis Serviteur et Fils,

✻ ✻ _ ✻ ✻ ✻ ✻ ✻

La Prévention-nationale,

action en-cinq-actes,

destinée pour l'un des Théatres de la Capitale.

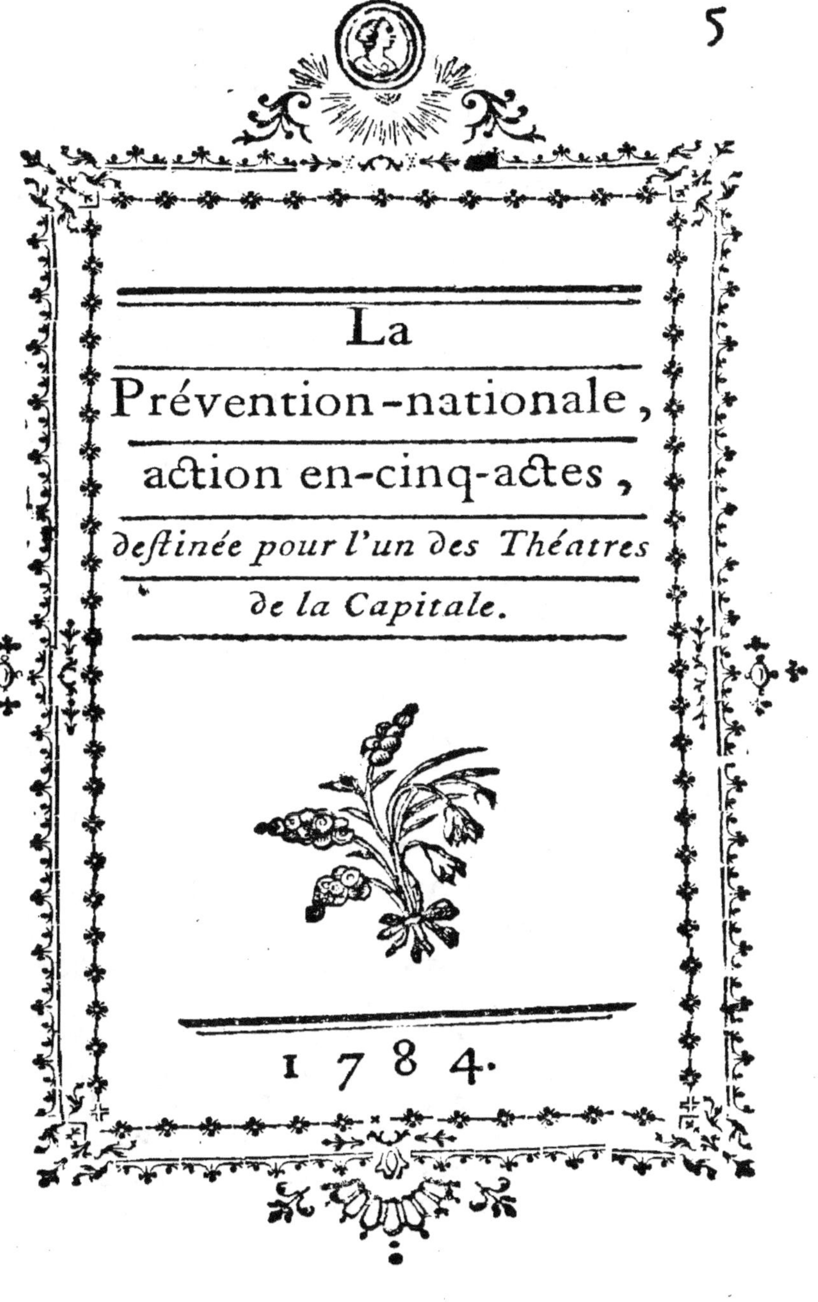

1784.

DULIS-PÈRE, gentilhomme-de-campagne.

M.me DULIS, son épouse.

DULIS-FILS, mousquetaire, marié malgré son Père à une jeune-Anglaise.

Miss HENRIETTE, épouse de Dulis-fils.

Mistress MACBELL, tante d'Henriette.

M.me D'ANGELIERS, sœur de Dulis-fils.

M.r D'ANGELIERS, son mari.

LOSOLIS, mousquet.re, ami de Dulis-fils.

DE-SERJ, mousquetaire, rival de Dulis-fils.

Mylord TAAFF, anglais, amoureus d'Henriette.

PIERRE-DULIS, frère-aîné de Dulis-fils.

THOMAS-DULIS, frère-puîné.

ANNE

MARIE   -DULIS, sœurs mariées;

MARIANNE

MARGUERITE-DULIS, jeune sœur, fille.

BETTY, suivante d'Henriette.

BOURGUIGNON, valet des 3 Mousquetaires.

JEMMY, valet de Mylord.

GERMAIN, & 5 autres Garsons-de-charrue.

PAULOT, 1.er Vigneron, & sept Autres.

JEANNOT le chevalier; CLAUDOT le bouvier.

JAQUOT le berger, COURTCOU le chèvrier, EDM'LOT le porcher.

CLAUDINE, MARTHE, JEANNETTE, MARIE, REINE, FANCHON, EDMÉE, CATERINE, NANNETTE, MARGUERITE, MARIANNE, MARION, servantes.

TOM, domestiq anglais, arrivant d'York.

La Scène est au-château de Dulis-père, en-Puisaie, dans la salle-à-manger.

action en-cinq-actes.

Prologue.

MESSIEURS,

Votre Concitoyén, auteur de l'Action-dramatique que Nous alons Vous-représen-senter, y-traite un sujet digne de votre attention, à-plusieurs titres: Il y-va mettre sous vos ïeus les funestes effets de cette Haîne, que la prévention & le préjugé n'élè-vent que trop-souvent entre les Nations voisines: Il Vous y-va peindre la vie peu-connue des Gentilshommes-de-campagne & des riches Cultivateurs; portion interessante de la Société, qui a-conservé les mœurs françaises primitives, qu'on est-accoutumé, dans les Villes, à regarder comme passées depuis deux-siècles: La dignité paternelle & maritale, l'attachement, la soumission-d'E-pouse unis à la tendresse maternelle, le res-pect & la piété filials, la consideration pour les Femmes, les sentimens qui leur-devouent l'Honnête-homme auquel elles se-font-don-nées, y-brillent de tout l'éclat que pouvait leur-preter un Peintre-de-la-vertu. Voila les titres ausquels il invoque votre biénveillance.

(Le rideau se-lève à-l'instant où le Prologue finit, & l'on joue)

A 4

Explication de l'Estampe du Premier Acte.

Dulis-fils devant le Portrait de son Père.

Dulis-fils, marié clandestinement à une Anglaise ; est-arrivé la nuit dans la Maison-paternelle, où les ordres donnés par sa Sœur-D'Angeliers l'ont-fait-secrettement-introduire, avec sa Jeune Epouse, mistress Macbell la Tante d'Henriette, & monsieur De-Losolis, ami fidèle & camarade du Jeunehomme: Tourmenté par son inquiétude, & pressé du desir de voir sa Sœur biénaimée, il n'a-pu fermer-l'œil ; il a-quitté sans-bruit son Epouse qui sommeille, pour venir rêver dans le grand-sallon du château, commun à monsieur Dulis-père & à monsieur D'Angeliers son gendre : Ie sensible Dulis revoit avec attendrissement la Maison où il est-né ; pénétré-de-respect à-la vue du Portrait de son Père, il s'écrie :

« O respectable Mortel »!...

Premier Acte.

1 scène.

[*La Salle où se-passe l'Action, n'a pour ornement que des choises, deux fauteuils-de-bois, les Portraits du Pere & de l'Ayeul, audessus de deux grandes Tables, & les Fusils qui garnissent en-travers le manteau-de-la-cheminée à-l'antique.*]

DULIS-fils [*seul, en-habit-de-campagne*].

Bourguignon?.... (*il appelle son Valet.*) Tout dort!...... moi-seul, je suis-troublé!..... (*Il aperçoit le Portrait de son Père :*) O respectable Mortel! (*Il lui rend hommage*). ..... Maison-paternelle! je te salue!.... (*Il paraît dans le ravissement...*) Oui, mon inquiétude, toute-vive qu'elle est, cède au charme de la Patrie!...... Tout m'enchante dans ce tranquile séjour,.... où s'est-écoulée ma jeunesse!..... Que ne puis-je y-passer ma vie, avec Henriette & mon genereus Ami!... (*l'inquiétude succède*).... Vaines idées!.... (*Il tire une Lettre, & lit :*).... Ah!..[A 3]. Quelle Lettre! elle me fait-trembler!.......... Dieu toutpuissant!........ vous êtes aussi mon Pere! attendrissez le cœur de Celui que vous m'avez-donné!........ (*Il marche comme un Homme éperdu.....*) Comment ma Femme en-sera-t-elle-vue!.... Une Anglaise!.... Fatale prévention, qui desunit les Hommes!..........

A 5

fondée,... il eſt-vrai.... mais les Concitoyéns ne ſe-ſont-ils-pas-maſſacrés, dans les guerres-civiles? il faudrait tous ſe-haïr, ſ'entredechirer!.... Mon Ami parlera...... (*Il appelle à une porte :*) Losolis!..... Losolis!..... Il n'eſt-pas-éveillé....... (*à-demi-voix, entr'ouvrant une autre porte :*) Henriette!... ma chère Femme!........ Pourquoi troubler ſa tranquilité!............ Repose, charmante Épouse! aſſés d'alarmes t'attendent aujourd'hui!...... (*avec conſolation :*) Sa beauté, ſa douceur toucheront mon Père!...... oui, ſ'il conſent à la voir, je ſuis-pardonné........ (*Il marche en-rêvant :*) Ma Sœur la préſentera.........,.. (*Il va du-côté de la porte-d'entrée, & il appelle :*) Bourguignon?

IJ ſcène.

D U L I S - fils , B O U R G U I G N O N.

B O U R G U I G N O N (*ſortant tout-habillé, moitié-endormi :*)

Monſieur?

> D U L I S - fils.

Paix! parle plus-bas!.... Eſt-il jour, chés mon Père?

> B O U R G U I G N O N.

Je n'en-ſais rién: je vais le demander.

> D U L I S - fils.

Ne te laiſſe pas voir!....

BOURGUIGNON.

Je n'ai-garde!... Madame D'Angeliers votre
sœur, en-donnant ses ordres pour qu'on nous
reçût chés-elle, quelqu'heure qu'il fût, a-
bien-recommandé qu'on ne nous decelât pas!
le Domestiq, il se-nomme Germain; c'est un
bon garson! me l'a-dit tout-bas devant quinze
Personnes qui étaient du-secret.... Mais je
vais adroitement savoir si monsieur votre
Père est debout.

DULIS-fils.

Je tremble que mon Père ne viénne dans cette
salle! avertis-moi au moindre mouvement!

BOURGUIGNON.

Je n'y-manquerai pas! (*à l'oreille:*)   Monsieur De-Serj votre Cousin, vous a-suivi:
feignez de l'ignorer: je lui crois de mau-
vaises-intentions... Je sers trois Mousquetaires; j'aime l'Un (*il montre Dulis*), j'honore monsieur De-Losolis, & je crains le
Troisième: mais je dissimule avec lui; encore plus avec la Tante de Madame, qui a
ses projets à-part; car j'ai-entrevu un certain
Jemmy dans l'auberge du Village..... Vous
savez ç' que ça veut-dire?

DULIS-fils.

Jemmy! c'est le valet de ce Lord?

BOURGUIGNON:

Justement!.... Laissez-moi faire; je de-
chiffrerai tout-ça... Mais j'entens des portes
s'ouvrir: je vais observer. (*Il sort.*)

IIJ Scène.

DULIS-fils, LOSOLIS [*sort de sa chambre.*]

LOSOLIS (*parlant en-dedans :*)

Je l'aperçois!

DULIS-fils (*sans voir son Ami :*)
Infortuné! je tremble de voir le meilleur
& le plus-respectable des Pères!....

LOSOLIS (*l'abordant :*)
Mon Ami, Betty vient de me dire que ta
Femme est-éveillée, & que ton absence l'in-
quiette: viéns la rassurer?

DULIS-fils.
Va lui dire, que je veus saisir l'instant de
voir ma Sœur bién-aimée: je reste exprès
dans cette salle, commun à mon Père & à
monsieur D'Angeliers mon beaufrère; ma
Sœur doit la traverser pour aler-rendre ses
devoirs à nos Parens; c'est sa première action chaque-matin. Il faut que je me concerte avec elle.... (*avec douleur :*) Plûs
l'instant de voir mon Père s'approche, plûs
je suis-épouvanté!

LOSOLIS.
Je sais que sa colère est terrible! mais il est
bon.

DULIS-fils.
Ah! bon, bon, comme le Dieu dont il est
l'image à mon égard!

LOSOLIS.
Prens-donc plùs de confiance dans sa bonté!
DULIS-fils.
Mais... il deteste la Nation ... de mon Henriette.... Comme tu-sais, mon Ami, la celèbre Jeanne-D'Arq, brûlée par les Anglais, nous a-donné notre nom & renouvelé notre antique noblesse[B1]... Nous sommes de son sang.... Mais ce n'était pas encore assés; il a-falu pour augmenter la haîne de mon Père, & combler mon malheur, qu'un de mes Frères, le plus-aimable, le plus-meritant, encore simple Volontaire, ait-été-tué par-eux [B3] ... le premier... sur les pas du brave Chevalier-D'Assas [B2]!..... C'est depuis que j'aime Henriette!...
LOSOLIS.
Je sais combién ton Père deteste les Anglais!.... Ta Femme d'ailleurs est sans fortune, & ... l'on a-pu calomnier ses mœurs...
DULIS-fils.
Tu les defendras, mon Ami! tu les connais?
LOSOLIS.
Elles sont pures.... Mais sa Tante.....
DULIS-fils.
Ma Femme lui a-toujours-resisté. Eh! sans le danger que couraient les mœurs de ma chère Henriette de la part de ce Lord, l'eussé-je-épousée, sans l'aveu de mon Père? sans consulter mon Ami!
LOSOLIS.
Je t'en-remercie; tu-m'as-évité une méchante

action : car si tu m'avais-dit : —Je veus que tu
consentes à mon mariage ; il le faut, l'amitié l'exige–! je t'aurais-secondé, malgré ma
conscience.... Prendre une Femme, contre
la defense d'un Père ! mon Ami, c'est une
action ... que l'amitié m'empêche de qualifier.

DULIS-fils.

Je le ferai ; c'est une action criminelle,
qui outrage la nature.... Mais quand on l'a-
prise, cette Femme ; qu'on est-devenu son
mari, c'est un second crime, plus-horrible
encore, de l'abandonner.

LOSOLIS, (*avec feu :*)

Oui ! & c'est mon sentiment.... Ne parlons
donc plus de ce qui est-fait, mais de ce qui
nous reste à-faire.... Il faut flechir ton
Père, en-demeurant attaché à ta Femme ; il
faut remplir àlafois tous tes devoirs... La tâche est-difficile!.... mais je me donne à toi
tout-entier ; j'emploirai tout ce que je puis,
pour te servir.

DULIS-fils.

O mon Ami ! que de peines je te cause !

LOSOLIS.

Des peines ! des peines ! dis des plaisirs !....
Si je te sauve aujourd'hui, je suis heureus
à-jamais. ### DULIS-fils.

Digne & vertueus Ami ! ce sera pour la se-
conde-fois, que je te-devrai le bonheur & la
vie !.... Veille sur Henriette, pendant que je
serai-forcé de me-tenir éloigné d'elle ; empêche que De-Serj, ou Mylord ne l'approchent...

Ils font-ici.... Surveille la Tante elle-même...
Je crois que Betty est une bonne fille; elle
m'a-donné mille-preuves d'attachement; elle
pourra nous être-utile: va.... Dès qu'il fera-
jour chés ma Sœur, je la verrai; nous-nous-
concerterons; elle préviendra ma Mère.....
Madame D'Angeliers est toute à moi: tu sais
quel est l'usage dans notre Famille; on y-met
les Sœurs fous la garde speciale des Frères;
l'amitié reciproque decide du chois: je suis
le protecteur choisi de Madelène-Dulis; elle
m'est-devouée, comme je le-suis à ses interêts:
elle est-cherie de mon Père, tout-le-monde
ici l'adore.... (*ceci en-sens-interrompu :*)
(c'est comme Henriette; la vertu, jointe à
la Beauté est la reine du Monde!) elle adou-
cira mon Père.... La vue de ma Femme, &
tes bons-offices, mon Ami, achèveront de
le flechir, de desarmer sa juste colère.

L O S O L I S.

Henriette unefois connue, ne pourra manquer d'être-aimée; il ne s'agit que d'engajer
ton Père & ta Mère à la voir.

D U L I S – fils (*avec confiance :*)

Crois-tu que ce moyén réüssisse ?

L O S O L I S.

Il est-infaillible.

D U L I S – fils (*attendri :*)

Je n'ai-jamais-eu de consolation que par toi!...
O présent de la Divinité! vertueus Ami!
que je te dois-deja!

LOSOLIS (*avec raviſſement :*)
Quel bonheur, que tu me doives!.... (*avec
le ton de la reconnaiſſance :*) Quand je
t'ai-trouvé, j'avais-tout-perdu, Mère tendre, Protecteur affectionné, Maitreſſe cherie, fortune.... J'étais au-deſeſpoir! je te
vis; je lus dans ton ame franche; je t'aimai; tu m'aimas; tout-nous-fut-commun,
peines, plaisirs, moyéns, pauvreté ... &
je fus-heureus.

DULIS-fils (*avec gemiſſement :*)
Pauvreté!.. C'eſt-moi, quit'ai-rendu pauvre...
J'étais-abandonné de ma Famille, deſeſperé,
malade; je n'avais-plus .... le neceſſaire pour
Henriette, & tu t'es-depouillé pour moi!....

LOSOLIS (*noblement attendri :*)
Enfant que tu es! n'as-tu-pas-lu, dans le
Plutus d'Ariſtofane, ce bel éloge de la
Pauvreté, capablederéconcilieravecelle?....
O celeſte & divine Pauvreté! pardonne à
des Ingrats, que tu as-rendus heureus, &
qui meconnaiſſent tes faveurs!.... Dis-moi,
Dulis, ſi tu n'euſſes-pas-été-pauvre, tes paſſions, ta jeuneſſe, ton inexperience, la
ſcif du plaisir ne te perdaient-elles pas ſans
reſſource, à ton arrivée à Paris?..... Et
moi, chèr Ami, ſans ma pauvreté, où ſerait mon merite à ton égard?.... Voudrais-
tu que je ne l'euſſe-pas? voudrais-tu m'enlever ma gloire & ma courone?.... (*avec
abandon*) Je connais une volupté inexpri-

mable, que jamais l'Homme-riche n'a-sentie, celle de conserver mon Ami, avec la moitié de mon nécessaire, & par un travail secret, mais honnête, qui suppleait à ma fortune...... Tandis que nos Officiers me croyaient-occupé d'amusemens frivoles, mis en-Ouvrier, je travaillais chés un Maître..... La sueur coulait de mon visage; mais ma lassitude même était un plaisir; en - comptant mon salaire, en-me-disant, *il suffit !* j'éprouvais la volupté suprême..... Quelle gloire, mon Ami, de conserver, par les seules forces qu'on tiént de la nature, sans le secours de ces biéns qui ne font pas nous, qui ne nous-donnent qu'un pouvoir emprunté, un Ami souffrant, au-desespoir? une Jeune-épouse, qui lui est-plus-chère que sa vie!.... Quand, à mon tour d'aler à-*l'ordre*, je traversais la Ville, à-cheval, je pensais quelquefois: (si c'est une faiblesse, il faut me la pardonner!) —Qui croirait que ce Mousquetaire, était hiér un Compagnon, qui travaillait-à-la-journée, pour nourrir l'Epouse d'un autre Mousquetaire, disgracié de sa Famille, & malade-de-douleur!.... Dulis, Celui de-deux Amis qui oblige, redoit à l'Autre, & je te redois.... Sans la pauvreté, quel merite aurais-tu, par ta conduite avec moi, depuis ta maladie?.... Tu m'aurais-payé; tu serais-quitte, froid, comme Tous-ceux qui s'aquittent avec de l'argent.... Tu m'as-imité; tu m'as-montré dans ton noble cœur un tresor de chaleur & d'amitié.... La pauvreté, chèr Ami, fut notre creuset; adorons-la: elle nous a-prouvé notre amitié; elle t'a-prouvé l'amour de ta jeune Epouse; elle t'élève audessus des Monarqs ordinaires; car le cœur d'une Femme belle & vertueuse vaut-mieux qu'un empire.

DULIS-fils *(levant les ïeus au ciel, & montrant son Ami :)* Grand Dieu! vous-avez-rendu visible pour moi, l'Ange que vous donnez à chaqu'un de vos Enfans, pour leur-adoucir les peines de la vie!.... Mon Ami!.... c'est-auprès de ma Femme, que tu m'es à-présent le-plus-necessaire...; va lui-dire pourquoi je dois rester seul ici. *(Losolis rentre.)*

IV scène.

DULIS-fils, BOURGUIGNON.

DULIS-fils *(tandis que Bourguignon entre sur la scène, en-marchant avec précaution.*

Revoyons la terrible Lettre! ... *(il la prend:)* » Je vous ordonne de cesser de »voir Henriette-Kircher, ... ou ma male-»diction est toute-prête [A 3] ».... Je serai-maudit par mon Père, ... desherité, chas-

sé.... (*Il s'agite, marche, soupire dou-*
loureusement :) ... (*après une pause , &*
avec une sorte d'épanouissement :) Henriette! chère Moitié de ma vie! s'il-faut
un sacrifice plus-grand encore, je te-le-fe-
rai!... Te quitter! que la foudre venge-
resse , prête à m'écraser, se fasse-entendre,
& je braverai la foudre!...
BOURGUIGNON (*s'avançant tout-près*
de lui , à-demi-voix:)
Monsieur votre Père......
DULIS-fils (*tressaillant, & cherchant à se-*
cacher par des mouvemens rapides.)
Mon Père......

BOURGUIGNON.

Oui; je rentre, pour vous dire, qu'il viént de
sortir, à-la-tête de ses Garsons-de-charrue,
de ses Vignerons, de ses Bucherons ; tout
cela marche gaíment au travail sur les pas
du Maître, qui a-l'air d'etre leur père.

D U L I S-fils (*à-part :*)

Ils sont plus-heureus que moi!... ils sont plus-
obéissans.... (*à Bourguignon:*) Si ma Sœur
paraît, viens m'avertir:(*à-part:*)...Je vais revoir
les lieux où mes premiers ans se-sont-écoulés
dans l'innocence.... ces jardins, ces vergers,
ces arbres.... tout m'attendrit.... Je vais voir
lever le soleil, où je l'ai-vu tant-de-fois se lever dans mon enfance! ... j'étais heureus
alors... j'étais innocent!... Mon cœur se-gon-
fle, & mes larmes veulent-couler! (*Il sort.*)

V ſcène.

HENRIETTE, LOSOLIS, MACBELL [*qui les ſuit*], BOURGUIGNON [*à-l'écart.*]
HENRIETTE (*entrant la première vivement ſur la ſcène.*)

Où eſt-il ? ..... Je ne l'ai-pas-encore-vu ?
LOSOLIS (*à Bourguignon:*)
Où eſt Dulis ?

BOURGUIGNON.
Il viént de ſortir : je ſuis-reſté, pour l'avertir, dès qu'il ſera-jour chés madame D'Angeliers ..... Il était-tout-prèt à pleurer.

LOSOLIS (*à Henriette :*)
Son âme eſt ſi-ſenſible! la vue de ce château, de ſes environs, tout l'émeut :... Hièrſoir, au premier moment où nous avons-mis le piéd ſur la terre de ſon Père, il eſt-deſcendu; c'était pour ſ'agenouiller, & baiser le ſol-natal..... Un Homme ſi-tendre, ſuſceptible d'un ſi-fort attachement pour tout ce qui intereſſe ſon cœur , n'abandonnera pas ſon Epouse!

(MACBELL *paraît ſ'éloigner à-deſſein de parler à Bourguignon :*)
St!....... HENRIETTE.
Genereus Ami! que je vous ai-d'obligation de nous avoir-accompagnés! Vous fortifierez un Fils que la colère paternelle épouvante; vous m'encouragerez moi-mème, & dirigerez notre conduite à tous-deux!

LOSOLIS.

Votre Mari vous adore; soyez sûre de son cœur... Mais son Père est un Homme ferme, ... terrible! .... qui haît votre Nation par principes......

HENRIETTE (*avec le ton de la douceur:*) Et moi, j'aime tant la vôtre! j'y-connais deux Hommes si-dignes, l'Un de ma tendresse, l'autre de mon estime! ..... Si je n'avais-pas-connu monsieur De-Serj, j'aurais-cru tous les Français vertueus! (*Macbell disparaît avec Bourguignon, après avoir-regardé tous-deux par une fenêtre, & fait-signe à Quelqu'un audehors.*)

LOSOLIS (*avec le ton-de-la-reserve:*) Il nous a-suivis..... Votre Tante m'a-dit..... qu'il avait-osé ...... lui faire-l'aveu d'un ...... coupable amour!

HENRIETTE (*vivement:*) C'était avant mon mariage!..... deux-jours avant notre depart pour Douvres.... Vous savez que mon Mari s'était-caché de tout le monde, de vous-même...... Monsieur De-Serj ne savait pas...où nous en-étions... Mais, à notre retour de Douvres, ma Tante lui a-dit, que j'étais-mariée à son Cousin.... J'ai-agi comme je le devais, lorsqu'il est-revenu; il ne m'a-jamais-trouvée seule; ma Tante ou Betty étaient toujours auprès de moi... Il m'a-paru-concentré.... J'aurais-mieux-aimé de la fureur.... (*Bourguignon rentre.*)

LOSOLIS.

Ce n'eſt pas ſon caractère.... Votre Mari, ſans-doute, ignore abſolument ?....

HENRIETTE.

Ah-ciel ! je crains trop de l'expoſer !

LOSOLIS.

Votre prudence eſt-louable : Dans la Famille-Dulis, c'eſt du feu qui circule dans les veines:...... le Père, la Mère, les Enfans, ſont tous honnêtes, bons, humains, obligeans : ils portent la ſenſibilité à-l'excès ; ils ſ'enflament, éclatent comme la foudre, & comme elle, ravagent, renverſent : ..... mais bientôt-calmés, ils gémiſſent des effets de leur indomptable colère.

HENRIETTE.

C'eſt ce que j'ai-vu dans mon Mari.... Mais ſa conduite m'a-prouvé ce qu'on dit, que les Gens vifs, ont le cœur bon: avec moi, toujours calme, toujours ſouriant ou tendre, c'eſt-le plus-doux des Hommes : ſ'il eſt-fâché contre Quelqu'un, ma préſence le deſarme.... Mais c'eſt-vous ! comment, ſi-calme, ſi-tranquile, étes-vous-devenu ſon inſeparable Ami ?

LOSOLIS.

C'eſt la conformité des goûts, non celle des caractères, qui unit les cœurs : J'aime la vivacité de mon camarade Dulis; elle m'anime moi-même; je ne pourrais la ſoutenir, ſi j'étais auſſi-vif que lui: deux Epous également-vifs, doivent ſe quereller ſanscesse.... Mais Dulis & moi, nous-avons également le gout de l'utile, de l'honnête, des bonnes-mœurs, de la vertu, en-un-mot; voila ce qui nous unit..... A-propos? & ce Lord, qui venait voir votre Tante?.... Leurs conversations m'ont-quelquefois-paru bién-animées? que lui voulait-il?

HENRIETTE.

Je ne sais; on m'en-a-fait-mystère.... Cependant (& je vous-le-confie comme un secret), je crois qu'il a-fait des offres-de-service, depuis la perte de notre procès.... Je ne l'aime pas, quoique mon Compatriote; il a l'air d'un Homme qui veut vous-voir jusque dans le fond de l'ame. (*Macbell reparaît, & renvoie Quelqu'un du geste.*)

LOSOLIS (*de l'air-du-doute:*)

La perte de votre procès!.... C'est un point qu'il faudra que j'éclaircisse: je suis très-faché que notre depart ait-été-si-précipité!

MACBELL (*revenant à-petits pas, & parlant du-côté de la coulisse:*)

C'est bon: va-t-en; il ne faut pas qu'elle te voye. (*On entrevoit Jemmy.*)

HENRIETTE (*qui a-prété-l'oreille, à-demi-voix:*)

A Quî donc parle ma Tante?

LOSOLIS (*se-retournant:*)

Je... ne sais.... Mais Quelqu'un approche: Rentrons: s'il est à-propos que nous paraissions, **Bourguignon nous avertira.**

HENRIETTE (*fesant-signe à sa*
Tante de rentrer:)
Ma Tante!.... (*à-demi-voix:*) Venez!
venez-donc!

VJ scène.

DULIS-fils, BOURGUIGNON, [*à-l'écart:*]
DULIS-fils (*rentrant ému:*)

Tout parle à mon cœur dans ce tranquile
séjour,.. les Arbres, les Bosquets!.... Les Oi-
seaus semblaient me reconaître;.. jamais leurs
chants ne furent si-doux!.... O Patrie! nom
cher & sacré!... Un Père adoré, une Mère cherie, mes Frères, mes Sœurs,.. Une surtout, ma
tendre amie, coulent ici des jours innocens!...
Mon cœur est-ouvert... Quelles joies m'a-faites
ce Chién que j'ai-nourri!... Sensibles Animaus!
vous n'avez-pas l'ingratitude des Hommes!...
(*apercevant Bourguignon:*) Ah!.... Et ma Sœur?
BOURGUIGNON.
Tout est-tranquile encore chés elle: mais
Madame ainsi que monsieur Losolis sortent
d'ici... (*à demi-voix:*) Madame Macbell croit
m'avoir-gâgné: elle viént-de-parler à Jemmy,
de cette fenétre; elle a-fait des signes, & je
crois-avoir-entrevu Mylord dans l'avenue....
Mais on ouvre chés madame votre Sœur.
DULIS-fils (*s'avançant & regardant*
avec attente:)
C'est une marche de Femme..... C'est ma
Sœur

Sœur bien-aimée!.... Elle va rendre ses devoirs à nos Parens.... (*avec le recueillement de l'admiration :*) Respectueuse
Fille !... Elle a-pris l'Homme qu'ils lui ont-
donné ; ... elle ne se-croit pas émancipée par
le mariage ; ... elle est aussi-soumise, aussi-
attentive, qu'auparavant.... Aussi, n'ont-
ils-pu s'en-séparer!.... Et moi ... je n'ose
m'offrir à leurs regards!.... Mais la voici...
Écartons-nous... Je la surprendrais : il ne faut
pas la surprendre ; son âme est trop-sensible!
(*Il se-met à-l'écart, & Bourguignon sort.*)

VIJ scène.

Monsieur & madame D'ANGELIERS,
CLAUDINE.
Madame D'ANGELIERS (*tristement :*)

Mon cœur me dit, que mon Frère est
prêt d'arriver....
CLAUDINE.
Je crois qu'il est-entré du monde ç'te nuit
dans le château, Madame.
Madame D'ANGELIERS.
Va t'en-informer, ma Fille.. L'Infortuné!
la colère & le châtiment l'attendent!....
(*à son Mari :*) S'être-marié!.... avoir-
bravé l'autorité paternelle!
Monsieur D'ANGELIERS.
Il a-cru, en-alant à Douvres, qu'un ma-

riage valable pour l'Angleterre, le ferait en-France.

Madame D'ANGELIERS.

Mon Ami, je le connais; fon but n'a-été que de mettre toute la fùreté du côté de fon Epouse: quand il aime, il eft tout à fon Objet; rien ne peut l'en-detacher;... la colère, le châtiment, les reproches, les défenfes, la mort-même, il brave tout, quand il aime; fes qualités, fes vertus, f'il aime, feront fon malheur!.... (*Elle treffaille.*) J'entens... Quelqu'un!

VIIJ fcène.

DULIS-fils, monfieur & madame D'ANGELIERS.

DULIS-fils (*f'avançant-lentement, & parlant de-loin :*)

C'eft ton Frère, ma Sœur; c'eft Celui que tu as-toujours-aimé!

Madame D'ANGELIERS (*courant à lui, & fe-jetant dans fes bras:*)

Mon Frère!.... Mon cher Dulis! je te revois.... Helas!.... (*fes larmes coulent.*)

DULIS-fils (*prend vivement la main de fon Beaufrère & la preffe:*)

Bonjour, mon Frère... (*à fa Sœur:*) Retiéns ces larmes, Sœur cherie! que le premier inftant de notre reünion, foit-donné tout-entier à la tendreffe! (*Il la preffe contre fon cœur:*).... Ma Sœur!... mon Amie!... Ah! que les liens de la nature ont de charme, fortifiés par l'amitié!... Ma Sœur!... (*Il la regarde avec tranfport.*)

Madame D'ANGELIERS (*à fon Mari, montrant fon Frère:*)
Je n'aime pas un ingrat!... (*après un filence de faisiffement:*) Mais tu es-marié ?

DULIS-fils (*avec affurance :*)
Oui, ma Sœur : mais tu vas voir mon Henriette.... Elle eft-là.... Mon Amie,... c'eft la beauté, la douceur, la vertu .... infortunée, & n'en-étant que plus-touchante!... Elle & fa Tante avaient un procès à Paris; elles l'ont-perdu... Elles étaient fans reffource; il n'y-avait plus à-héfiter; il falait épouser Henriette; ou... Que ferait-elle devenue?... Sa Tante (gardez tous-deux ce fatal fecret!) eft peu-delicate; un riche Anglais, un Lord, fefait des offres........ J'ai-dù épouser Henriette.... Elle eft ma femme; elle porte déja dans fon fein un Gaje de mon honneur, de ma foi, de ma tendreffe, de mon éternel dévoument!....

Madame D'ANGELIERS.
Nous penfons peutetre comme toi!... Mais mon Père!.....

DULIS-fils.
Son àme eft noble & généreufe.

Madame D'ANGELIERS.
Mais fière, mais ferme, invariable......

Tu fais comme il fut obéiffant à fon Père.....
& tu l'as-privé du droit de difpofer de fon
Fils, ... en-t'affociant avec une Anglaife dont
il détefte (avec raison malheureusement!)
& le pays & la nation!.... Mais voyons ta
Femme, mon Ami?

Monfieur D'ANGELIERS (à *Dulis-fils:*)
Mariée par-obéiffance, ma Femme ne con-
nait pas l'amour.   [*drement:*)

Madame D'ANGELIERS (*le regardantten-*
Je connais l'attachement fincère. (*Elle f'a-*
vance pour aler chés Henriette ; fon
Frère la retiént en lui-parlant :)

D U L I S - fils.

Ah! ma Sœur! fi tu pouvais favoir comme
on aime une Jeune-infortunée toute - belle,
fans reffource, fans afile ; dont la vertu ex-
pofée... Cette-idée me fait-frémir... J'ai-dù
l'époufer.... J'ai-dù mettre, par un mariage
valide dans fa patrie, fa vertu, fa confcience
en-fùreté ; le trouble, les tourmens, le re-
mords, la colère de mon Père.... ne font que
pour moi-.

(*On entend des portes f'ouvrir, du-côté*
de l'appartement du Père & de la Mère.)

Madame D'ANGELIERS.
Je crois entendre ma Mère?

D U L I S - fils (*effrayé:*)
Si c'était mon Père!

Monfieur D'ANGELIERS.
Il eft parti depuis une heure.

DULIS-fils (*avec abbatement :*)
Voila le commencement de mon fupplice!
la préfence de mon Père, eft celle d'un Juge
terrible qui m'épouvante... Où eft le temps
où je courais joyeus audevant de lui!.... Ma
Sœur .... préviens ma Mère.... La voici.

IX fcène.

Madame DULIS *fuivie de fes* SERVANTES,
madame D'ANGELIERS, *fon* MARI,
DULIS-fils [*à-l'écart.*]
Madame D'ANGELIERS.

Bonjour, ma chere Maman! (*Elle lui
baise la main , fa Mère l'embraffe.*)
Monfieur D'ANGELIERS.
Ma Mère, recevez mon hommage! il part
du cœur. (*Il l'embraffe.*)
Madame DULIS (*à tous-deux, fans voir
fon Fils :*)
Bonjour mes chers Enfans!..... (*à fes Servantes :*) Nous fommes-levées plus-matin
qu'à-l'ordinaire , mes Filles! La journée
fera belle ; il y-aura du plaifir à travailler!
Claudine , as-tu diftribué les occupations ?
(*Pendant ce couplet, monfieur D'Angeliers , qui a-rejoint Dulis-fils, lui-
parle, & paraît fe-concerter avec lui ;
enfuite il rentre dans fon appartement.*)
CLAUDINE.
Non, Madame.

Madame D U L I S.
Marthe, Jeannette & Marie, alez aux vi-
gnes ; Reine & Fanchon travailleront-au-
jardin ; Edmée cousera, c'est son tour de
rester-assise ; Caterine , Nannette, Marguerite & Marianne soigneront le laitage,
& iront cueillir des herbes : toi, Marion,
tu feras la cuisine: N'est-ce pas ton tour?
M A R I O N (*avec joie :*)
Oui, ma bonne Maitresse! (*Les Servantes
sortent, à-l'exception d'Edmée qui prend
de l'ouvrage à-coudre, & se-met à-l'écart.*)

X Scène.

Madame DULIS, madame D'ANGELIERS,
  Edmée [*du-même-côté qui travaille a-
  l'aiguille*], DULIS-fils [*a-l'écart.*]
  Madame D' A N G E L I E R S.

Ma chère Mère! (*Elle laisse couler des
                              larmes.*)
Madame D U L I S (*lui rend ses caresses,
                    puis la regarde étonnée.*)
Des larmes?...... (*d'un ton caressant.*)
N'aimes-tu pas ton Mari?..... Tu l'as- pris
par-obéissance ; mais tu ne le haïssais pas....
D'ailleurs monsieur D'Angeliers est le meilleur des Hommes? (*Sa Fille lui baise la
main, tandis qu'elle parle:*) Ma Fille, j'ai
obtenu de ton Père, qu'on vous garderait

ici quelques années, pour t'avoir sous nos
ïeus, & t'adoucir les premières peines du
mariage....... Ouvre ton cœur à ta Mère,
ma chère Madelon?

Madame D'ANGELIERS (*presque dans
les bras de sa Mère :*)

Ah! ma Mère! le Mari donné par mon Père
& par vous me sera toujours chèr........
Ce n'est pas lui qui cause mes pleurs.......
Vous avez-dit, *La journée sera belle!*
Puisse-t-elle l'être autant que je le desire!

Madame DULIS (*avec le son du regret :*)
Toutes nos journées étaient belles autrefois!
mais depuis qu'un de mes Fils est à Paris,
elles sont toutes orageuses!

Madame D'ANGELIERS (*suppliant :*)
Ma Mère!.... si vous saviez combién il a-
combatu!......

Madame DULIS (*avec douleur :*)
C'est un Fils, qui empoisonnera les jours
de son Père, & les miéns!

Madame D'ANGELIERS.
Ô ma Mère!..... n'est-il plus ce Fils...
si chèr!.....

Madame DULIS (*vivement :*)
Il dechire mon cœur, & tu me demandes,
s'il m'est chèr?... Que ne donnerais-je pas,..
pour faire son bonheur!... (*avec une fermeté
noble :*) Mais je dois davantage encore à son
Père!... Ma Fille, tel est le devoir d'une E-
pouse, que ce titre efface celui de Mère,

lorsqu'il faut opter entre les deux. Ici, mon Époux a-raison ; son Fils a-tort. Que dira la Mère?.... Elle ne fera qu'un avec son Époux ; elle se tiendra unie avec lui, pour rappeler le Coupable par sa fermeté...... Une Mère est bien-tendre!..... je le sens douloureusement aujourd'hui !..... Mais un Père...... ô ma Fille, que d'élévation, que de grandeur, & de tendresse tout-à-la-fois, j'ai-vu dans l'âme de votre Père !..... Je lui soumets tous mes sentimens. Malheur sur la Femme, qui se croyant plus - sage que son Chef, pense, veut, parle, agit autrement que son Époux! C'est une felone, qui ne mérite que de mauvais Enfans!..... & qui les aura-tels, par le mauvais-exemple qu'elle leur aura-donné.

Madame D'Angeliers.
Ma Mère! que vous êtes respectable! que je suis-glorieuse d'être votre fille!... Mais... ayez-pitié de mon malheureus Frère!

Madame Dulis (*avec vivacité :*)
De la pitié! je ressens bien - davantage! la tendresse est plûs-que la pitié ... Mais je ne puis rién, qu'il ne change, qu'il ne se repente, qu'il n'obéisse à son Père : (*avec tendresse :*) Qu'il vienne ensuite dans les bras de sa Mère...... (*avec fermeté :*) Rién, sans l'obéissance : le Revolté contre mon Epous est, à mes ïeus, un Sacrilége, qui rend sa Mère coupable autant qu'il-est en-

lui, puisqu'il est une partie d'elle-même.....
Cette idée me fait-horreur!...... Ma Fille,
une Femme, sur-tout quand elle est mère,
n'est qu'un seul Etre avec son Mari: & je
m'honore trop de cette glorieuse intimité,
pour m'en-départir jamais!

XJ scène.

[*Six autres Enfans arrivent, deux Garsons
& quatre Filles; ils saluent leur Mère
par-ordre d'âge, & se-rangent ensuite
a-côté d'elle & de madame D'Angeliers.*]

Madame DULIS, madame D'ANGELIERS,
PIERRE-DULIS, THOMAS, ANNE,
MARIE, MARIANE & MARGUERITE,
DULIS-fils (*a-l'écart;*) EDMÉE (*cousant.*
Madame D U L I S (*avec noblesse.*)

Savez-vous, mes Enfans, ce qu'est l'Homme, que vous avez-l'honneur de nommer,
votre Père? C'est un Gentilhomme, dont
l'antique noblesse a l'origine la plus-pure,
les services rendus à l'Etat. Deja noble,
Un de nos Ancétres unit le sang illustre
qui coulait dans ses veines, au sang de l'Hé-
roïne qui sauva la France & Charles-VII:
Voila l'origine de votre Père; & voici les
qualités qui lui-sont personnelles: C'est un
homme ferme, vertueus à-la-rigueur;
zélé pour la Patrie; laborieus, économe,
genereus, liberal, humain envers ses Vas-

faus, qui l'appellent leur Père (je ne vous dis que ce que vous favez:) C'eſt le plus-juſte des Maris; il n'a-jamais-rién-fait con-tre ce titre, rién-omis des devoirs de Chef, de Protecteur de ſa Famille : Il m'a-cherie, dirigée, defendue, reſpectée, fait-hono-rer ; patient par lui-méme, il pardonne ſes injures ; on eſt-averti qu'il n'excusera-pas celles faites à ſa Femme. C'eſt le meilleur & le plus-ferme des Pères : Lorſque Cha-qu'un de vous a-vu le jour, il vous a-reçus comme un dépôt confié à ſes ſoins par la Di-vinité, la Nature & la Patrie. Il ne ſ'eſt-pas-embarraſſé de jouir des douceurs men-ſongères de la paternité ; il n'a-penſé qu'à l'intérêt ſolide de ſes Enfans, qu'à former leur cœur, leur eſprit ; à leur donner des mœurs : Il vous a-été ſévère, parce-qu'il l'a-cru neceſſaire pour votre avantage ; mais il deposait, dans mon ſein, à-l'inſtant-méme de ſes rigueurs, les ſentimens-de-tendreſſe qu'il éprouvait pour vous, & qu'il vous ca-chait..... Il en-eſt Un ſur-tout .... (c'eſt l'Abſent), que votre Père cherit, qu'il eût-.. préferé, ſans la juſtice de ſon noble carac-tère : cet Abſent n'eſt pas l'Aîné, mais il eſt ſon portrait...... Qu'il doit vous-étre chèr, mes Enfans! (*Dulis à-l'écart, ſuf-foque, & fond en-larmes :*) le portrait d'un Père tel que le vôtre!..... Que ce Fils doit ſe-reſpecter lui-méme!.... & ſ'il était

un Fils desobéissant, qu'il serait coupable!...
(*a madame D'Angeliers:*) Tu pleures, ma
chère Fille ?

Madame D'ANGELIERS.

Ah! ma Mère, mon infortuné Frère est-perdu!

Madame DULIS.

Perdu !.... comment, perdu ?

Madame D'ANGELIERS.

Il ne veut.... il ne peut ..... plus abandonner l'Anglaise, ... sans être-indigne de mon
Père, & de vous!

Madame DULIS.

Il ne peut..... Je t'entens, ma Fille... Mais
le mariage est-nul.

Madame D'ANGELIERS (*avec douleur :*)
Il doit ... bientôt ... être père !...

Madame DULIS (*après un moment de
recueillement :*)

Ainsi la Nature contrariera la Nature!...
Mon Dieu! sauvez mon Fils de la colère de
son Père, ... & du crime affreus d'abandonner la Femme qu'il a-rendue mère!....

XIJ scène.

LES MÊMES.

DULIS-fils, (*tenant la main de monsieur
D'Angeliers, s'avançant enfin sur la
scène, tombe-aux-genous de sa Mère :*)

O ma Mère! ....

Madame D U L I S (*surprise, émue,
chancelante :*)

Mon Fils! .... Votre Frère! (*à madame
D'Angeliers :*) Il falait me prévenir, ma
chère Fille ?...... (*à Dulis :*) Cruel Enfant,
que me veus-tu!

D U L I S-fils (*a ses genous :*)

Je viens flechir mon Père; vous flechir,
ma Mère! vous montrer à tous-deux un
Fils encore digne de vous, même en-fesant
ce qui vous contrarie.... Votre raison est
pour moi, ma Mère; & mon Père.....

Madame D U L I S.

Vous n'attendez pas que je cesse d'étre-
d'accord avec lui ?.... Les avis que je vous
avais-donnés, avant votre départ, sont-bien-
tôt sortis de votre mémoire!........ Je vous
avais-fournis de nouveaux motifs pour dé-
tester une Nation ennemie, qui l'est autant
de ma Famille, que de celle de votre Père:
dans le même-temps qu'elle fesait-lâchement-
perir une Fille genereuse, Un de ses Particuliers enlevait, par le duel, à la Maison dont
je sors, son ornement & ses espérances. ....
[B4]. Votre Père & moi, nous n'avons qu'un
sentiment sur les Anglais.: espérez-vous que
je quitte le sién & le mién, pour le vôtre?

D U L I S-fils (*se-levant avec noblesse :*)

Je ne le prétens pas.... Mais les principes-
d'honneur que mon Père, & vous, ma Mère,
avez-gravés - là (*montrant son cœur*)

vont aujourd'hui me soutenir contre vous-
mêmes!... Henriette Kircher est ma Femme;
nous-nous-sommes-mariés à Douvres, dans
sa patrie, suivant les usages de son pays,
parce-que la Femme étant la plus-faible, il
faut que la loi qui lui assure un état, lui-
soit-parfaitement-connue ; notre union est
valide pour elle : s'il existe un Coupable,
ce n'est que moi ; ma Femme, votre Bru,
est innocente ; elle est épouse légitime, &
digne de paraître devant vous..... Je parle
en – homme, à la digne Femme qui m'a-
donné le jour ; parce-que je sais qu'une
âme basse & rampante lui ferait-horreur,
même dans son Fils demandant-grâce.... Mais
je demande-pardon à ma Mère... Je le demande à genous, ... (*il se jète a ses pieds*) prosterné dans la poussière ; parce-que j'ai-man-
qué ; je ne devais pas priver mon Père du
droit de disposer de son Fils.... J'ai-peché
contre mon Père, le plus-grand, le plus-
auguste des Mortels, à - mon - égard ; ma
faute est énorme, & si je l'avais-commise
de sens-fraid, je me regarderais comme un
monstre... Ma Mère! je suis si-coupable,
qu'il est digne de mon Père de m'accorder
le pardon, & digne de vous, d'intercéder
pour moi..... Mais j'ai une excuse: vous
connaissez mon cœur par le vôtre ; j'aime,
la beauté, la vertu, l'innocence ; j'aime une
Orfeline, étrangère, abandonnée,..... entre

les mains d'une Tante,.. laſſe d'une Charge que ſa pauvreté, confirmée par un arret, a-rendue plus-pesante... Je ſuis-aimé, tendrement-aimé..... Ma Mère! haïrez-vous Celle qui cherit votre Fils?... Non, non! vous-vous-attendriſſez; j'ai-déja-gâgné la moitié du cœur de mon Pere!... Il ne vous reſte plus qu'à voir mon Henriette?.....

Madame DULIS (*avec froideur affectée:*) Je ne me permettrai pas un mot, qui puiſſe vous-faire eſperer l'indulgence de votre Père : je ne partagerai pas votre faute, en-devenant votre complice par mon pardon : le Chef de la Famille, c'eſt votre Père ; je lui-ſuis la première & la plus-entièrement ſoumise, & je tire ma gloire, de ne lui avoir-jamais-desobéi.... (*levant les ïeus vers le ciel:*) O Infortuné! qu'as-tu-fait! n'eſpère rién de ton Père!... Une Anglaise!... Il ne te le pardonnera jamais!

DULIS-fils.
Le titre d'Anglaise me la rend plus-chère : toute prévention nationale eſt injuſte, atroce, barbare... Henriette eſt d'une Nation que j'honore : Un Anglais eſt le ſeul ami digne d'un Français ; c'eſt peut-étre le ſeul Etre dans l'Univers dont le cœur, l'eſprit, la filosofie, ſoient-d'accord avec le cœur, l'eſprit, la filosofie d'un Français éclairé : les deux Nations ſont dignes de ſ'aimer : Quel eſt le Peuple, dans

le Monde, qui puiſſe ſe comparer à elles?....
Ah! ma Mère, leurs haînes même & leurs
querelles marquent combien elles ſ'eſti-
ment! elles ſont jalouses l'une de l'autre,
parce-qu'elles ſentent-reciproquement leur
valeur & leur merite!.... Les voila-recon-
ciliées par la paix; que les Particuliers
imitent les Souverains; uniſſons-nous à cette
Nation magnanime... Il devrait y-avoir une
recompenſe, pendant la première année
de la paix, pour tout Français qui épou-
serait une Anglaise, & pour tout Anglais
qui prendrait une Femme en-France.

> Madame D U L I S.

Vous-vous-exaltez!.... Vous étes-loin des
ſentimens de votre Père!....

> *(Elle veut ſortir.)*

Madame D'ANGELIERS *(la retenant :)*
Ma Mère!... Permettez-vous que je le
garde?...

Madame DULIS *(avec un ſigne doulou-*
reus d'acquieſcement:)
La maison paternelle n'eſt plus-ſon asile!...
O mon pauvre Fils!... *(a ſes Enfans :)*
Que Perſonne ne prévienne votre Père;
je m'en-charge.... *(a madame D'Ange-*
liers :) Ma Fille! cette journée d'abord
ſi belle, va devenir terrible!

Fin du premier Acte.

Le Dîner-de-Famille.

Toute la Famille-Dulis: Le Père à la première place; les Enfans enſuite: ſavoir le Fils-aîné, Pierre-Dulis, à-côté du Père; enſuite une place vide, qui eſt celle du Fils proſcrit, à-cauſe de l'Anglaise qu'il a épouſée; le troiſième Fils Thomas-Dulis: La Mère enſuite à-côté d'elle, ſont, Anne-Dulis, fille-aînée, qui cède ſa place à De-Serj; Marie-Dulis, Marianne-Dulis; madame D'Angeliers; ſon Mari eſt visavis d'elle, & à-côté de Thomas-Dulis; Marguerite-Dulis, non-mariée, occupe le bout de la table. La Table des Domeſtiqs eſt plus-éloignée, & les Garſons-de-travail y-ſont placés, 1, Germain, ſix Garſons-de-charue; 2, Paulot, & huit autres Vignerons; 3, Jeannot chevalier; 4, Claudot bouvier; 5, Jaquot berger; 6, Courtcou chevrier: 7, Edm'lot porcher: Les Servantes occupent tout le côté de la Mère-de-famille: Claudine, Marthe, Jeannette, Marie, Reine, Fanchon, Edmée, Caterine, Nannette, Marguerite, Marianne: Marion ſert à table. Dulis-père reçoit De-Serj, & l'empêche de ſe mettre à la place de ſon Fils abſent:

» Soyez le-bien-venu, mon Couſin!..... Non!
» laiſſez cette place!... en-voici une plus-hono-
» rable que celle d'un Fils rebelle! »

(*Il lui-montre une place à-côté de ſa Femme: De-Serj, qui était prêt à ſ'aſſeoir, à celle de Dulis-fils, va prendre celle d'Anne-Dulis, & les trois Sœurs deſcendent plus-bas.*)

Second Acte.

J scène.

[*Deux tables font-dreſſées, une pour la Famille, audeſſus de laquelle eſt le Portrait de l'Ayeul; l'autre pour les Gens; le Portrait du Père eſt audeſſus.*]

DE-SERJ, BOURGUIGNON, JEMMY.

DE-SERJ (*traînant Jemmy ſur la ſcène :*)

Coquin! je te reconnais!

JEMMY.

I am Engliſh, my lord.

DE-SERJ.

Parle français!.... Qu'as-tu dit?

JEMMY.

Que je ſuis Anglais, monſieur.

DE-SERJ.

Oui, le Valet d'un... Dis à ton Maître, que ſ'il ne quitte à-l'inſtant ce Bourg, il me verra de-près.

JEMMY.

Mylord a un défaut, monſieur; un grand défaut!

DE-SERJ.

Eh! que m'importe?

JEMMY.

Si, fi-fait, un petit-beaucoup..... Il n'eft-
point obéiffant.

DE-SERJ. (*a Bourguignon :*)

Ce Drôle fait le plaisant..... J'aurais-envie
de te prier..... (*prenant le bâton d'épi-
ne que tiént Jemmy :*) Mais non, cela
ferait du bruit.

JEMMY.

Oh! en-diable, Monfieur..... je crierais
comme huit, fi je ne pouvais me-battre
comme quatre.

DE-SERJ (*le renvoyant :*)

Va faire la commiffion dont je t'ai-chargé.

JEMMY.

Oui, Monfieur: mais Mylord eft-bien-en-
têté!

DE-SERJ (*le pouffant :*)

Marche.

IJ fcène.

DE-SERJ, BOURGUIGNON.

DE-SERJ.

Tu ne me disais pas que Mylord était ici!

BOURGUIGNON.

Je n'en-ai-pas-eu-le-temps : vous paraiffez
& difparaiffez!... (*à-l'oreille*) Il a-vu le Père.

DE-SERJ.

Ah!..... Son projet ne f'accomplira pas.

BOURGUIGNON.

Je le crais! dumoins du-confentement de
votre Cousin Dulis.

DE-SERJ.

Dulis!.. Dulis ne faurait garder Henriette:
jamais fon Père n'y-confentira.... Je ferai
1on appui.

BOURGUIGNON (*a-part* :)

Pauvre appui, fi elle n'en-a-pas d'autre !....
(*haut :*) Oui, comme vous l'avez-été de
cette Jolie Bijoutière; de cette Fille - de-
modes, à laquelle j'ai-tant-porté de vos billets
doux, & que vous avez-mife-auboutde quinze
jours de bonheur, chés... (*De-Serj l'écoute
avec complaisance*) ; de cette jeune Pelle-
tière, dans la boutique de laquelle vous-vous
étes-mis garfon-fourreur, & que vous avez-
laiffée;.... de cette petite Bonnetière fi-jo-
lie, dont vous vous-étes-fait-aimer, & le
refte, & dont avez-perfifflé fi-cruellement
le Père, quand il vous a-parlé-raison. ......
Sans-compter Celles que je ne fais qu'à-demi.

DE-SERJ (*riant :*)

Je ne reffemble pas à mon larmoyant Cousin!
& je-t'ai-plûs donné d'occupation, à moi-
feul, que tes deux autres Maîtres enfemble.
Ainfi tu dois m'aimer au-triple; & je me
confie à toi. J'enlève Henriette, avec ton
fecours, dès que par mes foins le Bonhomme-
de-ceans, l'aura-exclue irremiffiblement de
fa Famille. Veille fur tout ce qui fe-fera,
& avertis-moi. Tu és affés-biénavec Betty ?

BOUGRUIGNON (*se-pavanant:*)
Pas-mal! pas-mal!

DE-SERJ.
Je te promets, avec elle,... les mêmes choses
que pour moi.... Voila le couvert mis : on
n'attend plus que le retour du Père & des
Gens pour se mettre-à-table.... Il me viént
une idée : Personne de la maison ne m'a-vu :
Je vais sortir, & j'arriverai pendant qu'ils
seront à dîner : cela paraîtra plus-frais pour
les nouvelles : (car on ignore ici que Dulis
est-arrivé:) Il se-cache, dit-on, chés *sa
chère Sœur!* C'est un pauvre Homme!...
Conviéns que sans moi, tu serais-devenu
bien-sot, avec tes deux-autres Maîtres?

BOURGUIGNON.
Monsieu'!.. Aumoins, je serais--... devenu...
honnéte homme ; & c'est quelque-chose!

DU-SERJ (*le pouſſant à lui-faire-perdre l'équilibre*)
Faquin!.... toi, honnéte-homme!... un Valet!

BOURGUIGNON.
Tout-comme Un-autre.

DE-SERJ.
Tu deshonorerais l'honnêteté!

BOURGUIGNON.
Monsieu'! halte-la, s'il-vous-plaît!...... Le
monde serait bien-malheureus, si tout Homme
condamné à-servir, était necessairement un
fripon! où en-seriez-vous, si je vous avais volé?

DE-SERJ.
Moi! je t'aurais..... mis en-poudre.....
Tu restes ici : observe tout, & sois-exact.

IIJ fcène.

BOURGUIGNON, CLAUDINE, MARION.
BOURGUIGNON (*a-part :*)

Comment un Maître vicieus, ose-t-il compter fur la probité de fes Domeftiqs ! (*voyant Claudine*) Monfieur Dulis-père tardera-t-il?

CLAUDINE.

Non ; il arrive : on va fe mettre-à-table.
(*Marion apporte le potage des Gens.*)

BOURGUIGNON.

Je vais-paffer chés monfieur D'Angeliers.

CLAUDINE.

Va vîte ! On arrive. (*Il rentre.*)

IV fcène.

Toute la FAMILLE, ENFANS & DOMESTIQS.

DULIS-père *entre, donnant la main a fon Epouse, enfuite les deux* FILS; *puis les quatre Filles par-ordre-d'âge ;* Monfieur & madame D'ANGELIERS *arrivent par-où eft-forti Bourguignon.*
Madame D'ANGELIERS (*a Dulis-fils, qui fuit, mais fans entrer :*)

Germain te dira l'inftant de paraître : tu viéndras par le perron, & on t'annoncera, fans te nommer.

DULIS-père.

Claudine, avertit tout le monde.... (*Elle*

ouvre une porte , & tous les Domeſtiqs entrent, Garſons-de-charrue, Vignerons, Pâtres ; & le Pèredefamille leur donne a tous une marque-d'attention , a-mesure qu'ils arri̇ent. Après le premier coup-d'œil, il ſ'aſſiéd dans ſon fauteuil en-bois a-l'antiq, le visage tourné du-côté des tables : madame DULIS *debout, donne ſes ordres pour le ſervice, ſans parler :* monſieur & madame D'ANGELIERS *ſe placent visavis l'Un de l'Autre :* PIERRE-DULIS *debout , derrière le ſiège de ſa Mère :* THOMAS-DULIS *derrière le fauteuil de ſon Père :* les FILLES *du-côté de la Mère.* Les Garſons-de-travail *à leur table,* Germain *le premier du-côté du Père , puis* les ſix autres Garſons-de-charrue; *enſuite* Paulot, & les ſept Vignerons; *après eux,* Jeannot *le chevalier,* Claudot *le bouvier,* Jacquot *le berger,* Courtcou *le chevrier,* Edm'lot *le porcher.* Les Servantes ſont *du-côté de la* Mèredefamille; Claudine, *première,* Marthe, Jeannette, Marie, Reine, Fanchon, Edmée, Caterine, Nanette, Marguerite & Mariane, *par-ordre d'âge;* Marion *ſert les deux tables.* Le couvert de Dulis-fils *mis après* Pierre-Dulis, *vide.*

DULIS-père (*à ſes Domeſtiqs qui ſ'aſſiéent*) Enfans le travail a-été rude , vous devez avoir faim ; à table ?... (*à ſa Femme*) Le dîner des Bûcherons eſt-il parti ?

Madame D U L I S.

Marion est de-retour, mon Ami.

D U L I S-père *(a Marion:)*

Tu es-diligente! c'est bien ; je suis-content.

M A R I O N *(rouge-de-joie :)*

Je sais-bén qu'vous v'lez qu'n'on sait prompte,
Monsieu' Doulis.

D U L I S-père.

Tout le monde est – reüni ; cela me fait-
plaisir.... *(a monsieur & madame D'Angeliers :)* Bon-jour, mon Gendre! Bonjour,
ma Fille!...... *(a ses trois Filles Anne ,
Marie , Marianne :)* Mes Filles, vous
avez des nouvelles de vos Maris ?... J'espère qu'ils se portent bien ?

A N N E - D U L I S.

Oui, mon Père. *(Pendant la conversation suivante , madame Dulis sert son
Mari & ses Enfans , les Garsons d'a-
bord , les Filles ensuite ; Marguerite-
Dnlis seule n'est-pas-placée , elle retouche
a sa parure. Claudine sert les Domestiqs:)*

D U L I S - père.

Je t'en-felicite, ma Fille , & je m'en-feli-
cite-moi-même ; j'aurai sous mes ïeus un
Ami de-plùs.

M A R I A N N E - D U L I S.

Mon Mari est-retenu beaucoup-plus-long-
temps qu'il ne comptait, mon Père !

D U L I S - père.

C'est pour des affaires importantes, & dont

votre fortune dépend, ma Fille; supportons son absence, en-desirant son retour: écris-lui pour toi & pour moi; sur-tout n'oublie pas mon estime pour lui, & mon desir de le revoir à cette table.... (*à sa plus-jeune Fille:*) Bonjour, Marguerite!... Pourquoi donc n'és-tu pas à table?.... (*Elle viént à son Père, qui lui touche la joue en-la caressant, & regarde une robe à-l'anglaise neuve:*) Cela lui va fort-bien, ma Femme!

MARGUERITE (*vivement:*) C'est une robe-à-l'anglaise, Papa!

DULIS-père (*reprenant le ton serieus:*) Je ne vous le demandais pas, ma Fille..... (*Jetant avec bonté les ïeus sur madame D'Angeliers, qui est-servie & qui ne mange pas:*) Qu'a Madelon, ma Femme? elle ne mange pas?.... (*à madame D'Angeliers:*) Vous avez-pleuré! ma Fille?

Monsieur D'ANGELIERS (*vivement:*) Vous pouvez être-assuré, mon Père.........

Monsieur DULIS-père. La pensée en-est à cent-lieues, mon Ami! Ne l'aimais-tu pas, quand tu l'as-prise?

Monsieur D'ANGELIERS. Comme un Honnéte-homme doit aimer sa Femme.

DULIS-père. Tu l'aimes donc encore: C'est sa Mère, par le cœur, la figure, le mérite, la douceur..... Tu l'aimeras jusqu'au tombeau.

Monsieur

Monfieur D'ANGELIERS *(avec vivacité :)*
Je le jure mon Père.
DULIS-père *(à fa Femme avec inquiétude)*
Elle ne mange pas !.... *(à fon Gendre :)*
Sers-la, mon Ami ; tu fais ce qu'elle aime...
(à fa Femme:) Savez-vous ce qu'a votre Fille?
   Madame DULIS *(montrant la place*
         vide de Dulis-fils :)
Mon Ami, elle eft-trifte.
    DULIS-père *(avec feu :)*
Ah !..... Celui qui devrait occuper cette
place, eft notre fleau ! *(à fon Fils-aîné :)*
Mon Ami, tu avais-raison, de me detourner
de l'envoyer à Paris !
    PIERRE-DULIS.
C'était à fa prière, mon Père.
    DULIS-père.
Tu as - vu les Bucherons, depuis que je les
ai - quittés ; ils prennent garde à ne pas
éclater les troncs du taillis ?
    PIERRE-DULIS.
Oui, mon Père ; mon Frère & moi, nous
avons-tout obfervé ; tout va bién.
    THOMAS-DULIS.
J'ai-fait-reserver les arbres fruitiérs, fans-
exception, mon Père.
    DULIS-père.
C'eft bién, mon Fils : ces fruits fauvages
font affés-bons l'hiver, & les pauvres Ha-
bitans en-font des provisions : Il-faut fonger
à eux, mes Enfans : c'eft-affés qu'ils foient-

privés de la propriété de la terre commune;
ſes productions agreſtes & ſpontanées doivent leur appartenir: ne l'oubliez pas, mes
Fils.... Avez-vous-chaſſé ?

PIERRE-DULIS.

Non, mon Père: nous avions cependant
nos fuſils ; mais nous n'avons-rién-vu.

DULIS-père.

Tant-mieux! plùs le Gibiér eſt-rare, moins
le Colon eſt-troublé.

Madame DULIS (à ſon Mari :)

Mon Ami, voila tout notre Monde reüni;
vos Enfans, vos bons Domeſtiqs.

Madame D'ANGELIERS.

Il ne manque.... à cette table.... que le Fils...
contre lequel mon Père eſt en - colère.......

DULIS-père (avec feu :)

Je ſaurai le mettre-à-la-raison! Il verra ce
que peut un Père juſtement irrité!.... Il
fait-l'amour!... Il n'eſt-pas né!... Monſieur,
comme nos Grandsſeigneurs libertins, aime
une Avanturière, une Anglaiſe!.... Mon
ſang ſ'alume!.... Mais, comme Monſieur
n'a pas de treſors à prodiguer, il donne
ſon honneur, il épouſe, pour ſervir bién-
tôt de prétenom aux Enfans de la débau-
che & du libertinage... Cette idée me fait-
horreur!... Je confirmerai, ſ'il ne change,
la malédiction dont je l'ai-menacé!.

Madame D'ANGELIERS (alarmée :)

Mon Père! ayez-pitié de lui,.... de moi!......

Mon Frère vous refpecte ; il vous honore
comme fon Dieu-visible !

    D U L I S - père (*adouci :*)
S'il redeviént bon fils, je redeviéndrai bon
père à fon égard ; f'il fe-repent, je pardon-
donnerai ... mais f'il osait... Je ne l'en-crois
pas capable, aurefte.... Laiffons cela (*à fes*
  Garfons-de-charrue :) Enfans, le labou-
rage devait-être excellent, aujourd'hui ?

    GERMAIN (1.ᵉʳ *Garfon-de-charrue :*)
Jamas i'nan-fut d'milleur, мonfieu Doulis !
la tarre f'ameubliffait coume dou fon : i'n'faut
pus qu'eune p'tite pleue, & vos orges vont
verdir coume un pré rigolé.

    D U L I S - père.
Bién, мon Germain, bién, мon garfon !
tu es un bon laboureur ! auffi je t'eftime &
te confidère ; tu es mon Ami.

    G E R M A I N (*attendri :*)
Je l'fais-bén, мonfieu' Doulis ; & j'an-fis
fiér, fans vous moins-refpecter.

    D U L I S -Père (*aux Vignerons :*)
Et la vigne, Enfans !

    P A U L O T (1.ᵉʳ *Vigneron :*)
Oh ! мonfieu'Doulis ! qu'all'ôt ball' ! les bour-
geons f'débourront grous coume l'pouce,
& n'an-voit des râsins, des râsins ! ....
qu'illian-refte tant-feul'ment la miquié !

    D U L I S -père (*a fa Femme :*)
Paulot eft bon vigneron auffi aime - t- il

le jus-de-la-treille ; Claudine a-t-elle foin
que fa gourde foit-remplie, quand il part ?

PAULOT (*fe hâtant de répondre :*)
Oh-oui, Monfieu' Doulis, & j'feus bén-
content ! bén-content !.....

DULIS-père (*montrant les Garfons-de-
charrue & les Vignerons.*)
Voila des Hommes utiles!.... (*a fes Enfans*) confiderez-les, comme je les confidère..... (*a fon Chevalier :*) Jean, comment va notre haras ? tout profpère-t-il?

JEANNOT.
L'Etalon a-franchi la paliffade, mais j'l'ai-
r'pris... Quatre Jumens ont-mis-bas.
Oh! les beaux Chevaus qu'ça f'ra!.... Tout
va bén, Monfieu' Doulis.

DULIS-père (*a fon Bouvier. :*)
Et toi, Claude? que me diras-tu ?

CLAUDOT.
Les Bœu's-d'-charrue , fous vot'-refpeсt,
Monfieu' Doulis, font bén-pourtans : J'envas engraiffer fix des pus-vieus, & j'en-aì
fix-autes jeunes, qui pourtont fu' quatre-
ans, pou' les remplacer.

DULIS-père.
Bon! mes charrues auront toujours le nom-
bre fuffifant : (*au Chevrier & au Porcher :*)
Et toi, Courtcou? & toi, Edm'lot?

COURTCOU le chevrier.
Oh! Monfieu' Doulis! les maudites Bétes
à-garder ! qu'les Chèvres ! a' m'font-tour-

ner la téte!... ça gravit su' les roches,
pou' eun brin-d'thin, ou eune branche-d'é-
pine, & j'crais toujou's qu'a' vont s' casser
l' cou.... A' font ç'qu'a' veulent déja, toutcoume les Femmes.

D U L I S - père.

Mon Garſon, il ne faut jamais faire de ces
comparaisons groſſières.... Et toi, Edm'lot?

E D M' L O T le Porcher.

Ç' n'é' pa' à li à s' plainre, monſieu' Doulis!...
Ô les maudites Bêtes qu' les meunes!... c'é'
pu' entété qu'des Mules, quand ça s' mé' à-
crier. Et quand ça court tout-p'les bois pou'
les glands, ſi l' Loup en- pre nait !......

D U L I S - père (ſouriant :)

Mes Enfans, prenez-patience : vous mon-
terez en-grade à votre tour.

C O U R T C O U & E D M' L O T.

Oh! tant-mieux, monſieu' Doulis!

D U L I S - père (à ſon Berger :)

Et toi, Jacques? le troupeau va-t-il bién?
as-tu bien-ſoin des Agneaus?

J A Q U O T le Berger.

Oui, monſieu' Doulis! ign'ian-meurt pus,
d'ou-d'peus que j'fas ç'que m'a - dit voute
Fils, qui é' à Paris... Et j'ſoigne étou vous
Mouches-à-miel, comme i'm'a-dit, & a' n'
mouront pas l'hiver.

Madame D U L I S.

Votre Fils avait le goût & le talent de
l'économie ruſtique ; c'eſt dommage, mon

Ami, que vous l'ayiez-envoyé à la Capitale !

DULIS-père *(avec un assentiment pénible :)*

Oui ! je connaissais la frivolité de son caractère, son panchant au libertinage....

Madame D'ANGELIERS.

Je vous assure, mon Père, que je pourrais vous citer de sa part, des traits-de-vertu qui...

[A i]. *(On entend-frapper à la porte.)*

DULIS-père.

Soit..... On frappe !

MARION *(la servante :)*

J'y-vas.

THOMAS-DULIS *(se levant en-même-temps, s'avance vers la porte de la salle, qu'il tiént entr'ouverte, en-regardant vers la cour, pour annoncer l'Etranger qui arrive :)*

C'est monsieur De-Serj, le mousquetaire, notre Cousin, mon Père.

DULIS-père.

Ah ! il arrive de Paris !..... Il nous donnera des nouvelles de Celui qui nous inquiéte !

V scène.

LES MÊMES : DE-SERJ.

DE-SERJ *(avant d'être-vu, fait-claquer son fouèt, en-montant les degrés du perron, & chante le refrein nouveau :)*

On ne s'avise jamais de tout !
On ne s'avise jamais de tout !

(*prêt à entrer, & déja visible, à Thomas-Dulis:*) Bonjou' petit Cousin!... Ventre-bleu! comme vous avez-grandi! vous voila bon à faire un Capitaine!

DULIS-père (*se levant ainsi que tous les Enfans, mais sans déplacer:*) Soyez le bién-venu, mon Cousin!... Une chaise?.... un couvert?... Mettez-vous-là...

DE-SERJ (*prenant étourdîment la place vide de Dulis-fils:*) Je vous félicite, mon Cousin! voila unebelle Famille!.... (*à madame Dulis:*) Je vous-falue, madame..... (*aux Filles-de-la-maison:*) Mes Cousines, votre ferviteur! (*Il prend & ferre la main au Fils-aîné-Dulis fans parler.*)

DULIS-père (*lui-montrant la place à-côté de la Maitreffe:*) Non, non, mon Cousin! laiffez cette place.... en-voila-une, plus-honorable, que celle d'un Fils rebèle.... Quelles nouvelles de Paris?

DE-SERJ.
Tout va bién : votre Fils, mon camarade, eft un excellent Garfon! Il fe fait eftimer de fes Supérieurs; fes Confrères le citent; tout le monde l'aime,..... fur-tout les Femmes! Il eft beau-garfon!

DULIS-père.
Et fes mœurs?

DE-SERJ (*évitant de répondre:*) Je ne faurais me laffer de vous admirer, mon Cousin!.... Voila tout reüni, Maître, Maitreſſe, Enfans, Domeſtiqs; vous étes toujours Père, le Maître ne ſe montre pas!... A Paris, votre conduite citée paſſerait pour un beau roman!

D U L I S - père.

Mes bons Serviteurs, mangent avec moi, dans la même ſalle; ils en-ſont-mieux, & j'ai le plaiſir de causer avec eux de leurs travaus: J'ai des Aides, mon Cousin, des Laboureurs, des Vignerons, & point d'inutiles Valets. Je croirais commettre un ſacrilége, d'employer des Hommes, comme on le fait dans Villes; on les dégrade, on les avilit, on prive l'Etat de leur travail, pour étaler une vaine oſtentation: Ici, point de Valets; les ſervices néceſſaires, mes Enfans me les rendent, & les regardent comme une recompenſe: mon Epouse & mes Enfans ſe diſputent la préference pour me ſervir, & je le ſuis bién-mieux que par des Mercenaires avilis; c'eſt l'amour d'une Epouse honorée, chérie; c'eſt la piété filiale qui me donnent les douceurs de la vie;... & je ferais le plus-heureus des Pères, ſans votre Camarade... Mais repondez, je vous prie, à ma queſtion: Et ſes mœurs?

D E - S E R J (d'un air-de-fineſſe:)

Il fait... comme tous les Jeunes-gens... Mais vous-êtes raisonnable, mon Cousin

& vous n'exigerez qu'un Mousquetaire vive comme un Anacorète? .... Est-ce un crime d'avoir une Maitresse? une *passade*?

Madame DULIS (*vivement:*)
Mon Cousin, vous pensez-mieux que vous ne dites!... Une Maitresse! une *passade*!... Cette Maitresse est du sexe de sa Mère, que mon Fils doit respecter... J'aimerais-mieux qu'il eût-fait une *folie*, que d'avoir une *passade*.

DULIS-père.
Je pense comme ma Femme, mon Cousin. Si mon Fils est un libertin, je le renonce. Un Libertin est un Infame, qui blesse la nature, qui se-dégrade lui-même, en-dégradant un Sexe, que tout Honnête-homme fait-gloire de respecter.... Mon Cousin, le respect envers les Femmes, est la marque des mœurs!

DE-SERJ.
Vous m'enhardissez à vous parler-vrai:... Dulis aime... Il adore la-plus-jolie Fille, ... qu'il soit-possible de voir... Il ... la respecte;.... car... il l'a-prouvé.

DULIS-père.
Comment, prouvé?

DE-SERJ.
En-l'épousant: elle est sa femme.
DULIS-père (*avec l'étonnement de l'indignation:*)

Sa femme!

DE-SERJ.

Cela ne doit pas vous inquiéter! le mariage eſt-nul ; il ſ'eſt-fait à Douvres ; il ne ſerait valide qu'en-Angleterre, où les mariages clandeſtins ne ſont-pas-encore-prohibés........ A-la-vérité, votre Fils, plein-d'honneur, comme toute la Famille, ſe-croit lié ; il reſpecte ſa Femme ; il la chérit ; il l'adore... Il eſt-mal-marié, mais il eſt vertueus.

DULIS-père (comme ſortant ɔ'un profonɔ recueillement :)

Il eſt-mal-marié,... mais il eſt-vertueus!.... Il a-bravé l'autorité paternelle ;... mais il eſt-vertueus!... La menace de la malediction de ſon Père ne l'a-point-effrayé ;.... mais il eſt vertueus!.... Quelle eſt-donc aujourd'hui la vertu des Enfans, mon jeune Cousin?

DE-SERJ.

Si vous aviez-vécu quelque-temps à la Capitale, vous ne me-feriez pas cette queſtion, mon reſpectable Parent !.... Votre Fils n'eſt pas un libertin : il a des principes, des ſentimens;.... à la Capitale, les Jeunes-gens, les Hommes, les Vieillards.... n'en-ont plus....

DULIS-père (avec l'étonnement ɔe l'horreur :)

Plus de principes! de ſentimens!... Les Jeunes-gens,.... les Hommes,..... les Vieillards!..... Eh! quoi-donc les empêche de ſ'aſſaciner, de ſe voler, de renverſer l'Etat?..

Mon jeune Cousin, je ne vous crois pas!
vous calomniez la première Ville du Royau-
me, & la Nation entière!

DE-SERJ (*avec assurance :*)
Je ne calomnie pas. Vous demandez, Ce
qui les empéche de se voler, de s'assaciner?
L'amour de leurs aises, la crainte de troubler une vie delicieuse, qui n'est qu'un cer-
cle-de-plaisirs.... Si par-malheur, on leur
rendait la vie dure, tous ces mauvais Ci-
toyens chercheraient à renverser l'Etat....
Mon Cousin, quand la vertu ne soutiént
plus les Empires, c'est la mollesse qui les
tranquilise ; .... & nous en-sommes-là.

DULIS-père (*se-levant :*)
Dieu tout-puissant! qu'entens-je!.... La
Patrie n'est plus-aimée! le nom *Français*
n'est plus le cri-de-l'honneur!

DE-SERJ (*avec ironie :*)
Eh! les Cosmopolites disent, que nous-
n'avons plus de Patrie!... Le nom *Français !* pendant la guerre qui s'achève, les
vœus des trois-quarts étaient pour l'Angleterre & la Prusse!

DULIS-père (*a ses Garsons-de-charrue, &c.*)
Enfans! vous avez-achevé de manger; le-
vez-vous, sortez! cet abominable discours
vous corromprait le cœur. (*Les Garsons
sortent : mais les Enfans & les Servantes demeurent : ces Dernières desservent
la table des Gens.*)

vj scène.

LES MÊMES.
DULIS-père (*à De-Serj :*)

Ne me trompez-vous pas?

DE-SERJ.

Je vous ai-parlé-vrai.

DULIS-père (*avec l'effroi de l'indignation*)
O ma Patrie! ô mon Roi! on ne frémit pas
contre les Ennemis qui nous font la guerre;
qui moiſſonnent nos Guerriérs... (*ſ'inter-*
rompant :) Mon Cousin, mon Fils Charles eſt-mort; il était le premier derrière le
Chevalier-d'Aſſas[B2]; il a-reçu le coup mortel, en-voulant le venger... Un Enfant de
ſeize-ans!... Mais c'eſt le même Peuple, qui
fit-autrefois brûler une Fille guerrière, parce-
qu'il la craignait! ces Fanfarons d'aujourd'hui,
craignaient alors une Fille [B1]!.... (*avec*
emportement:) Périſſe Celui ou Celle de mes
Enfans, qui aimera cette Nation ſans-vertu,
qui voudra ſ'allier avec elle; qui oubliera
ſes crimes à l'égard de ma Famille!.......
(*Les Servantes ſortent, à-l'exception*
de Marion qui range, & d'Edmée, qui
ſe-met à-coudre; madame D'Angeliers
dit un mot bas à Claudine.)

DE-SERJ.

Ainſi, le plus-grand tort de votre Fils, c'eſt
qu'Henriette eſt anglaise?

DULIS-père.

Le manque-de-mœurs est encor pis, ...
& les Anglais n'en-ont-point.... Lisez les
horreurs qu'ils ont-commises dans tous les
temps.... Et vous dites que mon Fils en-a,
en-se-liant à une Avanturière, qui lui fait-
braver l'autorité-paternelle !..... Et vous
dites que mon Fils a des mœurs, lorsqu'il
manque à la nature !

DE-SERJ.

Oui, comparé à nos Jeunes-gens actuels,
votre Fils a des mœurs. D'Autres que lui
auraient-trompé, avili une Jeune-infortunée...
Votre Fils .... a-été le protecteur de sa
vertu, le sauveur de son innocence.

DULIS-père (*avec feu :*)

Vous calomniez notre Jeunesse ; & vous
flattez mon Fils ! (*Il lui verse-a-boire.*)

Madame DULIS (*a De-Serj :*)

Dulis a-fait ce qu'il a-dû ; & sans la desobéissance à son Père....

DULIS-père (*l'interrompant :*)

Les Mères font indulgentes : mais un Père
doit-être ferme : mon Fils obéira ... ou, je
l'ai-deja-dit, ma malediction est toute-prête.

Madame DULIS (*avec douleur.*)

Mon Ami, souvenez-vous que notre union a-
été-bénie, & que votre Fils en-est un des fruits.

Madame D'ANGELIERS (*suppliant :*)

Mon Père !....... c'est votre Fils !..... c'est
mon Frère, ... mon ami ! Je sais qu'il
vous aime si respectueusement !

VIJ ſcène.

LES MÊMES: GERMAIN, CLAUDINE.

GERMAIN (*avec joie :*)

Il lia eun Monſieu' à la porte.

DULIS-père.

Qu'il ſoit le bién-venu!

Madame D'ANGELIERS.

O mon Père!   (*elle lui baiſe la main*) un excellent mot eſt ſorti de votre bouche!

CLAUDINE.

C'e' un Monſieu' qu'n'on ſ'ra b'naiſe d'voir!

DULIS-père.

Tu le connais, Claudine?

CLAUDINE (*riant.*)

Oui, monſieu'; & vou' auſſi.....   (*Elle ſort en-courant.*)

DE-SERJ (*qui mange avec avidité :*)

C'eſt mon Couſin;   c'eſt mon Camarade.

VIIJ ſcène.

LES MÊMES.

Madame DULIS (*a ſon Mari :*)

Mon Ami! vous-vous troublez!

DULIS-père (*avec tranquilité contrainte :*)

Non, ma Femme... (*& avec une ſorte de fre-miſſement :*) Cependant, oui, je me-trouble.

Madame D'ANGELIERS (*le careſſant :*)

Mon Père! mon indulgent Papa!.... vous

qui toujours avez-si-tendrement-aimé votre
respectueuse Fille !

 DULIS-père *(avec attendrissement :)*
Oui, ma Fille, je vous aime tendrement, ...
& vous l'avez-toujours-mérité.

 Madame D'ANGELIERS *(a ses genous :)*
Je vous ai-toujours-honoré, mon Père,.....
dans votre Personne, & dans celle de vos
Représentans, mes Frères, ... dans Un
d'Eux sur-tout, votre vivant portrait.

 DULIS-père *(avec grandeur :)*
S'il efface mon image, comment la recon-
naîtrez-vous ? *(Il la relève)*.

 Madame D'ANGELIERS.
Elle est inefaçable...... Quand d'infortunés
Enfans ont-perdu l'Auteur-de-leurs-jours ;
quand une Mère éplorée a-perdu son Epous,
son protecteur, la gloire-de-sa-vie, c'est un
Fils qui peut seul reparer ou diminuer cette
perte ; il deviént le defenseur, l'appui
de ses Sœurs ; sa Mère retrouve en-lui, &
le nom & les secours de Celui qui n'est-plus ;
c'est le Père qu'elle revoit dans le Fils.......
Et vos-Fils, ô mon Père !..... sur-tout Un !...
cherissent si tendrement leur Mère !

 DULIS-père *(a sa Femme :)*
C'est votre âme que Madeleine ! C'est une
digne & tendre Fille !

 Madame D'ANGELIERS.
En-entrant dans une autre Famille, mon
Père, je n'ai-point-cessé d'être de la vôtre.

Votre nom eſt l'objet de ma véneration profonde.... Je l'honore dans mon Père, dans
ſes Fils ; tout ce qui le porte, eſt-ſacré pour
moi... (*à ſon Mari:*) Je vous-en-ai-prévenu,
en-me-donnant à vous, Monſieur D'Angeliers;
je ſuis toujours Dulis; mais ſans vous en-être
moins-attachée: l'Epous que m'a-donné mon
Père, eſt l'image de Dieu pour moi.

    DULIS-père (*attendri, a ſa Femme:*)
Elle me touche!.... (*a ſa Fille:*) Parle,
ma Fille cherie!.... (*a ſes autres Filles:*)
Mes cheres Filles, n'en-ſoyez point jalouses: c'eſt votre Mère que j'aime encore
dans Madelaine; elle a ſes traits, ſes manières; voila comme était-Madelaine De-Saintepallaie, quand mon digne Père (*il ſ'incline*).... Me la choisit pour épouse, &
pour être le lién de la reconciliation entre
de vertueus Voisins & lui; votre Mère a-
reüni deux Familles.... Mes Enfans, j'aime
votre Sœur D'Angeliers en-père faible;
pardonnez-le moi!

    TOUTE LA FAMILLE.
O mon Père! (*De-Serj ſourit ironiquement*)
    PIERRE-DULIS.
Nous honorons, & cheriſſons également notre Sœur, à-cause de ſa reſſemblance avec
notre Mère, de votre affeĉtion pour elle,
mon Père, & de ſon merite perſonnel.

    Monſieur D'ANGELIERS (*au Père Dulis:*)
Vous m'avez-donné un tresor, l'honneur

de son sexe.... Ecoutez-la, je vousen-sup-
plie! car elle a une grande grace à vous demander !

Madame D'ANGELIERS (*avec crainte :*)
Mon Père!..... Celui qu'on vient d'annoncer; .... qui n'ose s'offrir à vos regards.....

DULIS - père (*avec severité :*)
S'il est coupable, il a-raison de les craindre!

Madame D'ANGELIERS (*suppliant :*)
Mon Père!

DULIS - père (*avec feu :*)
Que me veut-il?

Madame D'ANGELIERS.
Permettez-mon Père, que je l'amène.....,
Le permettez-vous!.....

DULIS - père (*avec decision :*)
Je ne veux le voir qu'obéissant. (*Elle se-
lève & va pour sortir avec son Mari.*)

IX scène.

LES MÊMES: CLAUDINE.

CLAUDINE (*à madame D'Angeliers, pres-
que-hors de scène avec son Mari :*)

Il s'en - va, madame! Il est - venu jusqu'à
cette porte; la voix de son Père lui a-fait
peur; il s'est-ensauvé. (*Toute la Famille qui s'est-levée en même - temps que
madame D'Angeliers, salue Dulis-père,
madame Dulis, & De-Serj : On sort.*)

x ſcène.

DULIS-père, madame DULIS, DE-SERJ.
D E - S E R J (a Dulis-père :)

Nous ſommes ſeuls : je dois vous parler à-cœur-ouvert : Tenez-ferme ! votre Fils eſt faible ; il cèdera : votre colère, en-l'épouvantant, le forcera de renoncer à ſon Anglaiſe.... Au-fond, je crois qu'elle ſ'en-conſolera..... Elle n'eſt pas au-depourvu...... Votre Fils ſ'épuiſe pour elle, & ruine ſon Ami De-Loſolis, pour ſoutenir la Nièce & la Tante. La Nièce eſt ...... un-peu étourdie ! ce n'eſt pas ce qu'il faut à Dulis !

D U L I S - père.

Elles ſont anglaiſes ; cela ſuffit.... (comme par-reflexion:) Il ruine ſon Ami !... Joindre la baſſeſſe à la deſobéiſſance !... Et vous avez-paru faire l'apologie de mon Fils ?

D E - S E R J.

C'était pour vous rendre-ſervice à Tous-deux : Je parlais devant ſa Sœur cherie ; c'eſt une-autre lui-même ; je ne doutais pas de votre fermeté ; par cette adreſſe, votre Fils apprend à l'inſtant même ſans-doute, qu'il n'a-rien à-eſperer, d'après les ſuppoſitions les plus-favorables.

D U L I S - père.

J'aurais-préferé, que vous euſſiez-parlé franchement, mon Cousin : je vous aurais-dit également, Qu'une Anglaise n'entrera jamais dans ma Famille.

Madame D U L I S.

Mon Ami, un-peu d'indulgence! Si elle est vertueuse & belle.... je connais votre Fils!. .

D U L I S-père

Jamais, une-autre Femme qu'une Française, ne peut avoir la véritable vertu... Vous avez-entendu, mon Amie, que ces Etrangères ne font pas au-dépourvu?

Madame D U L I S.

Mon Cousin! prenez-garde!... fi vous calomniiez cette Infortunée, l'action ferait odieuse!

D E-S E R J (*embarraffé:*)

Dumoins... je ne... calomnie... pas la la Tante... qui négocie... actuellement une forte d'arrangement avec un Lord.....

D U L I S-père (*avec vivacité:*)

Êtes-vous fûr de ce projet?

D E-S E R J.

Il devrait être-exécuté, fans le voyage de votre Fils...

D U L I S-père.

Et la Nièce confent?..

D E-S E R J.

Elle n'en-eft-pas-encore-informée: mais la Tante connaît fi-bien le caractère... facile de la Jeune-perfonne, qu'elle agit comme fi fa Nièce avait-confenti.

xj ſcène.

LES MÊMES: DULIS-fils [*a-l'entrée, ſans avancer*], madame D'ANGELIERS. Madame D'ANGELIERS (*a ſon Frère, en-lui montrant De-Serj :*)

Le Traître !

DULIS-fils (*avec un geſte concentré:*) Oh!........ (*Le Frère & la Sœur ſe-retirent :*)

DULIS-père.
Qui-eſt-ce ? je viens d'entendre Quelqu'un?

Madame DULIS (*regardant :*)
Je ne vois Perſonne... Une de vcs Filles aura-oublié quelque-chose.

DULIS-père (*a De-Serj :*)
Ainſi, l'Anglaiſe eſt une de ces Coquettes...

DE-SERJ (*l'interrompant :*)
Prenez-patience! on vous en-debarraſſera.

DULIS-père.
Moi! que j'attende du vice, ce que n'aura-pu l'autorité paternelle!... Mon Fils cèdera; il m'obéira, ſa... Maitreſſe lui fùt-elle fidelle.... Adieu, mon Couſin... Je vais diriger nos travaus champétres; ma préſence ennoblit le travail, excite le courage, & bannit la pareſſe... (*a ſa Femme, a-part :*) Je ne me ſens pas aſſés-maître de moi, pour voir en-ce-moment un Fils rebèle. (*Il ſort.*)

MadameDULIS (*sèchement a De-Serj :*)
J'ai aussi mes occupations, mon Cousin ;
les soins de l'intérieur m'appellent. Voila
votre chambre ; vous y-ferez le maître.
(*De-Serj salue & rentre*)... C'est mon
Parent ; & je ne l'ai-jamais-aimé : Il est
faus... (*Elle dit ces mots, en-le voyant
aler, ensuite elle rentre lentement.*)

XIJ scène.

DULIS-fils [*seul, arrivant sur la scène
que sa Mère quitte : il appelle :*]

Ma Sœur!... ma Sœur!... Elle m'a-
quitté.... Je n'ose parler à ma Mère....
Ce lâche De-Serj !... avec quelle fausseté
cruelle, il a-calomnié la vertu, la Beauté!
(*Il marche d'un air menaçant, en-s'a-
gitant avec fureur. . . . .
.... (un-peu-calmé:*) Me voila dans la
maison paternelle, comme les Voleurs,
lorsqu'il n'y-a Personne!..... A chaque
pas que je fais, je vois un Père en-colère,
menaçant.... (*Il entend du bruit:*) On
viént !.... (*Effrayé, il cherche a se dé-
rober :*)... Mais... non... (*Il regarde
le Portrait de son Père :*) ..... O mon
Père!.... (*Il s'agenouille :*) pardonnez !
pardonnez-moi ! (*Il se couvre le visage de
ses mains, & reste prosterné.*)

XIIJ ſcène.

D U L I S-fils [*a-genous*],
Madame D'ANGELIERS, LOSOLIS
(*entrant enſemble.*)
LOSOLIS (*ſans voir Dulis* :)

Où eſt-il?.... Ne l'abandonnons pas!...
Madame D'ANGELIERS.
Il était à cette porte, prêt à ſe préſenter;
il a-entendu la voix de monſieur De-Serj,
ſes diſcours; .... il a-paru ſ'enflâmer, &
j'ai-couru vous chercher.... (*Elle aperçoit ſon Frère; a-demi-voix* :) Mais le
voilà proſterné devant le portrait de monpère.
DULIS-fils (*ſe découvrant le viſage, &
ſe relevant à-demi* :)
Grâce, mon Père!... Jamais Fils ne fut
plus-ſoumis....... Infortuné! je ſuis entre
deux précipices, ... la colère de mon Père, ...
& le crime d'abandonner ma Femme! (*Il
pleure* :) Que je ſuis malheureus!
LOSOLIS (*l'abordant* :)
Moins que l'Homme vil qui ſort d'ici.....
Mon Ami, l'Homme ſe doit à la Fille-ver-
tueuse qu'il a-rendue femme; la délaiſſer,
c'eſt outrager la Nature & la Divinité.
DULIS-fils (*ſ'abandonnant dans
les bras de ſon Ami* :)
Tu m'as-toujours-dit ce que mon cœur ſen-
tait..... Ah! ma Sœur!.... (*Il la preſſe*

contre fon fein ; à *Losolis* :) Mon Ami,
avec Quî as-tu-laiffé Henriette?
L O S O L I S.
Sois tranquile... Betty ne la quittera pas.......
Mon chèr Dulis! c'eft ici le jour de l'amitié! jour terrible, qui va décider de ton
fort... & du mién.... Un Père va prononcer ; fi tu ne le touches pas, tu ês-perdu!
car.... tu ne renonceras pas à ta Femme....
mais je ne te quitterai jamais ; je fuis ton
ombre.
Madame D'ANGELIERS (à *Losolis*:)
Ah! mon malheureus Frère ... fera-profcrit!..
L O S O L I S.
Et malheureus : la malediction des Pères
ne frappe jamais envain!... Il fera-perdu!...
mais fa confcience fera pour lui..... O Enfans! qui vous fouftrayez au Pouvoir-pater-
nel, n'efpérez pas d'échapper à la peine
méritée!... (*courant* à *fon Ami* :) Tu
feras malheureus, mais je porterai la moitié de ton malheur.... Dulis, il vaut-mieux
être-profcrit, même par un Père, que de
manquer à fa confcience !
D U L I S-fils (*avec tranfport* :)
Voila le Dieu-de-l'amitié! .... (à *fon Ami* :)
Tu toucheras mon Père ; oui, tu le toucheras.... dis-lui qu'il te profcrirait avec
moi..... (*a fa Sœur* :) Dites-lui, ma
Sœur, qu'il profcrirait la vertu.... Je le
connais ; il n'osera maudire la fainte Amitié!

Madame D'Angeliers (*avec desespoir:*)
Non, plus d'espérance!.... (*a Losolis:*)
Je me flatais qu'en-l'accompagnant....

LOSOLIS.

Je suis-venu pour recevoir dans mes bras
mon Ami frappé, si je ne puis detourner
le coup.... Mais, madame, faites-moi parler à votre Père?

Madame D'Angeliers.

J'alais vous en-prier.... Ami-généreus!
employez cette éloquence si-douce, qui
vous gágne les cœurs!... (*On entend du
bruit, la voix de Dulis-père, des portes
s'ouvrir, &c.*) C'est mon Père.... son
retour est-precipité... Mon Frère, viéns....
(*Elle le fait-entrer chés elle: a Losolis:*)
Vous, monsieur, il faut l'attendre: je vais
vous présenter, & vous laisser ensemble.

XIV scène.

DULIS-père, madame D'ANGELIERS,
LOSOLIS, MYLORD [*non-vu.*]
Dulis-père (*de-l'entrée de la coulisse.*)

Comme il-vous-plaîra, monsieur: ce que
vous me proposez peut-étre utile; il convenait que vous m'en-prévînsfiez: mais je
n'y-contribuerai-pas: un enlèvement!...

MYLORD (*non-vu:*)

Je vous préviéns; je le devais: vous savez;
j'agirai suivant mon honneur.

XV scène.

Madame D'ANGELIERS, LOSOLIS,
DULIS-père. [*Durant toute la scène, m.me D'Angeliers
prête une attention avide à ce qui se-dit.*]
DULIS-père (*s'avançant, & posant son fusil:*)

Je ne saurais tenir en-place....   Cet entretién, que je viéns d'avoir avec monsieur
De-Serj, me trouble...   Un Fils à moi,....
épouser... une Anglaise !...   Plus de patrie!...
plus de mœurs!... Et ce Lord.... (*apercevant monsieur De-Losolis, que lui présente madame D'Angeliers:*)   Ah!

Madame D'ANGELIERS.
Mon Père, voila monsieur De – Losolis,
l'Ami de mon Frère.

DULIS-père (*avec une forte d'epanouissement:*)
C'est le chèr Pylade de mon Oreste!....
Monsieur, je ne vous confons point avec votre
peu-sage Ami! je respecte en-vous, tout-
jeune que vous êtes, des vertus rares,
même dans nos Campagnes.... Comment
vous portez-vous?

LOSOLIS.
Prêt à vous servir, Monsieur : & ce n'est-
point une formule.

DULIS-père.
Je le sais : vous n'en-employez jamais de
vaines....... Comment vos belles qualités
n'ont-elles-pas-fait une heureuse impression
sur votre Ami?

I Partie.   D

LOSOLIS.

La reſſemblance des ſentimens unit les cœurs;
..... j'aime votre Fils, & il m'aime, parce-
que nos ſentimens ſ'accordent.

DULIS-père.

Vous n'auriez pas commis l'indigne action
qu'il a-faite?

LOSOLIS.

Je n'aurais - jamais - quitté volontairement
l'Objet de mon amour.

DULIS-père.

Mais vous l'auriez-quitté, ſi votre Père eût-
dit, Je le veus..... Vous ſavez l'hiſtoire de
mon mariage : l'*Objet-de-mon-amour* ne m'eſt
rien aujourd'hui ; c'eſt ma Compagne, mon
Amie, la Douceur-de-mes-jours, la Mère-
de-mes-Enfans, ma Garde dans mes mala-
dies, mon meilleur Médecin; c'eſt ma Femme,
qui m'eſt tout : Cette reſpectable Epouse
eſt-plus-attachée à ma vie que moi-même:
Cependant elle ne fut pas l'*Objet-de-mon-*
amour..... Mais, Monſieur, auriez-vous-
aimé une Anglaise, vous, de la Famille des
Dulis, & de Jeanne-D'Arc[B1]; vous, le frère
du premier Volontaire tué derrière le Chevalier-D'Aſſas[B2], par les barbares Anglais,
qui auraient-du les admirer !.... vous mon
Fils, ſachant toute ma haîne contre cette
Nation féroce ?

LOSOLIS.

Votre Fils ignorait que Celle qui l'intereſſa

du premier coupd'œil fût anglaiſe......; il
l'adora: Eſt-on le maître d'empécher une
impreſſion reçue ?......   Quand il apprit ce
qu'était Henriette, il fut-étonné, affligé....
Mais ſa ſurprise & ſa douleur meme forti-
fièrent ſon amour: Henriette étrangère,
infortunée, isolée, exposée ...... n'en-de-
vint que plus - intéreſſante.

   D U L I S - père (*prenant avec concen-
tration la main de Loſolis :*)
Auriez-vous-aimé une Fille , le rebut de ſa
Nation & de la Nôtre ?
LOSOLIS (*avec fermeté le dernier membre :*)
Non!......   Mais Henriette eſt eſtimable au-
tant que belle :   j'en-repons ſur mon hon-
neur!

   Madame D'ANGELIERS (*ſaisiſſant la
replique:*)
Elle eſt eſtimable, mon Père,....   tendre...
   D U L I S - père (*a Loſolis , presqu'en-
même - temps :*)
Bon cœur ! abusé par un Lâche !....   Je ſuis-
mieus-inſtruit que vous! Si je veus attendre... ſeulement ... deux-jours, ... un peutétre, ...   un Anglais me debarraſſe de votre *eſtimable* Anglaise, de ma prétendue
Bru.....   Le ſavez-vous ?
   L O S O L I S.
Je le ſais: mais le voyage ici, derange ce
plan, qu'Henriette eſt-loin d'approuver !...
Je vous ai-aſſuré, Monſieur, ſur mon hon-

neur, qu'elle eſt eſtimable; me croyez-vous capable d'aſſurer faus ſur mon honneur?

Madame D'ANGELIERS (*ſaiſiſſant la replique* :)

Mon Père! monſieur De - Loſolis eſt un Homme ſûr!

DULIS-père (*preſque-ſimultanement*:)

Non...... Mais monſieur De - Serj, votre Confrère, & parent de ma Femme......

LOSOLIS (*avec la plus - grande aſſurance* :)

S'il avait-oſé attaquer les mœurs d'Henriette, je lui donnerais un dementi.... Il eſt le rival de votre Fils. .....

Madame, D'ANGELIERS (*avec vivacité* :)

·Vous entendez mon Père!.... ſon Rival.... C'eſt la jalousie!......

LOSOLIS (*continue, Dulis-père ne repondant pas* :)

Monſieur Dulis! que le malheur d'une Fille de dixſept-ans, belle, étrangère, ſans autre appui que celui d'une Tante.... touche vo- cœur genereus....

DULIS-père (*avec un attendriſſement emporté* :)

Que me demandez-vous !.... Je ſuis-inſtruit par Un-autre que De-Serj.

LOSOLIS (*avec l'explosion de l'eſpoir*:)

Quel qu'il ſoit, il l'a-calomniée... Mais vous· vous-attendriſſez... Non, vous ne ſerez point inſenſible au ſort d'une Jeune-infortunée,....

vertueuse ,... malgré les circonstances, &
qui n'a... dans le monde ... que votre Fils!
Madame D'ANGELIERS (*avec chaleur :*)
Mon Père! elle n'a que mon Frère!
DULIS-père (*a Losolis simultanement :*)
Elle a sa Tante. Elle a.... mais je ne saurais
estimer un Anglais.....

    L O S O L I S (*d'un air qui marque la
defiance de Macbell :*)

Elle n'a que votre Fils,.... & monsieur De-
Serj n'a-pas- .... calomnié ... la Tante.

    D U L I S-père (*avec impatience :*)
Elles font de-concert!...

    L O L O L I S.

Non, monsieur.... La Tante est une vieille
Anglaise, qui regarde tout ce qui n'est-pas-né
dans son Ile , comme indigne du nom d'Homme... qui meprise la Nation française, sur-
tout... Cette façon-de-voir , .. injufte... cause
fouvent.... des malheurs.... qui font-fremir.

    D U L I S-père (*contenant a-peine son
indignation :*)

Une Anglaise...... croit ..... fa Nation .....
au-deffus des Français !........ (*prenant le
ton de l'ironie amère :*) J'en-appelle à
Guillaume-le-conquerant.

    L O S O L I S.
Tout le Peuple de Londres penfe comme
miftrefs Macbelle....

    D U L I S-père (*concentré :*)
Quel aveuglement!

D 3

LOSOLIS (*avec affectation* :)
En-Espagne, en-Italie, en-Allemagne, en-Russie, en-Hollande, on nous donne des épithètes plus ou moins-avilissantes.....

DULIS-père (*sortant de sa concentration* :)
Le Français est l'honneur de l'humanité ; c'est l'Homme par-excellence !....

LOSOLIS.
Je suis de votre avis : Le Français estime toutes les autres Nations, & il ne leur attribue pas en-général les vices de quelques Particuliers : Il considère le Hollandais, & voit en-lui un sobre & laborieus Commerçant : Il honore l'Allemand, comme plein de franchise & de bonne-foi : Il estime l'Italien, comme le Peuple le plus-artiste & le plus-spirituel de l'Univers : Il venère l'Espagnol, comme chargé par la nature de représenter toute la majesté humaine : Il regarde avec admiration l'Anglais, comme un Peuple libre, magnanime, filosofe, ayant l'âme forte, & l'esprit mâle : Il s'intéresse aux progrès du Russe, malgré l'éloignement, & ami de tous les Hommes, il desire pour les Peuples des climats glacés, le bonheur dont il jouit lui-même : Il s'efforce, depuis un siècle, d'éclairer le Turq ; il l'adoucit ; il lui montre un amitié de Frère, malgré la différence de foi, de mœurs, de climat...... Voila ce qui fait que le Fran-

çais l'emporte peutétre ſur toutes les autres Nations, qu'il accueille chés lui, qu'il
fète, qu'il honore, & dont il ſe fait-aimer.

D U L I S - père (*avec enthousiaſme :*)
Beni-ſoit le Français!..... Oh! que je ſuis-
glorieus de l'étre!.... Monſieur De-Loſolis,
je vous remercie, au nom de toute la Nation..
(*a madame D'Angeliers :*) Laiſſe-nous,
ma Fille; va rejoindre ton Mari.

(*Elle ſort, après avoir-baiſé la main
de ſon Père, & fait une reverence a
monſieur Loſolis.*)

<hr>

X V J   ſcène.

<hr>

D U L I S - père,   L O S O L I S.
D U L I S - père.

Je hais-moins les Anglais peutétre, pour
mes injures particulières, que pour le mal
qu'ils font à notre Nation, avec un in-
concevable acharnement!... Jamais un Fils
à moi, n'épousera une Fille ennemie.

L O S O L I S.

Nous leur en-feſons autant qu'ils nous en-
causent..... Mais leur abandonnerez - vous
un Fils, que vous reduirez, peutétre à paſſer
chés-eux!

D U L I S - père (*avec feu :*)
A paſſer chés eux!..... (*concentré*) Il n'y-
paſſera que chargé de ma malediction......

LOSOLIS.

Ne ferait-il pas plus-digne de vous, de faire
une Française, de cette Anglaise aimable,
qu'il n'eft plus maître de quitter ;... & à laquelle il ne renoncera jamais ?....

DULIS-père (*avec le même feu :*)

Il obéira, Monfieur, il obéira....., ou....

LOSOLIS.

Digne Père! refpectable Mortel, dont votre Fils tiént toutes ces vertus qui me le
font-aimer ! ferez-vous moins-tendre pour
lui qu'un Etranger.... qui l'a-fecouru, lorf-
que dans votre colère...., vous l'aviez-aban-
donné!... (*avec modeftie :*) Si ce recit [A7]
n'honorait que l'Etranger, il faudrait......
le taire : mais il honore encore plùs votre
Fils, ... & vous-même, qui êtes la fource
de toutes fes vértus, comme de fa vie......
Epris d'Henriette, il vous écrivit, Monfieur..

DULIS-père (*levant les ïeus au ciel :*)

Oui ; & j'ai-là fa Lettre..... (*il la prend
dans le tiroir du fecretaire:*) [A2]
Afféyons-nous, Monfieur Losolis... Voyez!

LOSOLIS (*parcourant des ïeus :*)

Elle m'eft-connue. Il vous y-parle en-Fils
foumis, refpectueus.

DULIS-père (*cherche une autre Lettre,
qu'il préfente a Losolis, avec ironie :*)

Pour appuyer que mon Fils eft-foumis, refpectueus, lisez un mot de ma Reponfe [A3].

L O S O L I S (*lisant :*)
»Je vous ordonne de ceſſer de voir Hen-
»riette-Kircher, quelle qu'elle ſoit, ou ma
»malediction eſt toute-prête... (*il ſ'arrête.*)
D U L I S-père (*l'obligeant a lire encore :*)
Sa Mère ſe joignit à moi.... voila ſon écri-
ture ſur le brouillon même de la Lettre. ...
»Elle vous défend » ..... Lisez, lisez!
L O S O L I S (*lisant :*)
»De voir une Avanturière..... (*Il ſ'ar-
rête, & parcourt des ïeus; haut :*)
»Votre Père très-irrité ».
D U L I S-père (*avec indignation :*)
Et c'eſt après cela qu'il ſ'eſt-marié.... en-
Angleterre !... c'eſt-après cela, qu'il a-oſé
écrire à Sa Sœur.... (*en-parlant, il cherche un autre papier :*) ..... Lisez, monſieur [A4]:
L O S O L I S (*lisant.*)
»C'en-eſt-fait! légal ou non, le ſerment
»qui nous unit, Henriette & moi, n'en-eſt-
»pas-moins-ſacré!... (*Il parcourt des ïeus;
haut :*) »Elle voue à nos Parens le plus
»profond reſpect, duſſent-ils lui donner la
mort ». (*Il rend la Lettre :*) Quand on
aime, l'on n'eſt pas maître de ſoi: punirez - vous une faute involontaire, comme
un crime réfléchi?
D U L I S-père (*avec une froideur concentrée*)
On empriſonne le Soldat ivre : En - Eſpa-
gne, on lui fait avaler ſix fois-plùs d'eau

qu'il n'a-pris de vin...., Voici ma Reponfe à la Lettre à fa Sœur : (*Il l'a-cherchée en-parlant, & la donne :*)

L O S O L I S (*lisant :*)

»Maudit-foit le Fils ingrat, dénaturé» [A 5]. (*la remettant :*) Je connais cette Lettre fata-le, MONSIEUR !... mais votre Fils ne l'a-pas-vue ;... fa Femme l'a-gardée,... par-mon confeil ;.... je le crus neceffaire :..... celle où vous le-menacez ... eût-fuffi ... pour caufer fa mort, fans......... Que vouliez-vous qu'il fît ?.... Il était-marié !

D U L I S - père (*avec feu :*)

Il était-marié !.... Et voila fon crime..... En-peut-il faire fon excufe ?

L O S O L I S.

Lui, vous, moi, quand nous avons-pro-mis, nous pouvons perdre fortune, bon-heur, la vie méme, mais non manquer à notre promeffe....... Aujourd'hui, la faute eft irreparable.

D U L I S - père.

Il fera-donc-puni : J'en-ai le double droit !.. Monfieur De-Losolis, comment croyez-vous que j'aye-époufé la digne Femme, qui m'a-rendu le plus-heureus des Maris, le plus-heureus des Pères, ... fi elle m'eût-donné un Fils de-moins ?

L O S O L I S.

Je le fais, MONSIEUR ; mais je le faurai-mieux de votre bouche.

D U L I S -père.

J'aimais, j'adorais une Jeune-personne; j'en-
étais-aimé: mais elle ne me convenait pas....
Mon digne Père... (*il s'incline*) m'appela,
& me dit: —Mon Fils, mademoiselle D'Arcj
ne vous conviént pas; n'y-songez-plus [C]...
J'aimais, j'adorais; j'avais les passions....

LOSOLIS (*comme se-parlant a lui-même :*)
Comme votre Fils.

D U L I S -père.

Plus-vives encore.... Cette reponse me fou-
droya; je restais immobile, sans repon-
dre. —Que faites-vous-là, me dit mon
Père (........) Alez à vos occupations-.....
Je voulus obéir. Je tombai-.... évanoui....
Ma Mère (......) Oh! l'excellente Mère!....
(*il essuie ses ïeus :*) ma Mère accourut;
elle se mit aux genous de mon Père —Mon
Mari! mon Mari! s'écriait-elle, mon digne
Epous, laisserez-vous perir votre Fils uniq!
— Oui, ma Femme, s'il n'est pas homme:
à quoi servira-t-il qu'il existe? —Mon chèr
Mari! ayez-pitié de sa Mère-!..... Je l'en-
tendis alors: je baisai la main de cette respectable Femme... —Mon Mari! faites-lui
grâce! sa Maitresse est belle; je l'aimerai...
—Ma Femme, ma digne Epouse, repondit
mon Père (........) vous, Mère si-tendre,
voulez - vous charger votre Fils d'un crime
impardonnable à-jamais? —Oh-non! non!
mon Mari!.... Mais quel est-il? —Celui de

vous avoir fait-refuser la première & l'uni-
nique-fois, par votre Mari, une chose que
vous lui demandez–....   Je fus atterré de ce
mot....   C'eſt que j'avais une âme! c'eſt que
j'honorais mon digne Père (.........); c'eſt
que je cheriſſais ma Mère....   Je me levai,
& me jetant ſur la main du venerable Mortel, je lui dis...   —Vous parlez à un Homme,
mon Père; ordonnez–...   A cette filiale
obéiſſance, des larmes ruiſſelèrent des ïeus
du plus-reſpectable des Vieillards: Il benit
Dieu; il me benit....   Monſieur De-Losolis!
faire pleurer-de-joie ſon Père!....   Ah!
voila le plus-glorieus moment de ma vie...
Et ma Mère, ma tendre Mère.... (*il veut
derober ſes larmes*) émue, palpitante, ne
ſachant auquel aler, de ſon Epous, ou de
ſon Fils, elle était dans le raviſſement....
Enfin elle ſe-jeta dans les bras de ſon Mari,
qui nous y-reünit tous-deux. . . . .
LOSOLIS (*fondant-en-larmes & ſuffoqué:*)
Oh! oh! Monſieur!....... laiſſez-moi voir ce
ce tableau!........... (*ſilence*)

DUSIS-père (*reprenant:*)
A quelques-jours-de-là, mon Père me dit,
qu'il ſouhaitait que je penſaſſe à mademoiselle Madelaine De-Saintepallaie (ma Femme). Un ſilence reſpectueus fut ma reponſe:
... mais j'obéis.....   Les bans ſe-publièrent.
Je n'aimais pas, mais j'eſtimais: Madeleine-
De-Saintepallaie était la Demoiselle la plus-

exemplaire de tout le Canton : c'était le chois de ma Mère, Monsieur De-Losolis ; cette excellente Femme n'avait-jamais-eu d'ennemie que la Mère-De-Saintepallaie ; & elle travaillait depuis-longtemps à la gâgner, sans y-pouvoir reüssir : son double motif était d'abord d'éteindre une haîne injuste, née d'une petite discussion-de-preséance dans l'église de ce Bourg, dont mon Père & monsieur De-Saintepallaie possédaient également la seigneurie : ensuite le merite connu de mademoiselle De-Saintepallaie ; elle voulait à son Fils la plus-digne Épouse, à ses Petits-enfans la plus-digne Mère ; c'était-là son ambicion.... Elle était-parvenue à gâgner le cœur de la Jeune-personne ; elle en-était-respectée, cherie..... Ma Mère sut par elle, que je ne deplaisais-pas à notre hautaine Voisine, & elle engaja mon Père à lui-demander sa Fille.., Ce mariage reconciliait deux Maisons qui avaient la même origine..........

Tout était-prêt, & nous devions être-unis dans trois-jours, lorsque mon Père tomba-malade. Le danger fut-marqué dès le soir du premier-jour : le lendemain, il fut effrayant ; & le Malade ayant-voulu connaître son état, qu'il sentait, le Medecin lui declara .... la mort............. Je vis alors un Homme, Monsieur De-Losolis !.. Mon Père (.......) se-recueillit un-instant ;... puis prenant un visage serein, malgré ses douleurs : —Mon Fils, me-dit-il, je finis : ... confole & foutiéns... ta Mère..... Songe... qu'elle t'immolait fon pro- pre chois,... en-demandant...'mon aveu pour mademoiselle D'Arcj :.... c'eft mademoiselle DeSaintepallaie,... que tu és-doublement- obligé... de lui-donner... pour Bru ;... afin-de m'obéir,...... & d'adoucir ...... la douleur....... que lui-caufera ma mort........ Ton mariage devait fe-faire aprèsdemain ;..... je veus qu'il f'accompliffe au-jour-fixé :... fi je vis encore, ... je le verrai ;... fi je ne fuis plus,.... je veus qu'il fe-faffe... devant mon cercueil :... je t'en- demande ta parole ? —Je vous la donne, mon Père ;.... mais vous le verrez. —Je fuis-tranquile, mon Fils,... comme fi le ma- riage ... était-fait.... Si je ne le voyais pas, ... tu dirais à Ceux ... qui voudraient-parler :.... :: C'eft un Fils, qui obéit à fon Père.... Va t'occuper de ta Mère :.... tes foins... lui-font- ... neceffaires ;.... pour moi.... je n'en-ai-plus- befoin–....... J'étais-abîmé dans la douleur : Ma Mère vint : —Ma Femme, ma chère Compagne !... lui-dit mon Père, voila un bon Fils ;... beniffons-le enfemble ;... car il viént d'adoucir mes maux.'.... Je te benis .... nous te beniffons,... mon Fils,... ma Femme & moi. ... Bonne Mère,... je fuis-content de mon Fils.... Alez enfemble,... prier pour moi... au piéd des autels–........... Le digne Homme fentait fa fin, & il nous renvoyait !......... Il mourut pendant notre courte abfence...........

(*filence.*)   Tout le monde crut mon mariage rompu....   Mais, jugez de la furprise, lorfqu'en-manteau-de-deuil, fondant-en-larmes, j'alai-prier les Parens de ma Promife, de fe-tenir-préts pour le lendemain !.....   Ils refufaient :.... les ordres de mon Père, (.............) que ma Mère avait-entendus de fa bouche, avant moi, les determinèrent ; ils obéirent au refpectable Mort (............)   Je conduifis Celle qui alait-être ma femme, aux piéds de ces mémes autels, où je rendais à mon Père (...............) les derniers devoirs de la piété-filiale [C].   Je me-retournai du-côté de cet augufte Témoin, en-prononçant le ferment-conjugal : ---Je vous obéis, mon Père-......... Le Ciel & mon Père agreèrent mon hommage ; je ne fus-pas-lié, que mon premier-amour f'éteignit pour-jamais : je vis dans ma Nouvelle-épouse, le dernier préfent de mon Père, la condition attachée à fa benédiction, le Chois & l'Amie de ma Mère ; je refpectai ma Femme, je l'honorai ; elle me devint chère.... Elle a-fait mon bonheur, & j'ai-tâché de contribuer au fién......... Monfieur De-Lofolis, mon Fils doit m'obéïr ; j'ai double autorité fur mes Enfans, à-titre de Père,... à-titre de Fils obéïffant ;.... & f'il f'en-trouve... parmi les miéns... qui la brave,... il fera -malheureus, fuffé-je de-connivence avec lui... Que mon Fils m'obéïffe ; c'eft fon premier devoir ; & qu'il laiffe au Ciel le foin de fon innocence ;

à moi, celui de son honneur ;....... ou je le re-
trancherai de ma Famille !

   L O S O L I S *(attendri :)*
Vous avez-raison !..... oui, vous avez-raison !
.... Ah ! mon Ami est-perdu !..... Mais je
partagerai son malheur.... Oui, vous nous
punirez tous-deux :..... vous punirez l'amitié
la plus-tendre ,.... avec la desobéissance ;.......
j'embrasserai votre Fils ; je me-tiéndrai uni
à lui,... & vous frapperez......

   D U L I S - père *(étonné :)*
Digne Garson !.... si je n'étais-pas père.....

   L O S O L I S.
Votre raison aneantit mes espérances ;... mais
je vous admire !

   D U L I S - père *(avec tranquilité :)*
Voyez-le ; parlez-lui : Quoique mon Fils
me doive une double obéissance, je consens
à partager mes droits avec son vertueus Ami.

   L O S O L I S *(hesitant :)*
Eh ! que lui dirai-je ?

   D U L I S - père
Que les Fils ne sont pas plus-sages que les
Pères.

   L O S O L I S *(fermement)*
Monsieur Dulis ! me croyez-vous un lâche
instigateur du manque-de-foi ?

   D U L I S - père *(froidement :)*
Non ; je vous crois l'ami de la vertu.

   L O S O L I S.
Vous me rendez-justice : Henriette est ver-

tueuse; votre Fils eſt ſon mari, aux ïeus
de l'honneur; car il l'a-promis: elle commence à porter .... les marques-du-mariage...
Me conſeillez-vous de parler à mon Ami
contre ma conſcience, & de lui dire:
: : Sois dur, inhumain, cruel, perfide;
abandonne ta Femme, delaiſſe ton Enfant
avant ſa naiſſance; repouſſe-les; livre une
Innocente Beauté à la ſeduction d'un Lord;
ôte-lui ſon état, ſon Epous, ſes mœurs;... &
parjure, viens avec moi aux piéds de ton
Père; je ſuis ton complice....... En-vous-
abordant, je vous dirais à vous-même:
: : Voici mon vil Ami, que je vous amène:
vous, ſon Père, partagez ſa baſſeſſe, comme
je l'ai-partagée.... Vous nous repouſſeriez
avec horreur!..... Je ne ſais qu'un moyen...
dans d'autres pays, dans d'autres temps, avec
une autre religion, d'autres mœurs, il eût-
été-proposable: J'aurais-dit à mon Ami:
: : Dulis, ton Père ne veut pas ton mariage;
il eſt inflexible; il va te maudire, & tu ſeras malheureus à-jamais..... Cède-moi ta
Fèmme, prête à devenir mère; je l'épouse,
je lui ſauve l'honneur, en-lui-conſervant la
qualité de Femme; je lui donne Un-autre
Toi-même; elle perdra peu... Cependant,
malgré tous les obſtacles, le voulez-vous?

DULIS-père (*exalté* :)
Je ſavais, je ſavais que vous avez une âme...
Je ſuis ſùr que vous feriez ce que vous pro-

posez; mais je n'y - confentirais pas plûs pour vous, que pour mon Fils...... (*avec un cri douloureus* :) Que n'êtes-vous mon Fils!

LOSOLIS.

Je vous honore, je vous revère autant que mon propre Père!.... Mais je ne vaus-pas-mieux que votre Fils..... Je tremble pour mon Ami..... Son malheur porte dans mon âme l'accâblement & la douleur... Et cependant, je ne faurais lui confeiller de vous obéir !...... Vous êtes père...... Il eft père auffi..... Un Père irrité (je l'ai-vu) (*Dulis père fait un gefte vif a ce mot*) peut-abandonner un Fils devenu grand , & qui lui refifte ;...... il peut..... (puiffé-je ne jamais le voir !) il peut le maudire, f'il en-a le courage...... (*avec force* :) mais il eft barbare, inhumain, infâme, deshonorant.... (*fa voix f'altère*) qu'un Père :... abandonne .... fon Enfant ..... à la mammelle; ...... ne pouvant fe-fuffire à lui - meme;..... encore dans le flanc de fa Mere !...... (*reprenant un-peu de ferenité* :) Voila ce que me disent ma confcience & la Nature.

DULIS-père (*avec affentiment* :) J'aime cette noble fermeté!

LOSOLIS (*vivement* :)
Je le crois! fans cela, vous ne feriez pas vous - même..... Mais que penfez-vous de mon Ami?

D U L I S - père (*avec noblesse :*)
Que Chaqu'un soit ce qu'il doit être ; moi,
Père ferme ; vous invariable ami ; lui Fils
obéissant.... Qu'il cède, & me laisse le soin
de sa vertu : Son honneur est le mién.

XVIJ scène.

DULIS-père, LOSOLIS, madame DULIS,
madame D'ANGELIERS.

Madame DULIS, (*arrivant accompagnée
de sa Fille, qui reste appuyée sur la
chaise de son Père :*)

Deja de-retour, mon Ami!..... Seriez-
vous incommodé ?

DULIS-père (*que madame D'Angeliers
viént-d'embrasser :*)

Non, ma Femme..... Mais j'éprouve une
inquiétude, qui ne me laisse auqu'un repos...... Un Fils desobéissant, est le tour-
ment de son Père.... Ce digne Ami (*montrant Losolis*) plaide vertueusement une
mauvaise cause..... Il a-sauvé la vie à notre
Ingrat.... (*à Losolis*) Je le sais, Monsieur...
Il l'a-nourri, quand nous l'abandonnions,
pour le forcer à revenir......

LOSOLIS (*avec un soupir :*)
Il est - revenu!

DULIS-père (*presque simultanement :*)
Et il veut aujourd'hui se-derober à la punition meritée de la desobéissance !...

Madame DULIS *(attendrie, à Losolis :)*
O Digne Ami!..... tout ce que vous avez-
fait pour le Fils, eft gravé dans le cœur de
la Mère...... Mon Mari? fi l'Ami eft-ver-
tueus, votre Fils lui reffemble !

DULIS-père *(durement :)*
Qu'il m'obéiffe donc!.... Il doit autant à
fon Ami qu'à moi; fon Ami partage fon
malheur...... qu'il lui facrifie tout !....

LOSOLIS.
Il le fera, & pour vous, & pour moi, ...
excepté Henriette..... Le plus-digne des
Pères compatira aux excusables faibleffes
d'un Fils !

Madame D'ANGELIERS *(fuppliant :)*
Mon Père !

DULIS-père *(fe-levant, & repouffant un-peu fa Fille:)*
Non. *(Il fort. Losolis le fuit, & pa-*
raît continuer á lui parler, tandis que
Madame DULIS *f'écrie :)*
Grand Dieu! touche le cœur du Père, ou
change celui du Fils!

XVIIJ fcène.

Madame DULIS, madame D'ANGELIERS,
DULIS-fils, LOSOLIS.
Madame D'ANGELIERS.

Notre malheur eft donc fans remède, &
mon Frère, votre Fils.... eft-perdu !

DULIS-fils *(arrivant : il s'incline, &*
baise la main de sa Mère :)
O Ma Mère! j'ai-tout-entendu...... Mon
Père est inflexible.....

Madame DULIS.

Sa colère est juste, mon Fils!...... Confi-
derez l'énormité de votre faute..... Mais....
votre Père est-genereus .... & si vous-vous
foumettiez.....

DULIS-fils *(avec effroi!)*

Ma Mère.... Henriette .... elle en-mour-
rait;.... à-moins que raffurée par vous.....

Madame D'ANGELIERS.

O ma Mère!... quelle heureuse idée!.....
Il me femble...

Madame DULIS.

Il faut-y penfer encore..... Je vais retrou-
ver votre Père; mes Enfans... Mais f'il eft
inflexible, je foumettrai ma raison à la fiénne.

(Elle fort. Losolis reparaît, trifte,
penfif.)

Madame D'ANGELIERS *(lui remettant*
fon Frère :)

Alez auprès d'Henriette : Je vais fuivre mon
Père, & feconder ma Mère!

Fin du second Acte.

Explication de l'Estampe du Troisième Acte,

La Jeune-Anglaise charmant les Français.

Dulis-fils, après avoir-déterminé sa Sœur-chérie à voir sa Femme, amène la Première où Henriette l'attend : Il lui-nomme madame D'Angeliers:

» Ma Femme ,... voila ma Sœur biénaimée »!

L'aimable Henriette se jète dans les bras de sa Belle-sœur, qui est-frappée de la beauté de la Jeune-Anglaise, dont l'air & a douceur la séduisent.

La Scène est-composée de sept Personnes ; Dulis-fils, Henriette, madame D'Angeliers & son Mari, Losolis, Macbell & Betty. Monsieur D'Angeliers est auprès de sa Femme, & admire l'Anglaise ; Losolis est-ravi ; Betty contente & s'occupant de la parure de sa Maitresse : Macbell paraît de-mauvais humeur, & regarde tout le Monde de-travers.

Troisième Acte.

1 scène.

BETTY, JEMMY. [*ce Dernier se-cachant.*]
BETTY (*à-part :*)

Que veut .... ce Drole-là....   Ah! c'est ...
Jemmy! le Valet de Mylord........   (*Elle
avance auprès de lui :*)   Quiva-là?. . . . .
qui êtes-vous?

JEMMY.

Houch !   pas de bruit!.....   Nous sommes
ici incognito!

BETTY.

Eh! pourquoi faire ?.....

JEMMY.

Alons-donc! tu le sais aussi-bién que moi...
Tu es du secret.

BETTY.

S'il faut te parler-franc, ton Maître n'a
rién à-prétendre.

JEMMY (*affectant l'assurance niaise :*)
Oh! que si-fait.

BETTY.

Rién, ...   rién-du-tout .....   C'est-moi
qui te le dit.

JEMMY (*prenant l'air assuré :*)
Et je ne te crois pas ;......   car il est riche;

il prodigue .... l'ôr.... l'ôr.... Là, Betty, foyons fincères: Penfes-tu qu'une jeune & belle Perfonne, comme mifs Henriette, fe-determine à vivre avec la Misère françaife, quand l'Opulence anglaife & l'amour lui tendent les bras?..... Car enfin, vous ne vivez pas; vous languiffez?

BETTY (*avec un foupir :*)
Nous ne fommes pas riches !..... Ma¹s nous aimons, nous fommes-mariées, & nous voulons être honnêtes.

JEMMY (*avec un feint étonnement :*)
Mariées!

BETTY.
Oui; & vous aurez la bonté, en-parlant de ma Maitreffe, de dire à-l'avenir; *Madam* Dulis*, & plus, *Mifs Henriette*.

JEMMY (*ironiquement :*)
Et vous, *Madam*, comment vous appe-lerai-je? Mylady Bourguignon clandef-tine, apparemment?

BETTY.
No : mais j'ai-donné ma parole, & cela vaut fait.

JEMMY (*avec emfase :*)
Mifs Betty, jeune, jolie, faite-.... (*il la fait-tourner*) au-tour.....; la perle des Filles-de-cabaret du Piccadilly, renoncer à l'efperance d'être un-jour vous-même *Lady-land*, maîtreffe honorée d'une hôtellerie,

---

* Ils prononcent *médèm.*

pour devenir l'esclave d'un Valet français, ayant à-la-fois trois ou quatre Maîtres, qui le nourriffent mal, & ne le payent pas!

BETTY.

C'eft l'usage aux Moufquetaires, qu'un Domeftiq foit à Plusieurs. Pour moi, je fais comme ma Maitreffe : elle deviént française ; moi auffi : elle eft pauvre ; je ne veus pas être riche : elle épouse un Gentilhomme encore fans état, desherité ; moi un Valet fans gajes : elle refuse d'être à Mylord, un Anglais, riche, honoré dans fon pays ; elle lui préfère un Cadet français & pauvre ; moi, j'épouse un Malêtru, un Tartare, un Grigou, qui, pour gajes, reçoit des coups-de-bâton, & je refuserais un *Lord-land*, un Hôtelier, non-feulement du *Piccadilly*, mais de *Weftminfter*; je refuferais ..... mylord Jemmy ! f'il me fesait-l'honneur de me demander ma foi, quoiqu'il ait-été la perle des Valets-d'écurie, dans Piccadilly.

JEMMY.

Je favais deja que mifs Betty petillait-d'efprit : mais j'avais-droit d'attendre qu'elle aurait le fens-commun ?

BETTY.

Je favais ..... depuis longtemps!.... que fir Jemmy était un fripon ; & j'avais lieu d'attendre qu'il prêterait fon miniftère à une malhonnète entreprise.

I Partie.   E

J E M M Y.

Miſs Betty ſe divertit ;......   car elle en-eſt
de-moitié!   B E T T Y.
Je te croyais plus-...-adroit ?
               J E M M Y.
Non, d'honneur, je ne ſuis qu'un palso-
quet: je m'étais-flaté de t'empaumer , ſans
bourſe-delier........   Je ne ſuis pas aſſés
adroit!.., Je vais donc t'avouer tout-uníment
que je ſuis bién-payé , pour rendre un vrai
ſervice à ta jeune Maitreſſe ; il faut aimer
ſes Compatriotes!.....   Quant à toi, tu ſeras
contente, & Mylord ſ'eſt-expliqué là-deſ-
ſus de la manière la plus-*ſignifiante*. . . . . .
Parle, inſinue adroitement, repréſenteles
inconveniens de la pauvreté , vante les agre-
mens de la richeſſe ; menace de quitter....
Miſtreſs Macbell eſt pour nous....

               B E T T Y.

N as-tu pas quelques preuves de ta miſſion ?
          J E M M Y (*à-part:*)
Il n'y a pas moyen d'échapper ! donnons-en
le quart!........ (*haut.*)   Ces ſix guinées.....
          B E T T Y (*avec dedain:*)
C'eſt une faible preuve ; tu peus la garder.
          J E M M Y (*a-part:*)
Elle eſt-inſtruite... (*haut:*) Je badinais..
ces vingt-cinq louis.....
          B E T T Y (*prenant la bourſe:*)
Paſſe pour celle-là....   Tu viéns de montrer
tes Lettres-de-creance;... & ... la ſimplicité

câdre tout-à-fait avec cette figure épaisse.... quitte une gauche finesse... Je vais être simple auffi: Je me meurs-d'envie de revoir l'Angleterre; je suis lasse, mais si lasse de la vie que nous menons,... que j'alais prier ton Maître de nous enmener...... (*avec une feinte confiance*) J'ai - mis dans ses intéréts un Homme qui nous fera fort-utile, dans ce pays-perdu, dont il connaît toutes les routes.

JEMMY.

Bravo! & c'eft....

BETTY.

Bourguignon. (*Jemmy fait une grimace:*) .... Avec une fomme.... honnete, Mylord fe l'aquerra.... Mais du fecret! ce Garfon devant refter ici. (*Jemmy paraît fatiffait:*) ...... Il faudrait peutétre cinquante louis.... Mylord eft riche; lesGens de ce pays font intéreffés, mais fidèles.

JEMMY.

A ce langage fenfé, je reconnais enfin laprudente Betty..... Cette mutine figure était-elle faite pour la fotise & le fcrupule?.... Compte fur une double recompenfe; mon Maître dotera; moi, j'épouserai... Mais je l'aperçois avec la Tante: je vais leur dire que tu n'es plus de-trop dans nos confeils-privés. BETTY.

Ils le favent... (*a-part*) Va, je les fervirai comme ils le meritent. (*Jemmy en- paffant, parle à fon Maître & à Macbell; enfuite il tire à-part le Premier, & lui-dit un mot à-l'oreille.*)

E 2

MYLORD (*bas a Jemmy :*)
Il suffit : remets ce billet à monsieur Dulis-
père : Je ne fais rién dans une honnête
maison, à-l'insu du Maître. (*Jemmy sort.*)

IJ scène.

BETTY, MACBELL.
MACBELL (*venant a Betty :*)

J'ai-entendu, je crois, le Valet de Mylord?..
Va trouver ma Nièce, ma chère Betty:
ne la quitte pas ; & sur – tout prens-garde
qu'elle ne nous écoute !

BETTY.
Oui, madame.... Ne m'oubliez pas auprès
de Mylord : ... d'avance, je vous en-prie ?
car, une-fois que les Hommes tiennent ce
qu'ils veulent, les promesses qu'ils ont-fai-
tes pour obtenir, font un souvenir incom-
mode, dont ils se-débarassent bientôt.

MACBELL.
Va; je ne negligerai rien. (*seule :*) Son
conseil est sur - tout excellent pour moi.

IIJ scène.

MACBELL, MYLORD.
MACBELL.

Nous pouvons nous parler en-sûreté dans
cette salle : Vous n'êtes-pas-connu des Gens-
de-la-maison ; & ma Nièce, qui me saura

ici, ne se-doutera de rien. D'ailleurs elle
attend avec impatience le retour de notre
Chevalier-de-la-Triste-figure, & de monsieur Losolis, espèce de fanatiq en-amitié....
MYLORD (*s'interrompant!*)
Beau fanatisme! l'eût-on pour moi!
MACBELL.
Êtes-vous prêt?
MYLORD.
Je ne suis pas sans crainte d'échouer! Dulis
a-été chés son Père.... monsieur De-Losolis
a-parlé.... L'amitié est éloquente..... elle
plaide une si belle cause!.. C'est un Homme
estimable, quoique français, que ce Losolis;
je l'ai vu deux-fois, je me connais en-Hom-
mes, & je l'estime !..... Si le vieus Bourru
alait-se rendre?... consentir?.... Il ne lui
faudrait pour cela, que voir votre Nièce?
MACBELL.
Il ne la verra pas. Je fais-jouer un ressort, pour en-empêcher; un autre Amant
d'Henriette, parent de son Mari, que je
leurre d'esperances, m'a-déja-servie. ....
Il a-parlé.....
MYLORD (*avec feu:*)
Contre Henriette !..... si je le savais!....
MACBELL.
Contre Dulis! Il a, je le sais, adroitement irrité le Père contre le Fils; il l'a-
rendu furieus...... Je compte aussi beaucoup sur ce monsieur De-Losolis que vous

paraiſſez craindre: *Je le connais; le Père le mettra dans ſon parti;* ces Français n'ont qu'une vertu de Femme.....

MYLORD (*riant* :)
Ah-ah! l'expreſſion eſt bonne!....

MACBELL (*ſans ſ'interrompre* :)
Ils voient les choſes en-petit, & ſont toujours de l'avis du Dernier qui parle... Son influence ſur Dulis eſt-puiſſante; j'eſpère qu'il lui perſuadera, ou qu'il le forcera d'abandonner Henriette.... Nous profiterons du premier mot... Ma Nièce elle-même, eſt-diſpoſée, de-loin, à quitter ſon imbécile Mari, pour un temps, ... par-generoſité... pour lui laiſſer-faire ſa paix..... C'eſt une adreſſe que j'ai-eue.... L'éloignement & vos ſoins achèveront de la detacher d'un Homme qni ne lui conviént pas..... Enfin, j'ai encore un autre ruſe: la ſucceſſion d'un Parert, que je fais mort en-Angleterre, nous y-rappelle; je fais-entendre à ma Nièce, qu'il faudra diſſimuler ſon mariage, depeur de nous montrer ſous un jour defavorable.... Elle donne là-dedans; je l'ai preſque-fait-conſentir à partir ſeules, elle & moi.... — Nous lui écrirons à la première poſte, lui-ai-je dit... (mais il n'aura pas la Lettre, comme vous penſez!) Arrivés à Newmarket, où je dis qu'eſt mort ce Parent, je realiſerai la ſucceſſion, avec les fonds que vous me donnerez.

MYLORD (*a-part* :)
Comme cette Femme a une vile adresse, pour tirer de l'argent ! (*Ici l'on entrevoit Betty qui écoute la conversation ; Macbell se-retourne, & Betty rentre :*
MACBELL.
J'enleverai à Dulis tous les moyéns de nous suivre, en-emportant les restes de son argent, qu'il a-confiés à ma Nièce : il n'en-pourra faire d'autre ; c'est le dernier effort de son Ami Losolis.... Trouvez-vous que je sache combiner ?
MYLORD.
Superieurement !... (*à-part* :) Mais tes combinaisons m'apprènent à me defier de toi !
MACBELL.
Je n'ai-donné ma Nièce à un Français, que pour l'avilir à ses propres ieus, & la rendre plus souple à mes volontés... Souvenez-vous de nos conventions.... Avant de partir, je veus qu'elles soient-assurées.... Je suis vieille ; rien ne parlera pour moi, quand je ne vous serai plus nécessaire.
MYLORD (*a-part* :)
Tu-as-raison !.... Une Vieille vicieuse, est ce que qu'il y-a de plus- horrible dans la nature.
MACBELL.
Vous parlez seul ?
MYLORD.
Je songeais à ce que m'a-dit Jemmy, en-sor-

E 4

tant: Il m'affurait que votre Nièce ne confentira jamais à quitter fon Mari?

MACBELL.

Eh! qu'importe?

MYLORD.

Si-fait, fi-fait.... Quant-à nos arrange-mens, je ne crois pas qu'il y-ait de Tabellion dans ce Village?

MACBELL.

Des lettres-de-change ... des effets de la banque ... à votre chois.... Pour mifs Henriette, elle eft jeune, elle eft jolie, elle fera toujours à-même de faire fes conditions.

MYLORD (a-part:)

Voici la première punition du Debaûché!... Solder le vice le plus-bas!.... (haut:) Soyez tranquile; je calmerai vos inquiétudes.... Mais voici votre Nièce!.... Pourquoi-donc Betty ne nous avertit-elle pas?... Je vais tâcher de m'échapper. (Il fe-cache.)

IV fcène.

MACBELL, MYLORD [caché], HENRIETTE: BETTY [qui la fuit en-lui-parlant, n'avance pas fur la fcène.]

BETTY (a-demi-voix:)

Vous interrompez l'entretién!

HENRIETTE (courant a fa Tante:)

Ma Tante! les voici! les voici!.... voici mon Mari, une Jeune-dame, monfieur De-Loso-

lis,... & un autre Monsieu' que je ne connais
pas...... Ils viennent par la galerie!..... C'est
pour me présenter à mon Beaupère! (*Elle
se-regarde dans un miroir-de-poche:*)
Betty? Betty?

BETTY (*accourant:*)
Madame!

HENRIETTE (*d'un ton mignard:*)
Mes cheveus sont tout-derangés!..... viéns-
víte, ma Fille.... Tiéns, arrange cette bou-
cle..... Oh! comme le ruban de mon chapeau
est-passé!.... Víte un autre!

BETTY (*vivement:*)
Bleu, rose, noir?

HENRIETTE (*avec indecision:*)
Rose..... c'est la couleur qui me va le mieux...
N'est-ce-pas, ma Tante?...... Non, bleu.....
Rose, rose!..... Non! noir..... (*Elle se-re-
garde:*) C'est le rose qui m'ira-mieux.

BETTY (*en-alant chercher les rubans,
heurte exprès Mylord, qui se-tenait-
caché, & le fait avancer sur la scène:*)
Hahi! qu'il m'a-fait mal!

MACBELL.
Vous alez comme une Étourdie!

BETTY.
Je vais comme ma Maitresse m'envoie.

HENRIETTE (*avec dignité:*)
Quoi! vous ici! Mylord!.... Comment y-
étes-vous-entré? (*à sa Tante:*) C'est
une grande imprudence!

MACBELL (*avec promptitude:*)
Oui; j'en-ai-prié Mylord:.... nous ne fa-
vons pas ce qui peut arriver,.... dans un pays
inconnu;... avec des Furieus:..... un Compatriote, un Ami tel que Mylord, m'a-paru
neceffaire pour nous foutenir.

MYLORD (*à Henriette:*)
Je fuis tout à vous, *Madam*... (*bas a **Betty**:*)
Il y-a de la malice dans votre fait!

BETTY (*arrangeant le ruban d'Henriette*)
De la malice! moi!..... Madame! entendez-
vous Mylord?

MACBELL (*de-mauvaise humeur, a **Betty**:*)
Taifez-vous!

HENRIETTE (*bas a **Betty**, la careffant:*)
Ne repons rién, ma Bonne-amie! (*a **Mylord***)
Vous attendez mon Mari, Mylord?... (*à fa
Tante:*) Ma Tante, fi je changeais de robe!
..... Oh! que j'aurai de plaisir à voir ce ref-
pectable Père, dont mon Mari m'a-dit tant de
belles choses!... Betty, rens-moi jolie, jolie!...
(*On entend du bruit; elle va-regarder a la
porte:*) Les voici, les voici!... Ils fe-parlent
dans la galerie, en-gefticulant!.....

MACBELL.
Moderez-vous! votre joie eft indecente.

HENRIETTE (*avec mignardise:*)
C'eft mon Mari! (*à **Mylord**:*) Vous reftez fans-doute?

MYLORD.
Non, Madame. Mais je le pourrais.

MACBELL.

Vous avez raison, Mylord! des Gentils hommes Campagnards...... (*bas*) Alez à votre auberge ; je vous-y joindrai.

MYLORD.

Je n'ai pas à-me-cacher, *Madam ;* le Maître peut me voir chés lui.   Mais je vais vous
attendre.   (*Il s'élance hors de la scène.*)

V scène.

HENRIETTE, MACBELL, DULIS-fils,
monsieur & madame D'ANGELIERS,
LOSOLIS, BETTY.

DULIS-fils (*accourant a sa Femme :*)

Ma chère Femme! (*Il la presse contre*
son cœur :...)   Voila ma Sœur biénaimée...
Voila monsieur D'Angeliers son Mari.

HENRIETTE (*se jetant dans les bras de*
madame D'Angeliers :)

Ah! ma Sœur! que j'ai de joie de vous
voir!.....   (*Elle l'embrasse-de-nouveau,*
a-plusieurs-reprises,   en lui-disant :)
Encore.......   encore......   je vous ai-tant-
aimée, avant de vous embrasser!....

Madame D'ANGELIERS.

Aimable Sœur!.... (*a son Frère, son*
Mari, & Losolis :) Qui ne l'eût-pas-ai-
mée!.... (*a Henriette qui continue de la*
caresser :) Petite enchanteresse! ... (*en-*
regardant son Frere :) Je ne m'étonne plus!

Monsieur D'ANGELIERS (*a Henriette :*)
Permettez, ma Sœur.....
MACBELL (*simultanement a madame*
D'Angeliers :)
Madam veut-elle que je la salue ?
Madame D'ANGELIERS.
Ah ! madame, pardon !... Mais.... (*mon-
trant Henriette que son Mari salue :*) elle
vient de s'emparer de moi..... Que je vous fé-
licite, madame, de servir de mère à une Jeune
personne aussi-digne de votre tendresse !
DULIS-fils (*a sa Femme :*)
Ma Sœur te voit, & te juge comme moi,
mon Amie ; l'Amour & l'Amitié ont les
mèmes ïeus, pour mon Henriette !
HENRIETTE (*avec mignardise, montrant madame D'Angeliers :*)
La Nature & l'Amitié la voient de mêmes
ïeus...... (*à madame D'Angeliers :*) Ma
Sœur ? verrai-je mon Père ? (*Betty achève
en cé moment d'arranger son chapeau,
& le lui-met sur la tête.*)
Madame D'ANGELIERS.
Pas encore, ma charmante Sœur.... Mais
je ne doute pas que votre vue ne l'enchante...
(*à son Frère :*) Qu'elle est jolie !... Elle le
touchera, j'ose t'en-repondre.... (*à Henriette*) Où prenez-vous tous ces riéns
charmans ? (*à son Mari, montrant son
Frère :*) Peut-on lui faire un crime d'aimer
une si charmante Personne !..... (*à De-Lo-*

solis) : Je pense à-présent comme vous-
monsieur :... Il n'est plus qu'un parti à prendre ;...... travaillons de - concert.... (*Elle*
arrange elle-même quelque-chose à la pa-
rure d'Henriette.) Qu'elle est belle !........
que de grâces !

MACBELL (*ce-pendant, bas à Henriette :*)
Avez-vous entendu ? ..... *Pas encore ?*

  HENRIETTE (*à madame D'Angeliers :*)
Ma Sœur, ma Tante dit, *Pas encore ?...*
Je ne verrai donc pas mon Père ?

      Madame D'ANGELIERS.
Il n'est pas au château, & c'est-moi, qui vous
présenterai.

HENRIETTE (*marquant la joie la plus vive :*)
Bon ! bon ! ma-Sœur chérie ! (*elle l'embrasse.*)

  Madame D'ANGELIERS (*la retenant*
                  dans ses bras :)
Tu es toute-parfaite ! toute aimable !

      HENRIETTE (*attendrie :*)
Que ce *tu* me charme !

      Madame D'ANGELIERS.
Des Sœurs doivent se tutoyer.

      HENRIETTE (*avec mignardise :*)
Je vais *te* tutoyer aussi.... Que je t'aime !

      Madame D'ANGELIERS.
Ma tendresse pour toi s'augmente à chaque
mot que tu me dis !

DULIS-fils (*reunissant dans ses bras sa Femme & sa Sœur,*
        & regardant le Portrait de son Père :)
O mon Père ! voyez vos Enfans !..... ce tableau est digne de vous !

Madame D'ANGELIERS (*a son Frère:*)
Elle me ravit!... (*a Henriette:*) Je t'aime...
autant que mon Frère!

MACBELL (*a madame D'Angeliers:*)
J'espère, *madam*, que votre Père ne
fera pas essuyer de mepris à ma Nièce?

DULIS - fils (*vivement:*)
Non! non! ma Tante!

LOSOLIS.
Madame Dulis devrait tout souffrir de la
part du Père de son Mari : c'est un Père,
dont on a-blessé les droits.

HENRIETTE (*avec empressement:*)
Oui, oui; tout.... Il est-offensé;.... j'en-
suis la cause .... innocente;.... c'est à moi
de tout souffrir.

Madame D'ANGELIERS (*avec transport:*)
J'approuve mon Frère.... Je le plaignais,
avant de t'avoir-vue!

MACBELL (*a madame D'Angeliers,
d'un ton brutal:*)
Certainement, *madam*, ma Nièce n'est
pas inférieure à votre Frère : un Roturier
de notre pays, vaut un Gentilhomme de
France.

Madame D'ANGELIERS.
Je crois que mon Frère s'est-honoré, *madame*, en-recherchant cette aimable Personne, en-s'unissant à ma Sœur.

HENRIETTE (*a madame D'Angeliers:*)
Que je t'aime! Oh! que tu es bonne,
douce, obligeante!

MACBELL (*a sa Nièce :*)
Avant que de vous tant paſſionner, il faudrait ſavoir ſi vous ſerez – agréée ?

HENRIETTE (*avec dignité :*)
Fuſſé-je dedaignée, n'eſt – ce pas toujours-
là mon Mari ? (*a madame D'Angeliers,
d'un ton careſſant :*) N'es-tu pas ma Sœur ?

Madame D'ANGELIERS.
Oui, oui, charmante Enfant! (*a ſon Frère :*)
Pour avoir tous les cœurs, elle n'aura qu'à
ſe montrer.

BETTY (*qui, après avoir-quitté ſa
Maitreſſe, ſ'eſt-occupée à ranger, ce
qu'elle a-changé a la parure d'Henriette,
voit un Domeſtiq à la porte, va lui
parler, & l'annonce :*)
Un Domeſtiq de monſieur Dulis-père, demande madame D'Angeliers. (*Elle aperçoit Jemmy, qui traverſe le fond de la
ſcène, & qui lui fait-ſigne ; elle le ſuit.*)

VI ſcène.

Les MÊMES: GERMAIN.
GERMAIN (*a madame D'Angeliers :*)
Monſieu' voute Père vous d'mande tout-
d'ſite, madame, dans ſon cabinet.

Madame D'ANGELIERS.
J'y-vais, mon chèr Germain..... (*à Henriette :*) Je te quitte ; mais je vais parler

de toi..... (*à De-Losolis :*) Je vous la re-
commande...... (*à son Frère:*) Tiens-toi prêt
à paraître au premier signal, mon Ami...
(*à Macbell :*) Je vous salue, Madame.

MACBELL (*froidement :*)
Adieu, *Madam.*

Madame D'ANGELIERS.
Je ne saurais vous dire à quel point votre
Nièce & ma Sœur m'est-devenue chère en-
un-instant !.... (*à son Mari :*) Alons, Monsieur D'Angeliers. (*Elle embrasse Henriette plusieurs-fois :* Adieu, chère Amie!

HENRIETTE (*vivement :*)
Adieu ! ma Sœur !.... non; à-tantôt ?

Madame D'ANGELIERS (*souriant :*)
C'est ce que je voulais dire....... (*à son
Mari :*) Cette Enfant !.... a un charme qui
lui soumet tous les cœurs !.... (*Elle sort
appuyée sur son Mari.*)

VIJ Scène.

DULIS - fils, HENRIETTE,
LOSOLIS, MACBELL.

DULIS-fils (*a son Epouse, avec alarme :*)
Mon sort va se decider !

HENRIETTE (*tendrement :*)
Et le mién, mon Ami!

DULIS-fils (*fermement :*)
Le tién ? Il l'est ! tu es mon Epouse,
l'uniq Objet de mon attachement.

MACBELL (*de-mauvaise-humeur a*
Dulis-fils :)
Les fadeurs n'avancent rién ; il faut agir :
Alez-vous mettre aux aguets, & que monfieur De-Losolis vous fuive , pour venir
chercher Henriette.
DULIS-fils.
Je mène ma Femme avec moi ; nous entre-
rons, nous paraîtrons enfemble devant mon
Père.
MACBELL (*avec un feint desinte-*
reffement :)
Vous avez – raison...... Cependant , on ne
fait ce qui peut arriver..... dans fa fitua-
tion ;.... il ne faudrait peutêtre pas l'expo-
ser..... Monfieur (*montrant De-Losolis*)
viendrait nous avertir...... Aurefte, vous,
connaiffez-votre Père , & vous favez mieux
que moi ce qui conviént.
LOSOLIS.
Il vaudrait mieux que Madame (*montrant*
Henriette) fût avec moi; afin de profiter
de l'inftant.
DULIS-fils (*reflechiffant :*)
Non,.... mon Ami!..... Je me rens à l'avis
de ma Tante.... Peutêtre mon Père f'em-
portera-t-il.... (*a fa Femme :*) Ses cris
t'épouvanteraient , ma chère Femme......
Que j'y-fois feul exposé.
HENRIETTE (*avec une douce inftance :*)
Mon Ami! j'aimerais-mieux étre avec toi?....

ou tout-aumoins, avec monfieur De-Losolis.

LOSOLIS (*a Dulis-fils.*

Ton Epouse n'entendra rién.. Mon fentiment eft, qu'elle foit à-portée de fe pré-
fenter...... Je compte abfolument fur l'effet
que fa vue produira fur ton Père.

MACBELL (*a Dulis-fils :*)

Peutétre votre Ami a-t-il raifon ?.....

DULIS - fils.

Non, non, ma Tante: .... votre premier
avis eft fage ; il fera-fuivi.

HENRIETTE (*le voyant prêt a fortir,*
d'un air trifle & careffant :)

Tu me laiffes, mon Ami!

DULIS - fils.

Il le faut: le Ciel me préferve de t'expofer!

HENRIETTE (*triflement :*)

Je vais rentrer dans ma chambre : Je me
tiéndrai à la porte qui donne fur la galerie,
ton Ami me fera-figne, & je courrai.

DULIS - fils.

A-merveilles, mon Ange!... (*a Losolis :*
Partons.)

LOSOLIS (*regardant Henriette qui*
fort & qui fe retourne :)

Je vous laiffe malgré moi.

HENRIETTE.

Mon Mari le veut:... Veillez à fes interêts;
dites à fon Père du bién des Anglaifes, &
que j'aime la Nation de mon Mari.

(*Le jour tombe, & la nuit commence.*)

VIIJ ſcène.

MACBELL, MYLORD, Jemmy,
BOURGUIGNON, BETTY.
MACBELL (*touſſant :*)

Hhum-hhum !.... hhum-hhum !
JEMMY (*ſe-montrant :*)
Que veut *Madam ?*.... (*bas*) Betty eſt
en-converſation avec Mylord.
MACBELL.
J'ai-bien-d'autres reſſorts que le ſecours
d'une Servante !..... Avertiſſez Mylord.
JEMMY, le voici.
MYLORD (*paraiſſant ; bas a Betty,*
qui le ſuit :)

Si vous parlez-vrai, votre Maitreſſe n'a
rien à-craindre..... (*a Macbell :*) Ils ſont
·tous partis ?
MACBELL(*avec une ſatiſfaction mechante*)
Et ſans ma Nièce..... Il faut profiter de
l'inſtant.... De-Serj me ſert ; il va paraître.
(*Betty ſ'avance vers le fond en évitant*
Jemmy, & Bourguignon paraît :)
MYLORD.
Bon !... Où eſt miſs Henriette ?
MACBELL.
Dans cette chambre..... La chaise ?......
Les Chevaus ?
MYLORD (*a Jemmy.*)
Tout eſt prét ?

JEMMY.

Un coup-de-sifflet la fait avancer, & nous partons.

MYLORD (*a Macbell:*)

Mais comment avoir Henriette, sans bruit?

MACBELL.

C'eſt mon affaire..... Répondez-moi de ce qui vous regarde, & tirez-nous d'ici. . . . . Vous avez un Guide ?...... Il eſt preſque nuit: Où eſt-il ?

MYLORD (*montrant Bourguignon,*
qui parle a Betty:)

Le voila

MACBELL.

Silence!..... (*a demi-voix*) Betty me ſert; mais elle n'a pas mon ſecret : elle ignore que l'enlèvement va ſe faire dans un inſtant. Cette Fille ne cache rién à ma Nièce.

MYLORD.

Et Bourguignon qui doit me tirer d'ici, n'a pas le mién..... Je me ſers des Traîtres, mais je ne m'y confie pas..... Ils ſe parlent!

(*montrant Betty & Bourguignon, qui*
ſ'entretiénnent à-l'écart:)

BETTY (*bas a Bourguignon :*)

Et pour quand ce beau projet?

BOURGUIGNON (*bas:*)

Pour le milieu de la nuit.... Il me viént une idée !....

MYLORD.

Bourguignon?

BOURGUIGNON.
Mylord!... (*bas a Betty :*) Je vais être-
mieux-inftruit.   (*Il accourt auprès de*
Mylord & de Macbell :)
MACBELL (*a Betty :*)
Laiffez-nous.   (*Elle fort.*)
MYLORD (*a Bourguignon :*)
Ce fejour me déplaît; j'en-veus partir, &
je compte fur toi, à l'inftant.
BOURGUIGNON.
Je fuis tout-prêt, Mylord.... *Il fait-figne*
a Betty, qui fort, & ne l'entend pas.)
MYLORD (*tirant une bourfe :*)
Va..... Tu fais nos conventions : voila des
arrhes .... prens : il-y-a cinquante louis.
BOURGUIGNON.
Mylord peut-étre fùr que je ferai mon devoir.
(*Il fort.*)

IX fcène.

MACBELL, MYLORD, JEMMY.
MYLORD (*à Macbell :*)

Ces Français font affés bons-diables !......
J'en ai Un chés moi, qui fut-bleffé près de
Wesel, la nuit, en-alant à la decouverte, & fi
dangereufement, qu'il en-a-perdu la memoire,
deforte que je n'ai-pu le rendre: c'eft la dou-
ceur-méme.   MACBELL.
Vous me le donnerez.   Je m'amuferai à le
tefticoter : cela me diffipera, dans le château

où vous renfermerez ma Nièce, en-attendant, que je lui aye-persuadé tout ce qu'il faudra qu'elle croye.

MYLORD (*a Jemmy:*)

Sois toujours à-côté de Celui qui sort, & fais enforte qu'il voye tes deux piftolets, préts à le mettre à la raison..... Va, & ne le quitte pas.

JEMMY.

Laiffez-moi faire, Mylord : je hais ce Drôle-là autant qu'un bon Anglais doit haïr un Français, un Amant fon Rival, un Heritier....

MYLORD.

Pars.

MACBELL (*a Jemmy:*)

Emporte cette malle. (*Il s'en-charge, & fort : a Mylord :*) Vous, MYLORD, alez veiller par vous-méme, & tenez-vous prét à nous recevoir. (*Il fort.*)

X fcène.

MACBELL *d'abord feule*, DE-SERJ, BETTY.

MACBELL (*alant a une porte opposée a celle où eft entrée fa Nièce.*)

C'eft ici.... (*Elle frappe doucement : on entr'ouvre la porte :*) Avez-vous reüffi?

DE-SERJ (*paraiffant; a-demi-voix :*)

Je ne crois pas que le Père confente, à-moins qu'il ne voye votre Nièce.... mais je puis vous faire-parler à lui. Je fuis fûr qu'il

vous recevra mal : Je viéns de lui faire
une histoire affreuse , d'un Prisonnier-fran-
çais, tourmenté depuis vingt-ans en-Angleterre , par la Mère d'un Lord , tué à la ba-
taille-de-Fontenoi : les circonstances en-sont
horribles [D] ! il en-fremit encore !... C'est
le moment de vous-présenter : A la première dureté qu'il lachera ; vous le quitterez
éplorée ; nous effraierons Henriette ; nous
partirons ; il ne la verra pas , & rién ne
pourra le flechir..... Je vous promets de
faire pour vous tout ce que vous exigerez.

MACBELL.

Je compte sur votre parole.... (*apercevant*
Betty qui l'observe :) Entrons

DE-SERJ.

Non-pas !... Il est dans son cabinet avec sa
Famille ; je vais le prier de me donner un
instant, & vous lui parlerez ici. (*Il rentre,*
& Betty s'avance vers Macbell.)

XJ scène.

MACBELL, BETTY, MYLORD.
MACBELL (*affectant le plus-grand effroi :*)

Nous sommes-perdues !... (*a Betty* :) Appelez Mylord !.... (*elle appelle elle-même avec*
alteration effrayante :) Mylord !.. Mylord !..
(*a Betty* :) Betty ! Appelez ma Nièce !... appelez ma Niéce !.... (*Elle s'agite avec ef-*
froi :)

MYLORD (*paraissant* :)
Nous sommes-prêts.

MACBELL (*a Mylord, & retenant Betty qui veut sortir* :)
Profitons de l'instant... (*bas a Mylord* :)
Partons....... Je vais effrayer Henriette, sans employer les moyéns que De-Serj m'a-proposés..... Il est-occupé à m'obtenir une entrevue avec le Père; ils ne nous retrouveront plus..... Tenez-vous là, dans l'obscurité.... Vous emporterez Henriette effrayée. (*Mylord se met a-l'écart* :)

XIJ scène.

MACBELL , HENRIETTE , BETTY , MYLORD [*dans l'obscurité* :]

MACBELL (*d'une voix effrayante* :)
Henriette! Henriette!.... Betty!..... Henriette !..... Henriette !.....

HENRIETTE (*invisible* :)
Eh ! qu'avez-vous ?

MACBELL (*sur le même ton* :)
Ah ! ma chère Nièce! venez! venez vîte!

HENRIETTE (*entrant* :)
Ah-ciel!.... qu'avez-vous ?

MACBELL (*sur le même ton* :)
Sauvons-nous, ma chère Enfant! ....
Monsieur Dulis-père sait que nous sommes chés sa Fille D'Angeliers; monsieur De-Serj
viént

viént de l'en-avertir, & il va-venir dans l'inftant, par cette porte (*montrant celle ou lui-a parlé De-Serj*).... pour...... nous-chaffer honteusement de chés lui....

HENRIETTE (*très-effrayée :*)
Ah Dieu !...... Mais monfieur De – Losolis feſait-venu....

MACBELL (*avec une forte d'horreur :*)
Bondieu ! venir, lui !.... n'eft-il-pas-occupé, avec monfieur D'Angeliers, & d'Autres encore, à retenir le Père qui veut poignarder le Fils',... & nous enfuite.... Ah !.... que je fuis-malheureuse !.... fauvons-nous !... fix Hommes le tiénnent !

HENRIETTE (*tremblante :*)
Ah-mondieu ! que devenir !... (*Betty lui fait-figne ; elle ne la comprend pas :*)

MACBELL (*l'entraînant :*)
Viéns..... (*voyant qu'elle resifte :*) Je t'avoûrai, que c'eft ton Mari qui m'a-envoyé-dire de nous fauver.

HENRIETTE.
Mon Mari !... Vous ne me le disiez pas !

MACBELL.
Je craignais de t'effrayer.

HENRIETTE.
Non !... f'il meurt... je veus mourir avec lui ! (*Elle se-jète dans les bras de Betty :*)

MACBELL (*l'entraînant vers la porte :*)
Tu causeras fa perte.... Partons.... Veus-tu le faire perir ?.... Il fera fa paix. (*Elle l'entraîne.*

I Partie.　　　　　F

XIJ ſcène.

LES MÊMES: DE-SERJ [*précedant
Dulis-père, non-vu :*]
BETTY (*a ſa Maitreſſe :*)

Madame ! madame ! ... les voici ! ... (*bas,
mais ſans-être comprise d'Henriette :*)
Prenez-courage !
   HENRIETTE (*avec le plus-grand effroi :*)
Ah-ciel ! (*Elle ſuccombe : Macbell fait-
ſigne a Mylord, quil'enlève dans ſes bras :*)
   BETTY (*a De-Serj qui paraît :*)
On enlève ma Maitreſſe, ... elle eſt mou-
rante.... Mais ſi c'eſt votre ouvrage, vous
n'avez-pas-travaillé pour vous.... (*a-part:*)
Je n'ai plus d'eſpoir que dans le fidèle Bour-
guignon !... (*Elle court après ſa Maitreſſe.*)

XIIJ ſcène.

DE-SERJ, DULIS-père.

DULIS-père (*paraiſſant :*)

Que dit cette Fille ?.... Où eſt la Tante ?
   DE-SERJ (*embarraſſé :*)
On effectue le projet dont je vous-ai-parlé...
Mais pardon... il faut que je voye.... Une
chaise part.....
      DULIS-père.
J'entens des cris !.... On appelle ..,. au-ſe-

cours !.... Que veut dire ceci, mon Cousin?
DE-SERJ (*ne se contenant pas:*)
Permettez que j'y-voye...... Mylord sans-
doute...... (*Il sort.*)

XIV scène.

DULIS-père, LOSOLIS,
[*paraissant à-l'instant où sort De-Serj.*]
DULIS-père (*le regardant aler:*)

Ce Jeunehomme est un insensé, qui me-
paraît la dupe de projets mal-conçus...
Ah! voici un Honnéte-garson.
LOSOLIS.
Monsieur !... je viéns renouveler mes in-
stances: L'interêt de mon Ami ;.... le vôtre,
me touchent également: Daignez......
DULIS-père.
Ce qu'on m'avait-annoncé se consomme.
Alez-voir partir les deux Anglaises, avec
leur Mylord.
LOSOLIS.
Avec Mylord !... elles !... parties !....
DULIS-père.
Oui ; votre Henriette part avec Mylord.
LOSOLIS.
Ah! grand-Dieu !.... (*vivement & en-s'é-
loignant :*) Ne croyez-pas, MONSIEUR,
qu'Henriette y-consente !... Ah-Dieu !
(*Il se-précipite hors du sallon.*)
F 2

XV Scène.

DULIS-père, monsieur D'ANGELIERS.
Monsieur D'ANGELIERS.

Mon Père ! vous savez.....
　　D U L I S-père (*l'interrompant* :)
Je sais tout ; & le Rebéle, lui, ne prévoit rién.
Monsieur De-Losolis part : où va-t-il ? Je
suis le seul qui pourrait faire ce qu'il veut....
Le Mylord m'a-parlé.... Si la Fille est honnè-
te, j'ai-pris des précautions contre lui ; elle
ne sera-point-opprimée : si elle ne l'est pas,
elle se-demasquera ; elle retournera dans son
pays, & le mién en-sera-délivré... Je ne me-
prète point à une mauvaise-action : mais je
laisse le Vice duper le Vice, & l'Infamie
flétrir la desobéissance. Il semble que les
Pères ne devraient pas s'embarrasser de pu-
eir les Fils desobéissans ; le Ciel s'en-charge
lui-méme ; sa cause est unie à la nôtre.... A
cet istant-méme, mon Rebèle trahi, abandonné, moqué sans-doute par une Fille d'une
Nation énnemie, reçoit le juste châtiment
de son imprudence. C'est encore ce qui m'a-
determiné à seconder en-apparence les desseins de l'Anglais ; j'ai-voulu menager au
Frère cheri de votre Femme, mon Ami,
un retour facile à la soumission. Il va se-
reconnaître enfin, & reparer ses torts : il
va se-soumettre à l'Autorité-paternelle !...

Je vous en-remercie, grand Dieu! Il eſt bien-doux de pouvoir pardonner*!..* il eſt affreus d'avoir à punir ſes Enfans!.... J'y-ſerais-forcé, ſ'il reſiſtait ; je ſerais ſon complice, en-le-diſpenſant de l'obéiſſance filiale, ordonnée par vos lois éternelles*!...* (*Il ſe retire ; monſieur D'Angeliers reſté un-peu en-arrière, voit accourrir les Garſons, & leur fait-ſigne de ſe-hâter : Il rentre.*)

XVJ ſcène.

GERMAIN *& les autres* Garſons-de-charrue ; PAULOT *& les autres* Vignerons ; JEANNOT, CLAUDOT, JACQUOT, COURTCOU, EDM'LOT [*entrant en-tumulte, & prenant les fuſils qui ſont au manteau-de-la-cheminée.*]

GERMAIN (*leur donnant les fuſils :*)

Quiéns, toi ;... quiéns, toi!.... de la poudre, des balles!...... Courons!..... courons!......

Une Voix de Femme [MARION.]

Germain !... les Garſons !

(*Germain & les autres Garſons ſe précipitent hors de la ſalle, en-pouſſant de cris.*)

[*L'intervalle entre les deux Actes, ne doit-être que du temps-neceſſaire pour l'action qui ſe-paſſe audehors.*]

Fin du *Troisième* *Acte.*

Explication de l'Estampe du Quatrième Acte.

La Malediction-paternelle.

Dulis-fils aux piéds de son Père, qui se lève avec la la plus-cruelle agitation :

»Toi qui rampes à mes piéds ;... fuis !
»Je te maudis »!

Losolis derrière son Ami, prêt à le recevoir foudroyé : madame D'Angeliers dans l'abandon du desespoir, soutenue par son Mari : madame Dulis tendant les bras à son Mari : Pierre & Thomas Dulis debout les ïeus baissés ; le Premier la main sur son front , le Second s'embrassant immobile : les trois Filles suppliant leur Père ; la plus-jeune paraît solliciter sa Mère , qui tend les bras à son Mari.   P. 154.

Quatrième Acte.

J scène.

[*La scène est éclairée, par un lustre, qui est placé audessus de la table des Maîtres.*]

D U L I S - fils, seul. (*Il appelle* :)

Bourguignon!... Betty!.... (*à lui-même recueilli* :) Où est ma Femme?... Quelle affreuse solitude! Personne chés ma Sœur!.. Claudine!... Personne!.... Où sont-ils?.... Je fremis...... Où sont-ils?... Mon Ami m'abandonne..... Où est-il?... Où est ma Femme?... Henriette est mon âme, ma vie; loin d'elle, je meurs, je languis..... O Femmes!........ Oui, la Femme peut seule donner le bonheur à l'Homme.... (*Il regarde le Portrait de son Père* :) Le voila!.. C'est son air noble, fièr,... mais bon... (*Il regarde, marche, soupire,... puis il jète les ïeus sur le Portrait de son Ayeul* :) Voila le Père de mon Père; cet Homme terrible & sublime!... Je suis d'une Famille où l'âme est belle..... L'ai-je belle aussi? (*Il se-recueille* :) Oui, oui, j'ose le dire: j'ai l'âme sensible, incapable de bassesse... Comme ce Portrait a l'air sevère! (*Il regarde celui de son Ayeul* :) Il fesait-trembler mon Père,... sans nuire à la tendresse filiale!..

(*Il regarde alternativemnt les deux Por-*
traits :) Voila le Portrait de mon Ayeul,...
voila celui de mon Père....   Le mién ne fera
pas dans cette falle-de-famille!....   L'amour
m'a-banni de la maison-paternelle!.... (*Il tire*
un portrait :) Mais voila Celle pour quî je
fouffre ; dont je poffède le cœur ; à quî j'ai-
donné tout le mién!....
Une V O I X.
Au-fecours !..... au-fecours!...
D U L I S - fils.
Dieu ! qu'entens-je !   (*Il vole ou les cris l'appellent.*)

IJ fcène.

Madame D'ANGELIERS [*arrivant feule*],
C L A U D I N E.
(*On entend un coup-de-piftolet.*)
Madame D'ANGELIERS (*pouffant un cri* :)

Ah!........   Claudine !..... Claudine !
C L A U D I N E (*arrivant troublée* :)
Me-voici, madame.
Monfieur D'ANGELIERS.
Mon Frère m'a-prefque-renverfée, fans me
voir !...   Qu'y a-t-il donc!...   On fe-tue
aux environs du château !
C L A U D I N E.
Madame, j'ai comme-entendu la voix de
Bourguignon....   Et-puis une autre voix
étrangère: *Obéis , Coquin*... Et-puis une
petite voix de Demoiselle.... *Arrétez!*

Arrêtez.... Et-puis une encore plus-douce... *Je ne veus pas ! Je ne veus pas !....* Au-*fecours ! au-fecours !...* Et-puis une groffe vilaine voix de Dame.... *Foüette Poftillon !* Et-puis une autre voix comme d'un Alle-mand, *Aye ti broule la crâne.....* Etpuis le piftolet a-parti ; &puis, la chaise, ou le carroffe, a-roulé.... Monfieu' vote Père, monfieu' vote Mari, monfieu' vote Frère-aîné, monfieu' vote Frère-cadet, avec tous les Domeftiqs, y-font-courus ; & moi, j'fuis-r'venue ici.

Madame D'ANGELIERS (*à-part :*) Ciel ! fi c'était la jeune Infortunée.... Mais cela n'eft-pas poffible ..... (*à Claudine :*) Viéns avec moi.... Un flambeau.... Je trem-ble !... (*Elle va pour entrer chés Henriette ; elle frappe :*) Perfonne !.... (*Elle appelle :*) Ma Sœur !.... Betty !.... On ne repond point !... Mondieu !.... ferait-ce elle ?

CLAUDINE (*d'une voix plus-forte :*) Ma'm'selle Betty !.... ouvrez à madame D'An-geliers !....... I' n'y-a Perfonne !.... O ! ma-dame ! où font-elles-donc ?

IIJ fcène.

Madame D'ANGELIERS, CLAUDINE, LOSOLIS.

LOSOLIS (*arrivant dans le plus-grand defordre :*)

Tout eft-perdu !.... Plus d'efpoir !... Henr'ette eſt-enlevée ..... par Mylord ... & par ſa Tante!....　Il eſt-impoſſible de les ſuivre.......　J'ai-entendu qu'ils changeaient de route........　Mon Ami ne ſait pas encore ſon malheur.....　C'eſt-fait-de-lui, ſ'il l'apprend avant qu'il ſoit-reparé!... S'il ne retrouve pas ſa Femme, ſ'il n'a pas le ſecours des charmes & des ver-tus d'Henriette, pour flechir ſon Père, il eſt-perdu!....　Ó Dieu !....　Elle était ici......　comment! comment l'en-a-t-on-ôtée mal-gré elle !..　Car c'eſt malgré elle ; j'ai-enten-du ſes cris....　On a-tiré ſur les Garſons qui avaient-arrété la chaise : peutêtre Quelqu'un eſt-il-bleſſé,... mort?.....　Où eſt mon Ami?

Madame D'ANGELIERS (*qui l'a-écoute*
éperdue, levant les ïeus au ciel:)
Il ne nous-manquait plus que ce malheur!

LOSOLIS (*inſtamment :*)
Où eſt-il ?... je ne ſuis-revenu que pour lui ?

IV ſcène.

LES MÊMES : DULIS-fils (*bleſſé :*)
DULIS-fils.

Je n'ai-pu les joindre.

LOSOLIS (*avec effroi :*)
Il eſt-bleſſé !...　C'eſt ſur toi qu'on a-tiré !.....
(*Madame D'Angeliers cherche la bleſſure.*)
DULIS-fils.
Le coup eſt-parti au-hasard.......　La violence règne-t-elle aujourd'hui, dans ces campa-

gnes tranquiles, antiq séjour de l'innocence & de la paix!   Où est ma Femme ?...

CLAUDINE.

Madame, voici monfieu' vote Père.

DULIS-fils (*fuyant effrayé :*)

Où me cacher !....   (*Il reviént & f'agite :*) Cachez-moi !....   Cachez-moi !...   (*Il veut entrer où était fa Femme :*) On n'ouvre pas !   (*Il cherche l'obfcurité.*)

LOSOLIS (*à madame D'Angeliers :*)

Et fa bleffure?

DULIS-fils (*préoccupé de fon inquiétude :*) Elle n'eft que legère au bras!..... la vue d'un Père irrité en-ferait une profonde au cœur.

(*On le fait-entrer chés fa Sœur ; mais il refte à-portée d'entendre, & Claudine qui le fuit, lui met le bras en-écharpe.*)

V fcène.

Madame D'ANGELIERS, LOSOLIS, DULIS-père, madame DULIS, PIERRE, THOMAS, ANNE, MARIE, MARIANNE, MARGUERITE-DULIS, D'ANGELIERS.

DULIS-père.

Que de trouble un Fils desobéiffant apporte dans une Famille!   Tout était tranquile auparavant dans cette maison :... le Rebèle y-reparaît, & elle offre l'image de la guerre!   Tout le monde f'inquiète, fe-trouble, f'agite; on court aux armes !......

Madame D'ANGELIERS (*vivement :*)
Mon Père!.... c'eſt de votre maiſon qu'on
enlève une Jeune-étrangère , ſans appui que
celui de votre Fille, qui l'y-a-reçue *!*... c'eſt
pendant la nuit, par-violence *!*...

DULIS-père (*a madame D'Angeliers :*)
Bonne fille! bonne ſœur! cette dernière
qualité te coûte chèr!

Madame D'ANGELIERS.
Fût-ce ma vie, mon Père, je ne vous-don-
nerais, dans la perſonne de vos Fils, que ce
que je vous dois.

DULIS-père.
Tes ſentimens flatent mon cœur, autant
qu'Un-autre l'afflige *!*... Enfin, le voila donc,
où je l'attendais *!*... Mes Enfans , jamais on
ne peut compter ſur la foi d'une Etrangère,
ſur-tout d'une Ennemie *!*... mais une Femme
de notre Nation eſt-attachée ; une Française, ſur-tout , porte dans ſon cœur innocent & pur, un inepuisable treſor de vertus.
Voyez votre Mère..... voyez vos Sœurs,
mes Filles... (*a ſon Fils aîné*) Tous mes
Enfans ſont-ils-là ?

PIERRE-DULIS.
Tous, mon Père, excepté Un.

Madame D'ANGELIERS (*bas a ſon Mari
& a Losolis :*)
Mon Ami .... Mon chèr monſieur ... alez
auprès de l'Infortuné...:. (*Ils ſortent,
ſans être-remarqués du Père.*)

VJ scène.

L E S   M Ê M E S [*excepté deux.*]
D U L I S-père (*repondant a son Fils :*)

Et c'eſt Celni-là qui cause ma peine ! .... Mes Enfans! j'éprouve enfin les angoiſſes de la paternité! Juſqu'au-temps où j'ai-envoyé votre Frère loin de la maison-paternelle, je n'en-avais-éprouvé que les douceurs.... J'en-beniſſais le Ciel, & je regardais mon bonheur, comme l'effet naturel de mon reſpect ſans-bornes, pour mon digne Père (......) Mais les jours-de-douleur ſont-arrivés ! auqu'un Homme n'en-eſt exempt; Job était plus-vertueus que moi, & il a-payé à l'humanité le tribut de la douleur..... J'ai cependant une ſatiſfaction, dans l'amertume de mon chagrin; c'eſt que le caprice ne m'a-point-conduit : je ne me-ſuis-laiſſé-guider que par la raison, les convenances, un juſte ſentiment patriote, uni au reſſentiment legitime & particulier de notre Famille contre les Anglais... Si jamais Père fut-autorisé à ſ'opposer au mariage d'un Fils, c'eſt moi : jamais il n'en-fut de plus - diſconvenable, que celui de votre Frère rebèle : ſans état, commençant à-peine la carrière des armes, il veut ſe-marier!.... Sait-il, ſ'il pourra nourrir une Femme, élever des Enfans ?.... Dans les

Familles nobles (c'eſt la compenſation de leurs avantages), on ne ſe-marie pas quand on veut : un Cadet n'y-doit penſer, qu'a-près ſ'étre-fait un ſort, ... ou dumoins une reputation. Alors, il ſe-marie, ſans de-choir. Qu'a-fait votre Frère, pour me-riter de ſe marier à ſon gré? Où eſt ſa for-tune? En-trouve-t-il une à la Femme qu'il épouſe?... Non : votre Frère, ſans état, ſans reputation perſonnelle, prétend ſ'u-nir.... à Qui? à une Etrangère, ſans for-tune, ſans alliances, ſans appui, qu'elle puiſſe donner à ſon Epous..... à une Fille ſans nom, peutètre .... ſans mœurs; ..... dumoins les ſiennes ne ſont pas exemptes de ſoupçon..... Mes Enfans, la Femme d'un Gentilhomme doit reſſembler à celle de Cesar; ce n'eſt pas aſſés qu'elle ſoit inno-cente; il ne faut pas qu'on puiſſe en-dou-ter..... J'apprens ce qu'il ſe-propoſe : Je lui fais des remontrances; il ne ſ'y-rend-pas : J'emploie l'autorité que je tiéns de la nature, & il la brave: ..... Il desobéit à ſon Père, à la raiſon, à ſa Patrie, dont il ſe-detache; il ſe montre mauvais-fils, mau-vais - citoyen, enfin un Homme incapable d'honorer, en - ſ'avançant par les emplois utiles, le nom de ſes Ancétres... Il viént enſuite ici, pour me forcer à mettre à ſa folie le ſceau de l'Autorité-paternelle!. ... Il veut me rendre, ... il veut nous rendre tous ses complices !.... Vous étes mes Enfans, mes interéts sont les vôtres.... Mon respectable Père (.......) parlait en-maître ; moi, je vous consulte..... Est-il possible, que j'admette parmi vous, une Anglaise, une Ennemie naturelle de ma Nation, qui pleurerait sur le succès de nos armes, & qui nous ferait un crime de nous livrer aux rejouissances publiques ?... Que je la rende ma Fille ; votre Bru, ma Femme ; votre Sœur, mes Fils, la Compagne de vos Sœurs, sur lesquelles, en-qualité de Femme d'un Frère, elle prendra le pas ?..... Que je la mette à tous vos droits, mes Filles, que je l'assimile à vous ?.... Que je consente à la voir mère de mes Petitsenfans ; d'un Fils qui portera mon nom ; qui, peutêtre, sera le seul qui le perpetuera ?.... On viént d'en-lever cette Femme ; & Celui qui se-prétend son mari, son protecteur, son appui (comme tout Homme l'est de sa Femme), n'a-pas-su la garantir, ni de la violence, ni de la seduction ? Et Il se-croit un homme ?

Madame D'ANGELIERS (*suppliant :*) MonPère ! secourez-la !.... J'ose vous en-prier..... Elle est femme, c'est chés vous qu'on lui a-fait-violence ?....

DULIS-père (*avec dignité:*) Ma Fille, vous verrez dans peu, la difference entre un Homme, & l'Enfant audacieus, rebèle, autant qu'inepte, qui ose

en-usurper le nom......... Lui, Homme !
(*avec un souris amèr* ;) c'eſt un Femme-
lette-perdue, qui n'a ni le merite de ſon
ſexe, ni les vertus du vôtre... On le ſuit ;
on le trompe ; un Anglaiſe le joue, un Mylord le regarde comme un Êtrte nul ; juſqu'à
ſon Camarade De-Serj, qui ſe-fait un amu-
ſement de le ſupplanter !... S'il a-jamais-fait
quelque-choſe de-bién, c'eſt au genereus
Loſolis qu'il le doit ! par lui-même il n'eſt
capable de rién... Ai-je-donc-tort de ne
vouloir-pas qu'un Incapable d'être-mari,
ſoit mari malgré moi ?.... Voila ce que je
propoſe à votre conſideration, à vous, mon
Epouſe, à celle de mes Fils & de mes Filles ?

Madame D u l i s.

Vous êtes le maitre, notre guide naturel,
notre chef ; vous avez-plùs d'experience,
de raiſon, de force, de ſageſſe : un Père
a la tendreſſe d'une Mère, & l'impaſſibilité
d'un Juge : Prononcez, mon Mari.......
Cependant, il eſt-juſte de vous dire mon
ſentiment, puiſque vous me le demandez... Je
ſuis mère du Coupable, & c'eſt moi qui
vous en-ai-fait père. Votre Fils vous doit
l'obéiſſance : vous lui devez vos lumières,
votre experience, un état, conforme à
celui que vous-avez reçu : vous êtes-chargé
par votre honorable Père (......) mon biénfaiteur, par tous vos Ancétres, juſqu'au
premier Auteur de votre nobleſſe, de la

maintenir pure, exempte de tache, plûs par les actions, que par les mariages; de la préserver neanmoins, par des alliances qui rendent à vos Enfans ce que leur ôte le partage, d'une inevitable pauvreté: Il me semble, mes Emfans, que lorsqu'un Homme s'est-assés-illustré, pour meriter la noblesse, tous ses Descendans ne-sont que les Dépositaires de son illustration, qu'ils doivent-tranfmettre en-la-nourrissant, par de belles actions, & par leurs vertus. Si-donc, sous vos ïeus, mon Mari, & encore sous votre autorité, Un de vos Fils veut porter atteinte à la pureté de votre origine, vous pouvez, vous devez en-empêcher, en-deployant tous les moyéns que vous met en-main votre autorité-paternelle.... Je crois, comme vous, que votre Fils n'a-pas-fait un Chois convenable, en-prenant une Etrangère, une Fille de nos Ennemis nationaus & particuliers...... Cependant, mon Ami, les circonstances pourraient être telles, que votre Fils ferait plus-malheureus que coupable.... Examinez la position où il se-trouve, & jugez-le par ses fentimens, d'après la beauté, le merite personnel, que votre Fille, madame D'Angeliers trouve à Henriette.... Vous étes juste, & j'ai-droit d'attendre de vous, pour mon Fils & le vôtre, de l'équité, de la tendresse paternelle. Ne vous decidez contre notre Fils, qu'après avoir-reconnu, qu'il eſt un Inſenſé.... Alors,... vous pourrez ... le contraindre ... à vous obéir... C'eſt votre droit ſacré: Moi, ſa mère, vos Fils & les miéns, ſes frères, nos Filles, ſes ſœurs, tous, nous ſerons-obligés d'appuyer la ſeverité paternelle, de refuſer au Rebèle tout aſile, toute conſolation....., puiſqu'il aura-été-en-ſon-pouvoir, d'éviter ſa peine: (*a ſes Enfans:*) Mes Enfans, j'ai-appris de mon Père & de ma Mère, qu'un Père était le monarq de ſa Famille; qu'il ne pouvait à-la-vérité, y-règner en-Tyran, mais que le pouvoir était-abſolu entre ſes mains.... La Nature & la Raiſon me parlaient par leur bouche, mes Enfans: votre Père eſt l'auteur-de-vos-jours, l'artiſan de votre fortune, le canal de votre illuſtration; vous lui devez, & la vie, & la nourriture, & les ſentimens genereus, & votre nom, & le rang que vous tenez dans la ſociété, & cette nobleſſe, que ſes vertus ont-confirmée: Un Père eſt le Dieu viſible de ſa Famille: malheur ſur Celui qui l'offenſe! .... Beni-ſoit l'Enfant ſoumis, qui repand ſur les jours de ſon Père la douceur & la joie!

D U L I S - père (*attendri:*) Digne Compagne!...... ô le dernier Préſent de mon Père!..... (*Il lui preſſe la main.*)

Toute la F A M I L L E
O notre digne, notre excellente Mère!

Madame D'ANGELIERS (*baisant la main
de sa Mère :*)
Nous vous écoutons, ma Mère, avec le respect, que vous demandez pour notre Père !
D U L I S - père.
Si un Père est l'image de la Divine-Puissance,
une Mère est l'image de la Divine-Bonté !....
Mes Enfans, votre Mère vient de vous
parler en-mère sensible : moi, je vous in-
terroge en - père, qui veut - être - obéi :
Votre Frère doit-il céder à l'Autorité-paternelle, après s'être-marié, malgré ma defense, à une Anglaise, une Ennemie, dont la
conduite anterieure n'est-point-assurée; qu'on
enlève actuellement, peutêtre de son gré ?
Madame D'ANGELIERS (*timidement :*)
Mon Père....
D U L I S - père.
Votre Mère alait-parler, ma Fille. (*Elle
s'incline & se-retire.*)
Madame D U L I S (*a son Mari :*)
Si Henriette avait de mauvaises - mœurs,
votre Fils serait criminel; il serait inexcu-
sable, & je protesterais, moi, sa Mère &
votre Epouse, contre votre indulgence.....
Mais, on assure qu'elle a des mœurs : Je
crois donc que votre Fils .... peut-esperer,
après sa faute, dans la misericorde d'un
Père .... aussi-bon que le sien..... Les lar-
mes de sa Mère, vous expriment le reste :
Elle desire, & n'ose esperer.

DULIS-père.

Vous verrez, ma Femme, s'il me force à punir, que je ne suis pas-moins-sensible que vous.... Parlez, mon Fils-aîné?

PIERRE-DULIS.

Si vous retranchiez un de mes Frères, mon Père, c'est qu'il l'aurait-merité. Un Père qui punit, y-regarde bién-plûs, que ne ferait un Frère! Le cœur d'un Père est indulgent; il passe à ses Fils, tout ce qu'il peut leur passer...... Mais si le Fils est-tellement-sorti des bornes, que le Père ne-puisse plus-par-donner, ... alors .... les Frères peuvent,.. doivent, en-aidant le Coupable, ... adoucir la douleur de leur Père, forcé de punir:.... Car ce Fils retranché, est encore une por-tion de leur Père..... (*Il se-taît* :)

DULIS-père *(au-bout d'un-moment, fesant-signe à son troisième Fils de p rler :)*

Et-vous, Thomas-Dulis?

THO.-DULIS (*s'inclinant profondement* :) Le Coupable est mon Aîné, puisqu'il est-votre second Fils, mon Père; il est mon superieur après vous & mon Frère; je ne lejugerai pas.

DULIS-père.

Je vous l'ordonne.

Thomas-DULIS (*avec noblesse* :) Qui resiste à son Père, se-rend-criminel: votre colère est juste, & la peine legitime. Perisse le Fils, qui enlève à son Père la plus-sainte de ses prérogatives, celle de choisir une digne Mère à ses Petitsenfans!... Les Pères (dit-on), ne doivent pas être des

Tyrans..... Et quand le font-ils ? qu'on me-
montre un Père-tyran ; je fuis fùr de trouver alors , que le Fils ou la Fille font des In-
fenfés..... Le refpect envers le Père, eft chés
nous une loi-de-famille ; elle eft un attri-
but de notre nom : Je ne connais de Père-
tyran, que Celui, qui voue fon Fils ou
fa Fille à un celibat involonta:re..... Je parle
avec feu ; mais fi le Frère , mon troisième
Aîné , qu'ont-tué les Ennemis-de-l'Etat, fi
Charles-Dulis était ici , vous le favez-tous,
mon Frère & mes Sœurs, il parlerait avec
encore plûs de force.... Je voudrais que mon
Frère le rebèle m'entendît ; (*fe-retournant du-côté*
de la porte-d'entree, à-l'inftant où un petit-bruit annonce l'ar-
rivee de Quelqu'un:) je lui dirais, Qu'un Fils
desobéiffant, eft un Etrecontre nature. Nous
ne devons faire qu'un avec l'Auteur-de-notre-
vie , & nous ne pouvons avoir de volonté
feparée de la fiénne , jufqu'au moment où
il nous émancipe , & nous dit: —Sois un
Homme à-part, & different de moi......
Voila ce que je penfe, mon Père.

D U L I S-père.

Ma Femme ! le Ciel m'a-laiffé des Enfans
dignes de vous & de moi! voila les principes de ma Famille ; ils les confervent, &
les feront-paffer à leurs Enfans!.... (*a fes*
Filles :) C'eft à votre tour ? (*a Anne Du-*
lis :) Parlez, ma Fille-aînée.

A N N E-D U L I S (*modeftament :*)

Mon Père, je fuis fous la puiffance d'un

Mari : difpenfez-moi d'avoir un fentiment.
Veuille le Ciel, que vous montriez à mo
Frère plus de clémence que d'autorité !

DULIS-père.

J'approuve votre reserve ; vous devez penfe
comme votre Mari. (*a fa Seconde & a fi
Troisième Filles, auffi-mariées, & dont les
Epous font abfens:*) Vous, ma Fille Marie
& vous, ma Fille Marianne, vos Mari
font abfens ; comme celui de votre Aínée

MARIE-DULIS.

Mon Père, nous reclamons votre indulgence

MARIANNE-DULIS.

Mon Mari, vous fupplierait pour mon Frère
DULIS-père (*a la Plus-jeune de fes Filles*)
Parlez, Marguerite ?

MARGUERITE-DULIS.

Mon Père ! je penfe comme mon Frère-aîné.
DULIS-père (*a madame D'Angeliers:*)
Et vous, ma Fille ?.... Mais je connais vos
fentimens.

Madame D'ANGELIERS.

Permettez, mon Père ! que je vous les ex·
pose encore, de l'aveu de mon Epous?

DULIS-père (*avec fermeté:*)
Parlez-donc ; mais en – Fille, ... autant
qu'en–Sœur.

Madame D'ANGELIERS (*tâchant de*
contenir fes larmes :)
Oui, mon Père..... Je fuis la Fille du plus-
digne des Pères, du plus-refpectable des
Hommes, ... & de la meilleure des Mères....

Je les revère tous-deux en-fille ſoumiſe ; je
leur ai-voué mon exiſtance, & à l'Epoux
qu'ils m'ont-eux-mémes choiſi.... Mais plus
ils me ſont chèrs, plùs le tître de Sœur,
que je tiéns également d'eux, comme celui
de Fille, eſt précieus à mon ſenſible cœur !...
Plùs mon Père & ma Mère me ſont chèrs,
plùs Celui qui eſt le vivant Portrait de mon
Père, qui fut l'Objet des complaiſances de
ma Mère, dàns des temps plus-heureus,
a de droits à mon inalterable attachement:
c'eſt mon Père, c'eſt ma Mère, que je revère,
que j'aime, dans l'Infortuné qui viént implorer
aujourd'hui la Clemence-paternelle!.... Pour
moi-méme, je ſerais timide ; je n'oſerais lever
les ïeus ſur mòn Père irrité : ... Pour mon
Frère, pour le Portrait vivant de mon Père,
je ſuis-hardie, rién ne m'épouvante, ... pas
méme ce regard..... ſevère, ... (*elle baiſſe
la vue* :) que je n'ai-jamais-pu-ſoutenir, tem-
peré par la douceur..... Oui, mon Père,
je vous defendrai vous-méme contre vous-
méme: Comme l'a-dit mon plus-jeune Frère,
vous n'étes qu'un avec vos Fils ; je vous defendrai dans mon Frère, dans votre Image
pour moi; je vous dirai, qu'il n'eſt pas coupable, puiſque la faute fut-involontaire, &
& qu'y-perſeverer eſt une vertu.... (*Dulis-
père ſ'enfláme* :) Pardon, mon Père, c'eſt
votre Fils, le Fils cheri de ma Mère, que
je defens :... ſi vous le puniſſiez,.. ſi vous
confirmiez la menace de votre malediction,

votre cœur paternel en-ferait-mortellement-bleffé... Si pourtant,... il-vous-falait ... le profcrire ;.. fi fa peine était inevitable,.. je demanderais.. à .. la .. partager .. avec lui....

DULIS-père (*avec une indignation retenue:*) Temeraire Fille !...... Mais vous avez un Mari, & je n'ai pas le droit de maudire Celle qne j'ai-benie, en-la-donnant pour compagne à un Citoyén.... Je ne maudirai pas la Femme de mon Ami.....

Madame D'ANGELIERS (*accâblée, ne repondant qu'un inftant après que fon Père f'eft-tû :*) O venerable Mortel ! à quî je dois la vie ! parlez, ordonneriez-vous que j'abandonnaffe mon Frère ?..... S'il eft une vertu fevère, qui ne connaiffe pas les liéns-du-fang dans un Fils coupable, c'eft la vertu des Hommes, & mon fexe m'en-difpenfe.... Je ne parlerai plus de notre innocence, à mon Frère & à moi ; nous fommes-coupables, dès que nous vous avons-deplu ; mais je reclame votre clemence, votre misericorde, votre pitié..... Que la compaffion, mon Père, faffe-taire votre juftice !

D U L I S-père (*ému :*) Je ne vous demandais que votre avis, ma Fille?

Madame D'ANGELIERS (*a fes genous:*) Le voici, mon Père : Que votre infortuné Fils foit admis au-milieu de vos autres Enfans; que vous lui disiez: —Ingrat, tu m'as-privé du plus-facré de mes droits fur

toi

toi ; mais je suis auſſi-bon , auſſi-genereus
que tu fus ingrat : je te pardonne.... Grand
Dieu , écoutez la prière d'un Père-indul-
gent ! Ne puniſſez pas mon Fils de ſa desobéiſſance ! que ſes Enfans ne lui rendent
point ce qu'il m'a-fait , & qu'il n'ait pas-un
jour à leur pardonner ce que je lui pardonne!..... Mon Fils, amenez-moi votre Femme.... Vous la verrez mon Père ; ſa vue
eſt un charme tout-puiſſant ; elle vous plaîra,
car le Chéf d'œuvre de Dieu plaît à tous les
Bons-cœurs , & ſur-tout à mon Père ; vous
l'aimerez, vous excuserez votre Fils , &
nous ſerons tous heureus..... Voila mon
avis, mon Père..... Pardonnez-moi, comme à mon Frère * !....

DULIS-père *(paroiſſant touche, hesite prêt à parler,
& ſ'interrompant lui-même , en-aper-
cevant monſieur D' Angeliers :)*
..... Voici votre Mari , ma Fille.

VIJ ſcène.

LES MÊMES: Monſieur D'ANGELIERS.
Monſieur D'ANGELIERS,

Mon Père !.....

DULIS-père.
Vous paraiſſez bién-ému , mon Gendre !

---

* Ce conſeil-de-famille a été-mis ici par une raiſon
trèsimportante : il falait exposer les vrais ſentimens de
la Famille Dulis ; en-montrer la nobleſſe & la dignité.
Je n'ai-pas-voulu imiter les *conſeils de Cinna* & *d'Inès*.

I Partie.   G

Monsieur D'ANGELIERS.

Nous sommes dans un jour de trouble.....
Ma Femme ,... votre Fille , ... me paraît
dans une agitation, qui m'effraie !

DULIS-père.

Elle prend le parti du Rebèle & de son
Anglaise : Est-ce votre sentiment ?

Monsieur D'ANGELIERS.

Votre Fils .... est bién à-plaindre ! & son
fort me touche ... autant qne sa Sœur... Henriette .... est digne .... d'un meilleur-fort....
Votre Fils ignore encore celui de cette
Jeune-infortunée !.....

DULIS-père.

Il l'apprendra.

Monsieur D'ANGELIERS.

Il lui en-coûtera peutétre la vie !

DULIS-père.

Non.... Il est-dur pour son Père ; il le sera
pour tout le monde.

Madame D'ANGELIERS.

Lui ! dur pour vous, mon Père !

DULIS-père (avec un emportement-de-douleur.)

Oui, dur, feroce,.... pour moi, pour sa
Mère, pour toi, ma Fille.... Mais je lui
rendrai dureté pour dureté !

VIIJ scène.

LES MÊMES: CLAUDINE.

CLAUDINE (bas, s'approchant de mad. D'Angeliers.)

Madame ?

(*Madame D'Angeliers repond par un signe.*)
DULIS-père.
Qu'eſt-ce?
THOMAS-DULIS.
Ma Sœur-D'Angeliers y-va voir, mon Père.
DULIS-père.
Que ne lui en-évitez-vons la peine?
Madame D'ANGELIERS (*qui ſortait avec
ſon Mari, reviént quelques pas :*)
C'eſt-moi qu'on demande, mon Père......
Permettez-vous?
DULIS-père (*regardant les deux Epous :*)
Vous êtes libres, mes Enfans!

IX ſcène.

LES MÊMES [*excepté monſieur & madame
D'Angeliers & Claudine.*]
DULIS-père (*a ſa Femme :*)
Sans un Fils imprudent autant qu'indocile,
nous ſerions trop-heureus par nos Enfans!...
Ils vous doivent leurs vertus.
Madame DULIS.
Ce ſont vos leçons qui les ont-formés : la nobleſſe de vos ſentimens leur a-élevé l'âme.
DULIS-père.
Votre exemple a-fait écouter mes leçons....
Mais le Rebèle n'en-eſt que le plus-coupa-
ble..... (*a ſes Enfans :*) Le voila diſgra-
cié de ſon Père, privé de Celle qu'il nous
a-préferée, ... prét à tomber dans le malheur qui ſuit la malediction des Pères!......

Je le plains !... oui, mes Enfans, je le plains...
Voyons comme il envisage son action : ses
propres sentimens vont-être ses juges, &
son Père ne fera que prononcer.

Madame D U L I S.

O mon Ami ! vous étes le plus-juste des
Hommes, & le meilleur des Pères !

D U L I S - père.

Ne nous applaudissons pas trop-tôt !.....
Tel est le malheur de ces temps, que les
Fils y-font le sort des Pères !.... (*regardant
le Portrait de son Père*) autrefois c'étaient
les Pères, qui fesaient le sort des Enfans !...

Madame D U L I S.

Voici … votre Fille..... Elle paraît ...
accablée.... Son Mari & monsieur De-Losolis la soutiénnent !

x scène.

LES MÊMES, Madame D'ANGELIERS,
Monsieur D'ANGELIERS, LOSOLIS.

Madame D'ANGELIERS (*soutenue par son Mari.*)

O mon Père !..... permettez.... que
mon malheureus Frère....

D U L I S - père (*s'assied le dos tourné à l'entrée.*)
Qu'il se-juge, & qu'il paraisse, s'il le peut,
devant un Père.

Madame D'ANGELIERS.

Il est si-malheureus !

D U L I S - père.

Qu'il fasse son devoir, ses malheurs cesseront.

LOSOLIS.

Monsieur, songez que sa situation .... est desesperée! Il a-tout-perdu!

DULIS-père.

C'est l'effet de sa conduite: Il s'est-cru plus-sage que son Père !... Mais voici le dernier moment de la soumission... Mes Enfans que penser d'un Fils, qui refuse sa confiance, à son Père? Et que dira le Mylord, à qui j'ai-repondu de son obéissance....? Plus une Nation est magnanime, plus les Enfans y-font-soumis aux Pères, les Femmes aux Maris.

XJ scène.

LES MÊMES: DULIS-Fils, LOSOLIS.

DULIS-fils, (*pâle, appuyé contre le linteau de la porte, à Losolis :*)

Il faut que je flechisse mon Père, ou que je meure! (*Madame D'Angeliers l'aperçoit, & court à lui.*)

DULIS-père.

Qu'est-ce?

Madame D'ANGELIERS (*revenant avec crainte, & prenant les mains de son Père:*) Mon Père!

DULIS-père.

Que veus-tu, ma Fille?

Madame D'ANGELIERS (*timidement :*) Il est-là..... DULIS-père.

Qui?.... Qui est-là?

Madame D'ANGELIERS.

Mon infortuné Frère.

DULIS-père (*avec severité* :)
Obéiſſant, ou rebèle?

Madame D'ANGELIERS (*ſuppliant* :)
Il eſt votre malheureus Fils!

Madame DULIS.
Eſt-il obéiſſant, ou rebèle? repondez à votre
Père, ma Fille?

Madame D'ANGELIERS (*éplorée* :)
O ma Mère! daignez le voir!... daignez
l'entendre! (*Elle lui-montre ſon Frère, qui reſte incliné
auprès de la porte.*)

LOSOLIS (*à monſieur & madame Dulis* :)
J'ose interceder pour mon Ami!

DULIS-fils (*ſ'avançant courbé, juſque derrière le
fauteuil de ſon Père, dont Il n'eſt-pas-,
vu : l'effroi qui règne ſur le vieuge des Sœurs, ſur-tout la vive
agitation de mad. D'Angeliers, de monſ. Losolis, de mad. Dulis elle-même, annonce au Père que ſon Fils approche : Ce
Dernier d'une voix baſſe, tremblante* :)
Pardon!... mon Père!... pardon!

Toute la FAMILLE.
Pardon! mon Père!...

DULIS-père (*ſe-retournant avec dignité, ſans ſe-lever* :)
C'eſt-vous!.... Êtes-vous mon Fils, ou le
Mari de l'Anglaise?

DULIS-fils (*proſterné* :)
O mon Père! pardonnez!....

Madame DULIS.
Il eſt bleſſé!

DULIS-père (*repetant* :)
Êtes-vous mon Fils, ou le mari de l'Anglaise?

DULIS-fils (*avec fermeté, mais humblem.* :)
Tous-deux, mon Père.

DULIS-père (*avec decision, en-detournant la vue* :)
L'un.... ou l'autre?

D U L I S-fils (*noblement :*)
La Nature m'a-fait votre Fils: .... la Natu-
ture, l'Honneur, & les fentimens dont vous
m'avez-pénétré dès-l'enfance .... (*Il f'ar-*
réte intimidé :)

D U L I S-père (*avec feverité :*)
Que vous ont-dit la Nature & l'Honneur ?

D U L I S-fils.
Mon Père, je fuis coupable : mon mariage
eft un attentat contre vos droits:..... mais
il eft-fait. La Nature & l'Honneur .... veulent ... que je demeure l'épous d'Henriette.

D U L I S-père (*avec indignation :*)
Ainfi, après avoir-commis ton crime, tu
le confirmes, & tu ne fais que toi qui puiffe
t'en-abfoudre ?......... Tu ne rendras pas à
ton Père, fes droits que tu as-ufurpés ? il
faudra qu'il te les laiffe, parce-que tu les
as-pris ; qu'il reçoive pour Fille, une In-
connue ; que dis - je ? une Ennemie, une
Anglaise, parce-que tu auras-jugé à-propos de te la choifir pour compagne ?......
Repons ; mais repons jufte ; c'eft pour la
dernière-fois ?

D U L I S-fils.
Elle eft ma Femme, mon Père, comme
je fuis votre Fils.

D U L I S-père (*avec execration :*)
Non, tu ne l'es plus ! Je te maudis......
Retire-toi, malheureus ! je ne te connais
pas !

DULIS-fils (*prosterné*), toute la FAMILLE
(*à-genous, excepté la Mère :*)
O mon Père !   Où irai-je.....
Où ira-t-il.....
poursuivi par votre colère ?...   Il est-blessé !

D U L I s-fils (*seul continuant :*)
Revoquez seulement votre malediction !....
& j'irai .... loin de vous .... traîner....
mes jours ....   malheureus !....

D U L I s-père (*hors de lui-même :*)
Retire – toi, desobéissant !....   ta présence
me suffoque ; elle empoisonne l'air que je
respire ! (*Il se-couvre le visage de ses mains.*)
Madame D U L I s.
Infortuné ! soumets-toi !.... abandonne-toi à
l'indulgence d'un Père, qui voulait te sauver !

DULIS-fils (*avec la fermeté du desespoir :*)
Non ! je deviéndrais indigne de vous, je
vous deshonorerais par ma lâcheté, si j'a-
bandonnais mon Epouse....   O ma Mère,....
vous êtes épouse !

D U L I s-père (*l'interrompant :*)
Eloignez-le !   Retirez-le de ma vue !
DULIS-fils (*avec un douloureus abandon :*)
Reprenez ma vie, mon Père ! elle est à
vous : Ordonnez seulement, devenez l'appui de ma Femme, & je renonce .... à la
vie.....   Vous êtes mon Père, l'objet de ma
veneration profonde :....   mais Henriette est
ma Femme : je me dois à vous, je me dois
à elle : j'accorderai mes devoirs, en-vous

consacrant la moitié de ma vie, & en–lui–
donnant l'autre !

D U L I s-père (*avec emportement :*)
Garde ton indigne vie.... J'ai d'autres Enfans.... va !.... Qu'on l'ôte de ma vue. ...
(*se-concentrant, puis levant les ïeus sur le*
Portrait de son Père :) Mon Père ! je vous
ai-respecté, honoré, jusqu'au dernier-mo-
ment ..... Je vous ai-obéi, après votre tré-
pas.... Je vous ai – donné une respectueuse
confiance ; je me suis-dit : Mon Père veut
mon bonheur, il est-plus-sage, & il saura
mieus le faire que moi :.... Et ce Fils indigne de vous & de moi ; ce Monstre, qui
brave l'autorité sacrée de la Nature, par
une audacieuse & criminelle présomption,
n'a de confiance qu'en-lui-même.... Envers
Quî remplira-t-il ses devoirs ? Ce ne sera
pas envers le Prince, père de la Patrie ;
quand il lui faudra obéir, il se croira plus-
sage que lui & ses Ministres : Il ne se-sou-
mettra point aux Magistrats ; mieux qu'eux,
il connaîtra la loi : Il n'obéira pas au Chef
qui le commandera ; plus-clairvoyant, il
ne suivra que son caprice ; il ne tiendra pas
sa foi donnée à ses Egaus, il sera toujours
leur juge & leur partie : Il ne la tiendra pas
à son Infortunée ; un-jour, il la punira
cruellement de sa desobéissance qu'elle occa-
sionne ! Il ne la protégera pas, il ne la de-
fendra pas ;.... en-ce moment, il lui laisse-

G 5

faire-violence.... Il brisera tous les liéns...
Et moi, mon Père, sous votre autorité
sacrée, je brise ceux qui l'attachaient à moi,
& qu'il a-profanés ; je le retranche de votre
Famille ; ... je le charge de votre malediction & de la miénne.... Dieu tout-puissant ! je vous remets ma vengeance......
Vous ne souffrirez pas que ce Maudit prospère, & qu'il triomfe d'un Père qu'il brave...
Que la Celeste-colère te poursuive !...

Toute la FAMILLE (*suppliant* :)
Grâce! grâce, mon Père ! grâce !

(*Dulis-fils égaré, chancelle, & tombe
dans les bras de son Ami Losolis, qui ne
l'a-pas-quitté depuis son entrée : Sa Mère
fond en-larmes : Madame D'Angeliers au-
desespoir, est-soutenue par son Mari.*)

DULIS-père (*sans rién écouter* :)
Toi qui rampes à mes piéds, fuis!.....
Je t'ai-maudit.

Toute la FAMILLE.
Mon Frère !.... obéissez..... Mon Père...
pardonnez!

Madame D'ANGELIERS.
Ah! mon Père!

LOSOLIS (*à Dulis-père* :)
Vous l'avez-maudit.... Mais moi que vous-
ai-je fait !

Madame DULIS (*a son Mari* :)
Mon Mari!... (*a sa Famille* :) Mes Enfans,
flechissons un Père .... justement-offensé !

DULIS-père (*montrant son Fils* :)
Le Tigre ! (*Il se-renverse dans son fauteuil.*)

DULIS-fils (*accáblé, s'abandonnant
dans les bras de son Ami:*)
Je suis-maudit..... On fait violence à ma
Femme !.... Quî l'ose! .... Ah ! .... (*Il
veut s'élancer, & retombe:*) ... Que
toute la Nature m'abandonne ..... je suis-
abandonné de mon Père !.... (*Il repousse
son Ami; puis sa Sœur D'Angeliers :*)
Laissez-moi.... (*à sa Mère qui lui-tend les
bras :*) Je n'ai plus de Père, il ne me faut
plus de Mère !... (*avec égarement*) Dieu
tout-puissant ... vous ne souffrirez-pas qu'un
Maudit prospère !.... Que la Celeste-co-
lère me poursuive !....
Toute la FAMILLE.
Mon Père ! votre colère lui donne la mort !
DULIS-père (*a sa Femme & ses Enfans:*)
Non ! l'Insensible vivra .... mais moi, ...
j'en-mourrai.... (*à son Fils :*) Malheu-
reus ! tu feras parricide !
Madame DULIS (*a son Mari :*)
Mon Ami ! .... (*a sa Famille:*) Mes En-
fans !.... votre Père !... Ah-Dieu !... (*Elle
soutiént son Mari qui succombe.*)
DULIS-père.
Ma Femme, le coup est-frappé.
Madame DULIS.
Mon chèr Mari !.... Mes Enfans ! il ne
peut se-soutenir !
DULIS-fils (*s'élançant égaré :*)
Ayez-tous horreur de moi !... Je suis par-

ricide.... Que la Celeste-colère me pour-
fuive !.... (*concentré :*) Il fuffit de la vôtre, mon Père !.... (*Il fe-jète fur le cou-
teau-de-chaffe de fon Ami, & le tire.*)
DULIS-père (*fe-decouvrant la poitrine:*)
Frappe ! achève ! ....

    LOSOLIS (*fimultanement, arrachant le
fer des mains de fon Ami:*)
Ta vie eft à moi !.... Mais je t'offre la
miénne. (*Il le tiént-étroitement-embraffé,
tâchant de l'enmener :*)

(*Pendant les fureurs de Dulis-fils, toute la Famille eft-occupée du Père & du Fils profcrit:
ces mouvemens font-laiffés libres, il ne doivent étre ni fervils ni calqués, mais naturels.*)

XIJ fcene.

LES MÊMES (*à-l'exception de Dulis-fils
enmené par De-Lofolis :*)

DULIS-père (*foutenu par fes deux autres
Fils, & à qui madame D'Angeliers baife les mains : madame Dulis éplorée f'empreffe
de le faire-conduire dans fon
appartement :*)

Malheur... au Père.... qui maudit... fon
Fils !... La malediction paternelle lancée,...
reviént fur lui-même, & le frappe... au cœur.
    Madame DULIS.
Venez, mon Ami, prendre du repos, ... au
fein d'une Famille qui vous honore, autant
qu'elle vous cherit. (*On l'enmène.*)

Toute la FAMILLE.
Mon Père! regardez vos Enfans!
Mad. D'ANGELIERS *(les ïeus vers le ciel :)*
Dieu tout-puiſſant! Dieu bon! toujours
prêt à pardonner, inſpirez à mon digne
Père, à votre Image visible, des ſentimens
qui lui-ſauvent la vie, à moi une éternelle
douleur, & un crime horrible à mon infor-
né Frère!... *(Elle ſuit ſon Père.)*

XIIJ ſcène.

TOM, GERMAIN.
GERMAIN *(conduiſant un Poſtillon :)*
Quîês-tu? qu'veus-tu ?
TOM *(un fouet à la main :)*
Tom : Mylord Teeff
GERMAIN.
Tom mylord ? Ah! t'é' auſſi anglais?
TOM.
Yes: d'York ; j'apporte à mylord-Doulis...
GERMAIN *(le contrefeſant :)*
Yes !... Monſieu' Doulis n'eſt pas mylourd.
(le pouſſant dehors :) Sors d'ici, tu vîns d'eun
pays d'voù qu'i' n'nous vînt qu' dou mal!
TOM.
Aye te pounira par mon ſilénce : il me ven-
gera mieux que des injoures. *(Il ſort.)*

Fin du quatrième Acte.

Explication de l'Estampe du Cinquième Acte.

La Prévention-nationale detruite.

Dulis-fils, & Henriette, ramenée par l'honnête Lord, qui l'avait-enlevée, pour éprouver ses dispositions, aux genous de Dulis-père, qui nomme l'Anglaise sa Fille, gâgné par la vertu de cette Jeune-personne, & par celle de Mylord, conservateur d'un Fils cru mort, dont le Père-Dulis viént de recevoir une Lettre. Toute la Famille, en-apprenant que le Père a-pardonné à son Fils, mari d'une Anglaise, s'étrie, en-le-benissant.

Le Pèredefamille est debout, l'une de ses mains dans celles d'Henriette, l'autre tenue par son Fils : la Mèredefamille est-à-côté de son Mari, noblement-attendrie : madame D'Angeliers tiént Henriette : Losolis est derrière son Ami : Mylord, debout, ayant derrière lui Bourguignon & Jemmy, regarde De-Serj, qui est au côté opposé, l'air menaçant : Mac-bell honteuse, la main sur le visage : Betty contente: Les Fils & les Fillesdela maison, sont derrière leur Père & leur Mère ; les Domestiqs garnissent en-foule & sans ordre le fond de la Scène.

»MYLORD.

»Je sens que vous devez m'aimer tout Anglais que »je suis ! »DULIs-père.

»Oui!..... je vous aime! ... & tout bon Anglais »!

page 172.

V.me Acte.

Cinquième Acte.

J scène.

Les DOMESTIQS *seulement sortant de table.*
MARION (*ôtant le couvert :*)

On n'a-rién-mangé !
GERMAIN (*avec accâblement :*)
Manger ! manger !........ Se j'aillions-pèdre
noute Maître ! (*Tous font un geste de douleur :*)
PAULOT.
Èt ç'Courrier-d'malheur ?
GERMAIN.
C'é' eun Anglais : Je n'feus pas méchant,
mâs j' vous l'ai-r'lancé !... Alons ! alons !
(*Ils sortent tristement.*)
CLAUDINE (*à Marion, en- pleurant :*)
Les Maîtres ne souperont pas : serrons tout-
ça...... Monsieu' f'est-trouvé-mal :..... Il
ne peut se-soutenir.... C'est monsieur Dulis
de Paris, qui est cause de tout-ça....
MARION.
Èt lui-donc ? I' fait-peur ! il est coume
fou !.... C'est ç'te belle Anglaise, que v'la
qu'n'on enmeune, quian-est cause !....
(*Elles achèvent de desservir & de tout ranger en-
silenc : elles sortent ensuite, à un appel :*)
EDMÉE (*non-vue.*)
Claudine ! Marion ! venez-vîte !
MARION (*vivement & en-courant :*)
C'é' Edmée ! J'entens des Chevaus.

IJ ſcène.

DULIS-fils, LOSOLIS.

DULIS-fils [*non-encore-vu, & ſ'écriant:*]
(*Il eſt dans la chambre où l'a-enmené ſon Ami:*)

Qui m'appelle? (*Il paraît:*) Où ſuis-
je?... (*Il appelle:*) Henriette!... Henriette!... ma chère Femme!... Où ſuis-je?

LOSOLIS(*qui le ſuit, obſervant tous ſes mouvemens*)
Grand-Dieu? en-quel état le voila!

DULIS - fils (*agité:*)

Où ſuis-je?... Betty? Betty?... Où ſuis-je?

LOSOLIS.

Mon Ami!... mon Ami!

DULIS-fils (*l'apercevant: avec un ton*
d'effroi:)

Je rêvais que je voyais.... mon Père.....
me maudire..... Il me ſemblait, ... qu'il
me diſait, : : Ta Femme & ta Tante fuient
avec un Lord!....

LOSOLIS.

Calme-toi, mon Ami!

DULIS-fils (*rêvant profondement:*)

Où ſuis-je?.... Il me l'a–dit... Où ſuis-je?

LOSOLIS.

Tu connais ce ſallon?

DULIS-fils (*ſtupidement;*)

Il eſt vrai. (*Il rêve:*) Appelle ma Femme, mon Ami: dis-lui qu'elle ſe prépare
à paraître devant mon Père.... Oh! elle le
flechira! (*Il rêve:*) Ce ſonge eſt affreus!...
(*à ſon Ami:*) Sais-tu expliquer les ſonges?

L O S O L I S.
Non, non : mais je fais combién je t'aime,...
& que tu m'as-aimé.
D U L I S - fils (*stupidement :*)
Oh! certainement !... Ma memoire n'est-
pas-nette....
L O S O L I S (*se-jetant à lui :*)
Tu m'és plus-chèr que moi-méme.
D U L I S - fils.
Cela me-fait-plaisir.... (*Il réve & marche sans*
rién-dire ; ses ïeus s'animent par-degrés ; il
pousse un soupir, & jète les ïeus sur son Ami :)
Pardon, mon Ami; je ne te voyais pas !....
J'ai-fait un songe.....
L O S O L I S.
Dulis?... il-faut me-prouver ton amitié ?
D U L I S - fils (*avec feu :*)
Y-alât-il de ma vie..... (*souriant à-demi :*)
Ne m'as-tu-pas-acheté ?
L O S O L I S.
Conserve-la, cette vie qui m'est si-chère ; j'en-
ai-besoin,... pour adoucir la miénne ?
D U L I S - fils.
Et moi, j'ai-besoin de faire quelque-chose
pour toi.
L O S O L I S.
Il-me-faut de la force sur toi-méme : m'en-
promets-tu ?
D U L I S - fils.
J'en-aurai, j'en-aurai: parle ?
L O S O L I S (*à-part:*)
Que je crains le retour de sa memoire!

D U L I S-fils.

Le retour de ma memoire !... *(Il fremit :)*

L O S O L I S *(lui-prenant les mains :)*

Songe que tu m'es-neceſſaire ?

D U L I S - fils *(ſans lui-repondre :)*

Un ... voile tombe !.... *(avec égarement :)*
Je ſuis-maudit par mon Père !... A quoi
peut te-ſervir un Proſcrit ?

L O S O L I S.

A-conſerver mes jours, unis aux tiéns.....
(le preſſant dans ſes bras :) J'ai-besoin de
toi , ne m'abandonne pas !....

D U L I S-fils *(accáblé :)*

Il touche mon cœur !..... J'ai tout-perdu,
hors mon Ami !.... *(avec égarement :)*
J'ai-perdu Henriette !..... ah !..... *(ſe levant & courant :)* donne ! donne ! donne !

L O S O L I S *(effrayé :)*

Quel tranſport ! que veus-tu ?.... que cher-
ches-tu ?

D U L I S-fils *(apercevant des piſtolets :)*

Le voila...... *(Il les ſaiſit :)*
L O S O L I S *(ſe-jetant à lui , & les lui ar-
Sont-ce là les promeſſes ! rachant :)*
D U L I S-fils *(tombant accáblé dans les bras
de ſon Ami :)*

Ah !.... laiſſe-moi .... mourir !... *(Il veut
arracher l'appareil de ſa bleſſure.)*

L O S O L I S *(appelant :)*

Quelqu'un ?... Monſieur D'Angeliers ?.........
Perſonne !... Tout le monde eſt-occupé auprès du Père !... Infortunés tous-deux !.....

O mon pauvre Ami !... Tel eſt donc l'effet
des paſſions indomptables !..... l'amour & la
haîne ſ'entrechoquent ici !... (*Dulis-fils
tombe en-faibleſſe; Losolis ſ'efforce de le ranimer.*)

1IJ ſcène.

LOSOLIS, DULIS-fils (*ſans mouvement :*)
CLAUDINE.

CLAUDINE (*accourant :*)

Une Lettre, à l'adreſſe de monſieu' Dulis
de Paris.

LOSOLIS (*la prenant :*)
Elle eſt ... de miſtreſs Macbell.... Mais comment le quitter dans l'état où le voila !... (*à
Claudine :*) Qui vous a-remis cette Lettre,
ma Fille ?

CLAUDINE (*hesitant :*)
Un Monſieu'... mais j'crais qu'i'-faut vous l'
dire?... C'eſt monſieu' De-Serj.

LOSOLIS (*étonné :*)
De-Serj !... une Lettre écrite par Macbell !

DULIS – fils (*revenant a lui :*)
Suis-je aſſés-malheureus !... O mon Ami abando-
nne-moi? je ne te-causerai que des peines!

LOSOLIS (*avec effusion :*)
Si je te conſerve, nomme-les des plaisirs.

DULIS – fils.
Partons !... fuyons mon Père !... ſa colère
me repouſſe !... Henriette'! Henriette !

LOSOLIS.
Oui,... éloignons-nous. (*On entend un*

grand bruit; a Claudine:) Qu'eſt-ce-que j'entens?

CLAUDINE (*écoutant:)*
C'eſt coum' une chaiſe qui arrive ;... des Gens qui jurent... Je vais y-voir. (*Elle ſort.)*

IV ſcène.

DULIS-fils, LOSOLIS.

LOSOLIS (*à-part.*)

Voila ſa Lettre.... ſi je ſavais.....
DULIS-fils *(apercevant la Lettre, la prenant, liſant le deſſus avec ſurpriſe, & decachetant:)*
Juſte-Ciel!.. *(Il lit ; Loſolis inquiet, ſuit des ïeus, & prête l'oreille aux bruits du-dehors.)*
Ai-je-bién-lu!...... Et c'eſt ma Tante!.....
C'eſt à Mylord!... *(à ſon Ami:)* Henriette m'abandonne!... & miſtreſs Macbell a-tramé ma perte!...

LOSOLIS (*lui prend la Lettre:)*
Permets?... *(Il lit avec horreur:)* » Te-
»nez-vous prêt demain.... J'ai-eu-peine à de-
»terminer ma Nièce à le permettre : enfin,
»elle a--conſenti » [A6]....
DULIS-fils *(l'interompant avec égarement:)*
Mon Ami! mon Camarade! l'uniq Bién qui me reſte au monde! dis, dis-moi, ſ'il eſt un monſtre comme Macbell?

LOSOLIS *(affectant l'emportement:)*
Je partage ta fureur!... Perfide Macbell! coupable Mylord!

D U L I S-fils (*avec le delire-du-desefpoir:*)
Je veus finir mes deplorables jours!....
    L O S O L I S (*affectant:*)
Mourir fans vengeance! mourir pour faire-
triomfer Macbell!... fans l'avoir-punie!...
fans lui-avoir-arraché fon abominable cœur!
C'eft une lâcheté!.....
    D U L I S-fils (*avec tranfport:*)
Ah! voila mon veritable Ami!... Tu fais-
luire dans mon âme, un rayon-de-lumière...
Partons.... courons.... Je brûle, je brûle
de la foif d'une infatiable vengeance: (*Il
f'agite avec violence:*) Viéns mon Ami?
(*tirant Losolis à lui;*) Courons!.......
ccurons ..... viéns. (*Il tombe épuisé;*
LOSOLIS *l'affiéd,* & *fort précipitamment:*)
Il faut l'arracher d'ici!

<hr>

V fcène.

DULIS-fils [*fans mouvement*]: CLAUDINE.
    C L A U D I N E (*arrivant:*)

Monfieu'! Monfieu'!... (*Elle voit Du-
lis-fils fans-fentiment:*) I' n' m'entend pas!
Oh! f'i' favait.... Monfieu'! Monfieu'!...
(*Elle le fecoue.*) Maï', écoutez-moi-donc!
.... Monfieu'? Eile eft-r'trouvée.... ...
Étpuis ç'Courrier d'York, qu'n'on n'voulait
pas r'cevoir apporte une Lettre d'monfieu'
Charles... Voici monfieu' vote Père;... &
moi, j'm'envas dire à vote Ami, qu'i' n'faut
plus qu'i' vous renmene. (*Elle fort.*)

VJ Scène.

DULIS-père, madame DULIS,
PIERRE-DULIS, THOMAS-DULIS,
DULIS-fils [*à-l'écart, sans-sentiment:*]
DULIS-père (*une Lettre à-la main:*)

Oui, ma Femme, je cherche l'Infortuné que j'ai-maudit...... Ma Femme, il est coupable; mais il n'est-pas-corrompu..... L'espoir du mariage est la base de la vertu des Femmes, & mon Fils l'a-donné à la siénne.... L'Anglaise a-resisté; elle l'aime; elle est vertueuse; elle n'est point complice de la mort de notre Fils: Charles-Dulis respire......... (*levant les ïeus vers le ciel:*) Je me retracte, mon Dieu! de la malediction que j'ai-prononcée! l'Homme est Homme, & il ignore; vous seul, grand Dieu! savez tout! je croyais mon Fils corrompu. . . . . Je le croyais ami de la bassesse..... je croyais que l'Angleterre était un pays sans vertu.... Je viéns d'étre-detrompé.... Il est des Lâches en-France, dans notre Famille... Il est des Cœurs genereus en-Angleterre... Tous les Hommes sont vos Enfans.

Madame DULIS.

Mon chèr Mari!.... je suis tendre mère, & vous me rendez deux Fils!

DULIS-père.

Je ne vous en-rens qu'Un, ma Femme: un Anglais nous a-conservé l'Autre...... Il est

des Hommes par-tout, même en-Angleterre ! & je l'ignorais !... Oh! que l'Homme est sujet à de grandes erreurs !.....

Madame D U L I S.

Mon cher Mari ! relisons cette Lettre?

D U L I S-père (*avec vivacité :*)

Cherchons mon Fils !... serai-je donc-moins
genereus envers vous qu'un Anglais? Il
faut que je vous le rende ! (*Ses deux Fils*
vont de différens-côtés, le Père & la Mère
regardent par-tout, & le Vieillard continue :)
J'étais-mourant : Depuis qu'il m'a-paru possible de pardonner, je sens la douceur d'ètre
père ; je recouvre & la vie, & les forces....
Ce Mylord est notre biénfaiteur, ma Femme,
... mon cœur me le dit.... Mais, où est mon
Fils ?... (*Il appelle :*) Mon Fils !... mon
Fils ! entens ma voix ! elle a-cessé d'étre-
terrible !... (*à ses Fils :*) Elle ne doit
l'être que pour les Cœurs corrompus : alez
chercher votre Frère ! (*Ils sortent.*)

VIJ scène.

DULIS-père, madame DULIS,
madame & monsieur D'ANGELIERS,
D U L I S - fils [*à-l'écart.*]

Madame D'ANGELIERS (*soutenue par son*
Mari, accourant à la voix de son Père :)

Mon Père !... votre voix... Pardonnez, si
j'accours... D U L I S-père.
Je cherche Celui que j'ai-frapé dans ma colère.

Madame D'ANGELIERS (*avec transport* :)
O mon Père !

DULIS - père.

Je veus lui - pardonner, ma Fille : Je ne hais
plus les Anglais.   Ils ont de l'humanité.
Madame D'ANGELIERS (*avec ravissement*)
Grand-Dieu ! benissez & le Père & le Fils !
(*Dulis-fils fait un mouvement, & se-soulève à-demi.*)

DULIS - père.

Oui, que le Ciel benisse & le Fils & le Père !...
& vous, ma Femme ; & toi, ma Fille, &
ton digne Mari !..... L'Anglaise n'est plus
l'Anglaise ; elle est ma fille.

DULIS-fils (*achevant de revenir à lui-même,
entendant ces mots, & se-trai-
nant aux genous de son Père* :)

Un songe ... heureus ... m'abuse-t-il ?.........
Non ! c'est mon Père !... c'est un Dieu bién-
fesant ... que je vois ! Ma Mère !.. ma Sœur
cherie,... aidez-moi à craire ce que j'entens ?

VIIJ scène.

LES MÊMES : LOSOLIS, CLAUDINE.

CLAUDINE (*suivant monsieur Losolis, qui
arrive précipitamment sans l'entendre* :)

Monsieu' ! monsieu' ! Écoutez-donc !

LOSOLIS (*à Dulis-fils* :)

O mon Ami !... Mais que vois-je ?

DULIS - père (*avec effusion* :)

Je lui pardonne.

LOSOLIS

LOSOLIS (*dans le ravissement* :
Dieu tout-puissant! soyez-beni.. (*à monsieur Dulis avec assurance* :) Je m'y-atten-
dais, monsieur; & je ne sais pourquoi j'en-
ai-paru douter pendant quelques-instans!....
(*embrassant son Ami* :) Mon chèr Ami!.....
(*avec dignité* :) Adore ton Père: tu lui-dois
deux-fois la vie! Et sache qu'un Fils ne peut
jamais rendre tout ce qu'il doit à son Père....

DULIS-fils (*à son Père* :)
Henriette est votre fille!... on me la ravit!...

DULIS-père (*avec grandeur* :)
Crois-tu que ton Père soit un Homme?.....
crois-tu qu'on puisse faire-impunement-vio-
lence à une Femme dans sa maison? L'œil
vigilant du Pèredefamille voit tout chés lui:
J'y-ai-su ton arrivée; le sejour de ta Femme,
son enlèvement;... & j'avais-pourvu à tout...

DULIS-fils (*s'incline en-silence: aubout
d'un-moment, a Losolis* :)
Oui, un Père tel que le mién, doit-être-
adoré par ses Enfans! il est l'Image vivante
de la Divinité!

Madame D'ANGELIERS (*presque-simultanement ;
dans le ravissement, & baisant la main de son Père* :)
L'avez-vous-vue, mon Père?

DULIS-père.
La vue du visage annonce souvent les qualités
de l'âme; mais ce n'est pas toujours un in-
dice certain, ma Fille.

DULIS-fils, madame D'ANGELIERS, &
LOSOLIS (*ensemble, mais sans-confusion* :)
Ah! quand vous la verrez....

I Partie. H

D U L I S - père.

Je n'ai qu'un mot à dire... *(Il appelle:)*
Germain ?

IX Scène.

LES MÊMES: GERMAIN.
GERMAIN *(a son Maître:)*

Monsieu', me v'la.
DULIS père *(lui-parlant a-l'oreille :)*
Va, mon Garson. *(Germain sort.)*

X Scène.

LES MÊMES.

D U L I S - père *(a Tout-ce-qui-l'entoure:)*

Écoutez, mes Enfans; *(a Dulis-fils)* Écoutez, mon Fils ; *(a Losolis ,)* & vous, mon Ami, puisque vous êtes le sién : Voici une Lettre : C'est l'écriture de mon Fils Charles: il vit, & c'est un Anglais qui l'a-sauvé... Écoutez :

Mon très-honoré Père, & ma trés-honorée Mère: Ce moment est le premier depuis trois ans , où je puis vous écrire : blessé, la nuit, & laissé pour mort sur-la-place , je perdis presque-tout mon sang. Cependant je fus-secouru au jour: Un Anglais de-distinction, volontaire dans l'Armée, voyant que je respirais, prit-soin de moi ; il me fit-porter a son auberge. Là , je fus-soigné , ranimé, pour le corps seulement; car ni ma memoire, ni ma raison ne revinrent : Le genereus Lord ne m'a-pas-abandonné : ne pouvant savoir de ma bouche qui j'étais : il m'a-enmené à York , où il

*fait sa residence, & m'y-a-gardé jusqu'à ce jour.
Enfin, ma memoire est-revenue peu-à-peu, & je
puis écrire ce que vous lisez dans cette Lettre : mais
je suis faible encore. Mylord est-alé en-France
pour affaires; je charge de ma Lettre Tom, un de ses
Gens qui va le rejoindre; Mylord vous la rendra
peutêtre lui-même. Je n'ai pas encore la tête assés-
forte, pour écrire beaucoup; mais si ma memoire,
mes forces, mon esprit, si tout est-affaibli, mon
respect & ma tendresse sont toujours aussi-vifs dans*
Votre soumis & devoué Fils *Charles-Dulis.*
York, mai 22.
P.-S. *Je dois beaucoup à une jeune & jolie Sœur
de Mylord, qui est la bonté-même à-mon-égard,
ainsi qu'à mylady Darby sa Tante, qui a mille attentions pour moi :* Mylord est mylord *Taaff.*
La date n'a pas quinze-jours.

DULIS-fils & LOSOLIS.

Mylord Taaff!.. C'est Mylord! C'est Mylord!

DULIS-père.

J'en-benis le Ciel !
(Germain reparaît ouvrant les deux-battans.)

---

xj scène.

DULIS-père, madame DULIS, DULIS-fils,
HENRIETTE, MACBELL, MYLORD,
LOSOLIS, DE-SERJ, les deux FILS-DULIS,
leurs SŒURS, BETTY, BOURGUIGNON,
JEMMY, TOM; les DOMESTIQS des 2 sexes.

HENRIETTE *(accourt apercevant son Mari :)*

Ah ! mon chèr ….. *(jetant les ïeus sur
monsieur Dulis-père, elle va tomber a ses
genous :)* Mais voila Celui à quî je dois mon
premier hommage… *(levant timidement les
ïeus :)* Oserai-je dire mon Père ?

H ₂

DULIS-père (*jetant autour de lui un regard serein, & s'adreſſant a madame D'Angeliers*) Vous ne m'aviez-pas-trompé, ma Fille..... (*relevant Henriette :*) Oui, je vous reçois dans ma Famille... (*Il lui-prend la main, qu'il présente a ſon Fils :*) Je te la donne. (*Henriette, après avoir-baiſé la main de ſon Beaupère, preſente la ſienne a Dulis-fils, qui la ſaiſit, & ne la quitte plus.*) Toute la FAMILLE (*pouſſant un cri-de-joie*) Oh ! le bon Père !

D U L I S - père (*a Mylord :*) Je leur ai-donné le premier moment : je vous dois le ſecond.... Mylord, vous êtes doublement mon biénfaiteur : vous êtes mylord Taaff, & je vous dois la conſervation de deux de mes Fils : Vous avez-ramené des portes-du-tombeau, Celui que j'ai-pleuré mort.

M Y L O R D (*avec étonnement :*) Ce Français, que j'ai dans ma maison d'York...

D U L I S-père (*avec tranſport :*) C'eſt mon Fils ; ce mot me l'aſſure. (*Tom ne paraît qu'en-ce-moment.*)

M Y L O R D (*a Tom :*) La Lettre de notre Jeune-français était pour Monſieur ? T O M.

Yes, mylord.

M Y L O R D. Je ſens que vous devez m'aimer.... tout Anglais que je ſuis....

D U L I S-père. Oui, je vous aime !.... & tous les Anglais. Toute la FAMILLE (*entourant Mylord :*) O digne Homme !

HENRIETTE.

C'eſt moi qui vous dois le-plùs, mylord,
à tous les titres.

*(Betty, pendant les couplets ſuivans, tire un papier de ſa poche,
qu'elle paraît dechifrer avec peine; Bourguignon lui veut aider:*

JEMMY *(le repouſſant, & liſant avec Betty)*
Ne vois-tou-pas que c'eſt de l'engliſh ?

DULIS-père.

Votre vue, ma Fille, je le ſens, eût tout-
fait ſeule. Le caprice n'avait-point-deter-
miné mon refus; il n'a-point-amené mon conſentement... *(a Macbell:)* Vous, Madame,
je n'ai rién à vous dire : je connais votre
haîne pour les Français; la miénne pour votre Nation était égale... Mais ne comparons
rién ; je ne ſavais pas vos motifs ; je n'aurais-
pas-employé vos moyéns: c'eſt tout ce que
je puis dire à la Tante d'Henriette . . . .
(a Mylord) Votre conduite, Monſieur, me
pénètre de reconnaiſſance, d'admiration &
d'amitié : daignez l'expoſer vous-même ?

MYLORD.

Je l'avouerai, j'aimais cette charmante Perſonne. Je l'ai-vue, parceque ſa Tante a-
reclamé mes bons-offices : j'en-ſuis-devenu
amoureus, & je lui aurais-donné le titre
de mon Epouſe, ſi elle avait été-libre, comme ſa Tante me l'avait d'abord-annoncé...
Mieux-inſtruit par Henriette elle-même,
je temoignai ma ſurpriſe à miſtreſs Macbell: Ce-fut alors, qu'elle me dit, combien le mariage de ſa Nièce était peu-aſſuré ;

qu'elle m'exposa l'abandon où elles alaient-
se-trouver, si elles perdaient leur procès.
Ce procès se-perdit. Je leur restai-attaché,
par consideration pour Henriette. Je les
ai-suivies ici, pour les secourir : vos dispositions, dont j'étais instruit par Monsieur
(*montrant De-Serj*) m'ont-fait m'applau-
dir de ma demarche ; enfin, j'ai-cru, que
l'intérêt de ma belle Compatriote, de votre
Fils, & le vôtre, Monsieur, demandait que
j'enmenasse Celle qui causait tout le trouble.
J'ai-feint de me rendre aux vues de sa Tante;
mais je n'agissais que par les miénnes. Vous
savez, Monsieur, avec quelle franchise je
vous ai-moi-même-averti de mes desseins
& de leurs motifs : Vous m'avez-repondu,
qu'un enlèvement était toujours une tache,
& qu'il falait en-préserver la *jeune Anglaise,*
(ce sont vos expressions) : J'ai-vu votre
defiance, sans en-être-blessé; votre prévention est également celle des Plus-honnêtes-
gens de ma Nation ; les Mauvais-citoyéns
meconnaissent la Patrie, & ne préfèrent Personne : J'ai-respecté vos idées; je vous-ai re-
mis un écrit-d'honneur, & vous ne l'avez-
accepté, qu'à la condition, ne me connais-
sant point assés, que Bourguignon condui-
rait la chaise. J'ai-prétendu vous prouver
à vous-même, que je ne meritais pas cette
defiance, & j'ai, le pistolet à la main, forcé
mon Conducteur à prendre la route que j'ai-
voulu. Il a-obéi, mais fidèle à son Maitre,

dans le deſſein de me tromper : En-effet,
il a-circulé autour du château , & ſi-près,
que Monſieur (*montrant De-Serj*) nous
a-facilement-rejoints. Il a-craint ſans-doute
de nouvelles diſpoſitions de votre part,
après une criſe terrible , mais qui vous honore à mes ïeus ; je ne croyais pas qu'on fût
capable en-France de cette énergie... Pardon, vous m'avez-detrompé !... Monſieur,
(*montrant toujours De-Serj* :) a – eu la
baſſeſſe de m'avertir de la tromperie de
Bourguignon.......
DE-SERJ (*en-fureur portant la main à ſon épée*)
Lâche !... tu en-as-menti !

 D U L I S – père (*avec dignité* :)
Vous êtes chés moi !... (*a Mylord* :) Je vous
avouerai que la fuite vous était-impoſſible,...
quand Bourguignon vous aurait-ſervi : mes
Bucherons gardaient les paſſages , & mes
Gens armés vous ſuivaient... Pardon ! ſi
je vous avais-connu......
 M Y L O R D.
La prudence eſt une vertu. (*a De-Serj froi-
dement* :) Dans un inſtant , je vous parlerai.
(*a Dulis-père* :) Il préferait que j'enlevaſſe
Henriette, dans les vues qu'il me ſuppoſait,
à la voir-faire le bonheur de ſon Compa-
triote, de ſon Ami.
 THOMAS-DULIS (*avec indignation* :)
De ſon Parent ?
 M Y L O R D.
Tantpis.... Pour moi, j'ai-demandé les

ordres de Madame, dès que j'ai-connu ses dispositions : Que m'importe par Quî elle soit heureuse ? Un veritable Anglais est-genereus, meme en-amour.

DULIS-père (*noblement:*)
Vous étes digne d'etre français !

MYLORD.
Je ne veus meriter que le nom d'Homme : Les Honnétes-gens, les Grands-cœurs font de tous les pays ; votre vertu me le prouve : Vous avez une ame romaine. Et mes Compatriotes traitent les Français d'Esclaves !... Je les desabuserai !

DULIS-père (*a De-Losolis :*)
Tous les Anglais font-ils comme lui ?

LOSOLIS (*montrant De-Serj:*)
Pas plûs que tous les Français ne reſſemblent à Monſieur : (*montrant De-Serj.*)

DE-SERJ (*avec fureur :*)
Nous-nous verrons auſſi.

DULIS-père (*ſimultanement :*)
Vous m'ouvrez les ïeus ! (*embraſſant Mylord :*) Vous étes un Héros !... (*a Henriette:*) Ma Fille, je vous-pardonne les torts de votre Nation envers la miénne, en-consideration de votre vertu, de la beauté-d'ame de Mylord ; & à-condition, que vous-ne-vous-affligeriez-point de nos ſuccès, ſi jamais nous avions la guerre avec la Grande-Bretagne ?

HENRIETTE (*modeſtement:*)
La Patrie de mon Mari ſera la miénne,... Je ne m'affligerai que de la guerre, fleau de

deux Nations également chères à mon cœur.
      D U L I S-père (*a sa Femme:*)
Elle me donne une leçon dont je lui sais-gré...
(*a Henriette:*) Ma Fille , je sens que vos
idées sont-justes ; je vous repons de les faire-
adopter dans ma Famille. (*a Macbell:*) Madame restera-t-elle parmi nous ?
MACBELL (*grossièrem.*, *regardant Mylord:*)
Non..,   Mylord, de-grâce, enmenez-moi?
            M Y L O R D.
Oui.,. Je ne vous laisserai pas deshonorer
ma Nation chés ses Voisins,
DE-SERJ (*pendant ces 2 couplets, s'approche de Mylord.*)
Un mot.... (*a De - Losolis*) vous aurez
votre tour.   (*On ne lui-repond rien, & on ecoute.*)
      B E T T Y (*a Macbell:*)
Mistress , si vous étiez-restée, je n'aurais-
pas-encore-parlé, afin que vous pussiez toujours le faire vous-même : mais vous partez,
je ne saurais me taire ; puisque vous avez
entre les mains l'argent de mon Maître ,
celui de Monsieur (*montrant De-Losolis*)
les bijous que ma Maitresse avait en-Angleterre, & que vous avez-feint de vendre ,
enfin, tous ses papiers...... Le procès de
Madame (*montrant Henriette*) n'est-
point perdu ; il est-gâgné: Madame est unique Heritiere d'une Grand'Tante maternelle, decedée en-France. Rién n'est-en-
core delivré, à-cause de la guerre. . . . . . .
En voici la preuve (*montrant le papier qu'*
elle dechifrait au-commencement de la scène)

Miſtreſs l'a-écrit en-Angleterre; voila le brouillon de ſa Lettre, qu'elle a-laiſſé tomber tantôt, à notre depart: je viéns de voir à-l'inſtant-même ce que c'était (*Dulis-fils prend le papier, & lit, tandis que Betty continue:*) Ainſi ma Maitreſſe n'eſt-pas ſans fortune; elle n'eſt-pas même ſans-alliance, puiſque j'ai-entendu, par une converſation, entre Miſtreſs & ſon Solliciteur-de-procès, que l'Ayeule de *Madam* était d'une-Maiſon de France, appelée De-la-Curne.

D U L I S-père (*avec admiration:*) Ma Femme! elle eſt de la Maiſon De-la-Curne!...... C'eſt votre parente!....... O Dieu! je vous benis! même en-me-reconciliant avec nos anciéns Ennemis, vous n'avez-pas-voulu que mon patriotiſme fût-trompé! car il eſt toujours une vertu:... comme votre juſtice n'a-pas-permis, que les mœurs & la probité de mon Fils devînſſent la cause de ſa perte! J'adore votre Providence!.... Mes Amis, nous alons tous jouir d'un bonheur pur & ſans mélange!

L O S O L I S.
Exceptés Ceux, qui n'ont pas de vertu.... (*a De-Serj:*) Venez..... (*a Mylord.*) Je vais dans cette galerie faire-juſtice de Celui-ci, mylord: Chargez-vous de Celle-là, (*montrant Macbell:*) Comme monſieur Dulis-père, j'ai le cœur bon; mais il eſt de-fer pour les Mechans. (*Il porte la main ſur le bras à De-Serj, & ils ſortent précipitament.*)

XIJ & dernière scène.

LES MÊMES [*en silence.*]

[*On entend le bruit du combat, la terreur est sur le visage de toutes les Femmes: les Hommes paraissent tranquiles, à l'exception de Dulis-fils, qu'Henriette tient-enlacé: Mad. Dulis regarde son Mari avec inquiétude; mad. D'Angeliers parle au sien: Les deux Fils se-tiennent les bras-croisés: Mylord marque de la joie: Bourguignon & Jemmy sont à-portée de secourir le Blessé.*]

LOSOLIS (*non-vu:*)

Defens-toi!

DE-SERJ (*non-vu:*)

Je ne te menagerai pas!

LOSOLIS.

Lâche! tu recules!

DULIS-fils (*retenu, crie a son Ami:*)

Losolis! mefie-toi! les Traîtres sont lâches!

DE-SERJ.

Ah!....

LOSOLIS.

Ton sang coule!

DE-SERJ (*desarmé, son épée jetée sur la scène:*)

Ah-Dieu!

LOSOLIS (*ramenant De-Serj sur la scène:*)

Je ne voulais que t'ôter cette épée, dont tu es indigne! Pers l'honneur; garde la vie.

Madame DULIS (*a De-Serj:*)

Que je ne vous revoye jamais!

Toute la FAMILLE.

Sors, sors, Traître!

MYLORD (*a Losolis:*)

Je suis-content de vous, Monsieur: la valeur francaise vaut la valeur anglaise: les

Vaillans & les Lâches font de tous les pays.
(*a Henriette :*) Soyez heureuse, madame....
(*a Dulis-père*) Demain, avec l'aurore, je
pars : dans huit-jours, vous aurez votre Fils.
DULIS-père (*dans un transport-de-sincerité :*)
Je-m'abandonne à mes sentimens pour vous,
mylord : l'Homme bon est l'image de Dieu.
MARGUERITE-DULIS (*a mad. D'Angeliers*)
Ma Sœur ? c'est-donc-là un Anglais ?

Madame D'ANGELIERS (*souriant :*)
Oui, ma Sœur.

MARGUERITE-DULIS (*naïvement :*)
Moi, je ne hais plus les Anglais.

MYLORD (*la regardant avec interêt :*)
Et moi,...... j'adore les Françaises qui vous-
ressemblent...... (*a Dulis-père :*) Je vous
ramènerai moi-même votre Fils, monsieur:
mais je ne suis plus genereus; je vous de-
manderai une recompense,.... en - vous-
offrant encore une Anglaise pour bru : car
je sais que Charles aime ma Sœur Anna.

Madame D'ANGELIERS (*a Marguerite :*)
Puisses-tu, mon aimable Sœur, rendre à
l'Angleterre ce qu'elle nous donne !

DULIS-fils (*simultanement à Mylord :*)
Mylord ! vous avez-sauvé les deux Frères !

HENRIETTE.
Grand-Dieu ! je vous remercie de mon bonheur ! & puisse une triple alliance, l'assurer
à-jamais !

Fin de l'Action, adaptée à la scène.

Je me-suis-quelquefois-occupé des moyéns
de perfectionner nos Theâtres, de les-rendre
utiles par la morale, autant que par le plaisir,
& de relever la condition des Acteurs.   Je
n'avais-jamais-trop-conçu, d'où-venait le préjugé contre ces Derniers : car ce que j'avais-lu
à ce sujet dans les Anciéns, ne m'inſtruisait-
pas :   Je voyais les Acteurs honorés chés les
Greqs, & des Genéraus-d'armée ne pas de-
daigner de faire un rôle dans les pièces de
Sofocle & d'*Euripide* ; je voyais le Premier de
ces deux Poètes y-jouer lui-même, quoique
Citoyén conſiderable ; en-même-temps que je
trouvais les Acteurs deshonorés chés les groſ-
ſiérs Romains, qui les-outrageaient bruta-
lement, à-peu-près comme nos Seigneurs du
9.ᵐᵉ ſiècle meprisaient Ceux qui ſavaient-lire.
J'étais donc dans la même-incertitude, qu'a-
vant d'avoir-rién-lu, quand les *Comediéns-
français* (de Paris), cette même année 1783,
prirent-ſoin de m'éclairer.   Ils remirent au
Theatre une farce, intitulée *Le Roi-de-Cocagne.*   Je ne l'avais-jamais ni vue, ni lue ;
J'y-courus comme à une nouveauté :   Je vis-
jouer la pièce :   Le ſieur *Dugazon*, qui en-
était le promoteur, fesait le Roi-de-Cocagne ; d'autres Acteurs eſtimables, & dignes
d'un meilleur ſort, les ſieurs *Des-Eſſarts* &
Courville étaient ſes Miniſtres ; la d.ˡˡᵉ *Oli-
vier*, fesait l'amoureuſe ; la d.ˡˡᵉ *Jolj*, la

1 Partie.   I

foubrette, &c.ᵃ   A-mesure que la pièce alait,
mes idées fe-developaient :   Elle finit, &
mes idées furent-claires, nettes, fur l'in-
foluble problème du mepris pour les Acteurs,
ainfi que la haute-eftime pour les Auteurs
dramatiqs, tels que Corneille , Racine,
Molière, Voltaire, Crebillon , Piron, Def-
touches , Lachauffée , Delaharpe , Ducis,
Marivaux , &c.ᵃ

Si un Falaris, par-exemple , un Macha-
nidas, un Neron, un Commode, un Sultan
illettré , ou quelque Dei barbarefq, avaient-
forcé les Comediéns-français à f'avilir, à fe-
degrader par une baffe-farce, à fe-metamor-
fofer en-Jean-farines , qui debitent des pla-
titudes & des bouffoneries indignes de *Ni-
colet*, je les-plaindrais !... Mais que la Troupe
elle-même....   C'eft par les Comediéns, que
de tout-temps les Acteurs ont-été-avilis : car
je defie un Homme qui fe-refpecte, un
Homme fenfé, qui ne fera-pas-ivre, ou con-
traint, de jouer volontairement un rôle dans
le *Roi-de-Cocagne*.... Eh ! Comediéns-français, honorez-vous-vous-mêmes ! Jouez vos
chéfsd'œuvres ; banniffez les farces ; que les
ridicules Partisans de *Jodelet* , de *la Femme-
juge-&-partie* , de *la Fille-capitaine*, du
Camp-de-Compiègne , &c.ᵃ ayent un Theatre
particulier fur les *Boulevards* , où ils aillent
voir jouer ces farces, par des Acteurs dignes
d'elles, & qui les-rendront mieux que vous !...

J'en-dis autant aux Comediéns-italiéns :
mais Ceux-ci n'ont pas dans leur repertoire de

farces auſſi-meprisables que les Comediéns-nationaus....

Je penſe qu'il devrait y-avoir une loi, qui defendît aux Acteurs du *Theatre-national*, de jouer aucu'une farce, pas même celles de Moliere; qui leur ordonnât de n'être que les organes de la bonne-morale; qui les inſtituât les Prêtres de la vertu-pratique, mise-en-action, & en-conſequence, les-rendît honorables, capables de tous les emplois civils, même des charges les plus-conſiderables: que reciproquement, le Theatre ainſi épuré, il fût-permis aux Particuliers honnêtes, de tout-rang (comme c'eſt l'uſage à Naples; comme ce le-fut à Athènes; comme ce le-fut à Rome même, dans les pièces appelées *Atellanes*, qui étaient-repreſentées par la Jeuneſſe-Romaine; comme ce l'était dans nos colléges, du temps des Jesuites; comme ce l'eſt dans quelques couvens de Religieuses) qu'il fût, dis-je, reciproquement permis aux Particuliers honnêtes, qui auraient un talent diſtingué, d'obtenir une permiſſion de jouer une ou plusieurs-fois, tel rôle; à des Jeunes-gens prêts à être-ünis par un heureus mariage, de jouer enſemble la veille; ils ne fortiraient du Theatre-national que pour aler à l'autel, & ils donneraient ainſi, à deux Familles, & au Publiq un ſpectacle delicieus: Les Comediéns, les Actrices, devenus honorables, ſe-mêleraient, pour le jeu, ſans-inconvenient, avec les *Realiſtes* du jour.

Je foutiéns que le rire-de-farce, le rire-

explosif, ou le rire-mechant, devraient-être-
bannis du Theatre-français ; qu'on ne devrait
y-admettre, à-l'avenir, 1, que des Piéces, telles
que les Comedies-de-caractères, ou de peinture legère des mœurs, tournées, les unes &
les autres, de-manière à-donner le goût de la
vertu : 2, des Tragedies ; ce genre n'offre-rién
à-dire à la reforme ; fi la pièce eſt-mauvaise,
elle tombe ; fi les mœurs en-ſont-mauvaises,
elle tombe ; le Publiq, fi-facilement-complice
du Poëte-comiq, ne connive-jamais avec le
Poëte-tragiq : 3, enfin, j'avance que le genre
du Drame, tel qu'il eſt dans le *Père-de-
famille*, pièce où il eſt-fi-honorable d'être
Acteur, dans *Béverlei*, dans le *Filosofe-
ſans-le-ſavoir*, ou plutôt *le Duel*, qui eſt
le vrai titre, dans l'*Orfelin-Anglais*, dans
Eugenie, dans *les Deux-Amis*, dans *l'E-
coſſaise*, &c.ᵃ, eſt le genre le-plûs-à-en-
courager en-France (1). Le principal defaut
de nos mœurs ; le defaut qui leur eſt-repro-
ché avec plûs de mepris par quelques Nations reſpectables, l'Eſpagnole, l'Anglaise,
l'Allemande, &c.ᵃ, c'eſt la frivolité, la futi-
lité, le ricanement, le perſifflage (fi-ordi-
naire à nos Auteurs, quand ils veulent ſe-
critiquer). Or le Gouvernement n'a-guère
d'autre moyén que le Theatre, pour corri-
ger ce défaut, & *ſerieuser* (2) le caractère

____

(1) Je penſe également (mais, ſans-tenir à mon idée,
ne connaiſſant pas aſſés les Anglais), que ce devrait-être
tout le contraire chés nos Voisins de Londres.

(2) Qu'on me paſſe ce mot nouveau, mais agreable autant qu'expreſſif; il eſt de l'Auteur.

national : les Pièces les plus-efficaces pour-
amener cette heureuse-revolution dans les fê-
tes françaises, ce font les Drames. C'eſt d'a-
près ce point-de-vue, uni à-celui de la bonne-
morale que tout Drame renferme neceſſaire-
ment, que je prefère hautement ce genre à tous
les autres (le Tragiq-patriotiq, & la Comedie
de grand-caractère exceptés.) On peut même
dire que *Shakeſpear* n'a-preſque-fait que des
Drames, dans l'acception particulière de ce
mot en-France, & fort-peu de Tragedies,
proprement-dites : Le *Roi Lear*, adapté à
notre ſcène, par m.ʳ Ducis, n'eſt encore qu'un
Drame. Les Souverains, les Soldats ne font
pas la Tragedie ; ce font les grands-interêts ;
& quoiqu'en-dise le Pointillage, le genre
d'interêt qui eſt dans *Lear*, redevient un interêt particulier, par cela même que c'eſt le
ſentiment particulier d'un Père, qui ne ſonge
qu'à ſa qualité de Père outragée par ſes Enfans : L'interêt, dans le *Bazajet* de Racine,
a tout un autre ton de grandeur, quoique
l'intrigue ſoit-renfermée dans un ſerrail, entre un Jeune-homme, un Visir & des Femmes ;
on le-ſent, & je n'étendrai pas cette idée.
Mais le Drame élevé, (car il en-eſt-de-deux-
eſpèces, comme il eſt trois genres de Comedies,
la haute, telle qu'elle eſt dans *le Misanthrope,
le Tartuffe, le Glorieus*, &cᵃ.; la moyenne,
comme *les Femmes-ſavantes, les Precieuses-
ridicules, le Joueur, la Metromanie, la Fein-
te-par-amour, l'Homme-à bonnes-fortunes, la
Coquette, les Fauſſes-infidelités*, &cᵃ, &

la baſſe , comme *la Femme-juge-&-partie,
l'Eſprit-follet, le Tambour-nocturne, le Roi-
de-Cocagne, &c.ª* :   mais le Drame relevé, di-
sais-je, écrit en-prose, eſt-il preferable, en-
lui-méme , à la Tragedie en-vers ? C'eſt
mon ſentiment: il me-paraît d'une utilité
plus-efficace & plus-generale que la Tragedie :   On ſait que j'entens par le *Drame
élevé*, les Pièces, telles que *le Père-de-fa-
mille , Eugenie, les Deux-amis , Jean-
Hennuyer , &cª* ; je mets encore au rang des
Drames nobles, relevés , eſtimables, quelques
pièces de *Lachauſſée , la Gouvernante, l'E-
cole-des-Meres, Melanide; Nanine* de m.ʳ De-
Voltaire, &c.ª :   Les Drames de la seconde-
eſpèce ſont-moins-élevés , mais ils ne tombent
pas comme le troisième genre de la Comedie,
& ſont quelquefois les plus-utiles ; tels ſont
aux Français *Beverley, l'Orfelin-Anglais, le
Duel* de m.ʳ Sedaine , *la Partie-de-chaſſe,
Dupuis-&-Desronais*, de m.ʳ Collé, &c.ª, &c.ª
Aux Italiens , *l'Indigent , Silvain , Lucile,
Zemire-&-Azor* , les *Deserteurs* , &c.ª, &c.ª
    Celui que je publie aujourd'hui , m'a-paru
du genre le plus-utile & le plus-relevé :   C'eſt
une intrigue domeſtique ; mais noble par ſa
cause, qui eſt generale , & par les ſentimens
élevés , rares , extraordinaires , vertueus de
plusieurs des Perſonnages.   On y-voit un
Gentilhomme plein-d'honneur (le Père), en-
tiché d'un prejugé funeſte , à-qui ſon iso-
lement à-la-campagne, & les menſonges de la
Renommée , unis à deux-causes-personnelles,

font-deteſter les Anglais : Il a d'eux une opinion hors de la nature & de la verité ; parcequ'il les-juge d'après un ſiécle de barbarie, où nous ne valions-pas-mieux, & d'après un fait-particulier, legitimé par les lois de la guerre, mais que la perte d'un Fils lui-fait-regarder avec horreur. C'eſt dans ces circonſtances, que ſon ſecond-Fils, mouſquetaire, & vivant loin de ſes Parens, deviént amoureus d'une jeune-&-charmante-Anglaise, ſans-fortune, orfeline, n'ayant qu'une Tante peu-ſcrupuleuse, ou plutôt ſans-principes, & capable de vendre ſa Nièce. Le Jeune-Amant, qui a l'âme belle, deja-vivement-épris, eſt-touché d'un ſentiment inexprimable de tendre-compaſſion pour ſa Jeune-amante, & dans un accès de generosité, qui n'appartiént qu'aux Ames-honnêtes, il épouse, malgré les defenſes de ſon Père. Le mariage n'eût-pas-été-poſſible en-France, il paſſe à Douvres, & ſ'engaje. Le Père en-fureur, menace de ſa malediction ; il abandonne ſon Fils, pour le-forcer à-revenir à la maison-paternelle, & par-conſequent à-quitter l'Anglaise : mais ce Père honnête-homme ne connaît pas la marche des paſſions ; il les-a-auſſi-vives que ſon Fils ; mais ſon éducation les-a-contraintes, dans ſa jeuneſſe, & ſubordonnées à l'autorité paternelle ; il ne doute pas que cette autorité ſainte n'ait ſur ſon Fils la même influence qu'elle a-eue ſur lui-même. Il eſt-doublement-trompé : ſon Fils, abandonné, ne pouvant-plus-nourrir ſa Jeune-épouse, eſt-ſecouru par un vertueus-Ami.

Mais enfin cette reſſource ſ'épuiſe comme les autres, & Dulis-fils croit-devoir-venir ſe-jeter aux piéds de ſon Père : dans l'eſperance de le-toucher, il amène avec lui ſa Jeune-épouſe; & ſon Ami l'accompagne : Un de ſes Parens, ſon Camarade aux Mouſquetaires, & ſon Rival, le precède; un Lord, amoureus d'Henriette, & favoriſé par Macbell, la Tante de la Jeune-anglaise, ſuit ces deux Femmes, à la prière de Macbell, ſous-pretexte qu'Elle & ſa Nièce auront-beſoin de ſon ſecours, ſi elles ſont-rejetées par le Père de Dulis-fils, le mari de ſa Nièce.

C'eſt à-cet-inſtant que l'Action commence.

1.er *Acte.*

Dulis-fils arrive la nuit ; il eſt-reçu dans le château par les ordres de ſa Sœur deja au-lit, & à-l'inſu de ſon Père, à ce qu'il croit. Il eſt-agité le reſte de la nuit, & il ſort dès-le-matin, pour aler-voir ſa Sœur : mais tout eſt-tranquile encore chés elle, & il ne veut pas la-faire-éveiller: Il ſe-livre à ſa ſenſibilité naturelle, en-revoyant les lieux où il eſt-né..... Il appelle un Domeſtiq, & lui-donne ſes ordres. Sa Femme ſ'éveille ; elle eſt-inquiète en-ne-le-voyant-pas ; elle fait-prier l'Ami de ſon Mari d'aler-voir où il eſt-alé. m.ʳ De-Loſolis le joint, & ils ont-enſemble un entretién ſur la ſituation de Dulis-fils ; ſur les diſpositions de ſon Père ; ſur ſes Rivaus ; ſur ſa tendreſſe pour ſa Femme ; ſur l'amitié que Loſolis lui-a-marquée : enfin il eſt-resolu

que Dulis-fils reftera-conftamment-attaché à
fa Jeune-épouse, que Losolis va-retrouver.
Dulis refte feul un-moment, tire la Lettre, où
fon Père le-menace, & la-lit avec effroi. Bourguignon, valet commun aux trois-Moufque-
taires, Dulis, Losolis & Serj, arrive, &
nomme m.ʳ Dulis-père; ce qui redouble l'effroi
du Fils desobéiffant : Mais il apprend que
fon Père eft-parti, pour conduire differens
Ouvriers au travail Il fort alors, & va-fatif-
faire l'envie-naturelle que nous avons tous, de
vifiter, après une longue-abfence, les lieus
cheris où f'eft-paffée notre jeuneffe. Henriette
arrive fur la fcène avec Losolis, & demande fon
Mari : Elle apprend qu'il viént de-fortir :
Losolis devine les motifs de fon Ami, & les-
decouvre à la Jeune-épouse : Ils achèvent
enfemble l'exposition, en-continuant à-mon-
trer les fentimens des differens-Perfonnages
qui vont-agir : La Tante, qui a fes projets à-
part, laiffe-voir qu'elle a-intérêt de fe-cacher :
Enfin on rentre, parce qu'on entend-venir
Quelqu'un, & qu'on ne doit-pas-être-vus,
avant d'avoir-parlé à m.ᵐᵉ D'Angeliers, la
Sœur cherie de Dulis-fils, chés laquelle on eft.
Dulis-fils reparaît dans une forte d'enchante-
ment de ce qu'il viént de voir, en-visitant les
entours de la maison-paternelle, & des careffes d'un Chién qu'il a-élevé. Il entend-
venir une Femme : C'eft fa Sœur cherie.
Il fe-retire, pour ne pas lui-causer une émotion trop-vive : Enfin, la-voyant avec fon
Mari, auquel elle parle de fon Frère, il

fe-presente. L'entrevue eſt-tendre & pathe-tique. Dulis-fils exprime ſes ſentimens pour ſa Femme ; il preſſe ſa Sœur de la-voir : mais l'arrivée de m.ᵐᵉ Dulis-mère, ſuſpend cette entrevue. La Mèredefamille eſt ſaluée par ſa Fille & par ſon Gendre ; elle diſtribue les occupations à ſes Servantes (c'eſt une matinée bién-differente de celle de nos Dames à-la-mode !) M.ᵐᵉ D'Angeliers ſupplie ſa Mère au-ſujet de Dulis-fils ; celle-ci montre de la tendreſſe, mais de la fermeté : Elle reçoit les hommages de ſa Famille, elle parle de ſon Mari en-Femme digne du temps pa-triacal : Enfin, elle voit ſon Fils rebelle, & lui-parle avec un mêlange de tendreſſe & de dignité : elle lui-declare, qu'elle ne ſau-rait-être d'un avis different du Pèredefamille, auquel elle eſt elle-même ſoumise. Dulis-fils défend la cause de l'amour, de l'attachement du Mari pour ſon Epouse ; il declare qu'Hen-riette eſt dans une ſituation où il ne peut-l'abandonner, ſans-commettre la plus-odieuse lâcheté, le plus-grand des crimes. M.ᵐᵉ Dulis touchée, mais n'osant le-montrer, quitte ſon Fils, en-disant à ſes autres Enfans, qu'elle ſe-charge de prevenir leur Père, ſur l'arrivée de leur coupable Frére. Elle ſe-plaint, & montre une ſenſibilité ſans-faibleſſe.

<hr>

Second Acte.

<hr>

Serj ſurprend Jemmy, valet de Mylord ; qui ſe-cache & l'amène ſur la ſcène : Il le-charge d'un defi à Mylord, & le-renvoie :

Il concerte enfuite fes deffeins avec Bourguignon, & montre fon âme à-nu. Il fort,
fans-attendre Dulis-père, pour arriver avec
fracas pendant le dîner. Un tableau frappant
qu'on voit enfuite, eft le dîner-de-famille,
chés un vertueus Gentilhomme-de-campagne,
tel qu'il en-exifte encore dans la Puifaie,
petit-pays entre la Bourgogne, le Berri & le
Nivernois, & fefant-partie de ces trois-pro-
vinces. Il y-a deux-tables dans le même-fal-
lon : celle de la Famille, & celle des Domeftiqs, mais elles font-prefque-contiguës ; &
feulement-feparées pour qu'on puiffe *les-tour-
ner* (1). Le Péredefamille adreffe la parole
à fes Travailleurs, d'un-ton-de-bonté-franche :
Il f'informe, fi Ceux qui dînent aux champs
font-fervis. Il fe-felicite enfuite de voir toute
la Famille reünie. Il parle à fes Enfans, f'informe, à fes Filles-mariées, de fes Gendres abfens pour affaires. Il voit des traces de larmes fur le visage de m.^me D'Angeliers, la
Sœur-cherie du Fils-rebèle ; il obferve qu'elle
ne mange pas. Il f'informe à fon Epouse,
à fon Gendre. Mme Dulis repond, en-montrant la place toujours-vide, & le couvert
toujours-mis du Fils abfent (le Rebèle :)
»Elle eft-trifte, mon Ami». Dulis-père comprend cette reponfe ; il fe-plaint de fon Fils
en-un-feul-mot : puis il adreffe la parole à
fon Fils-aîné, pour f'informer de fes Bucherons : L'Aîné ainfi que le Cadet rendent-

____

(1) Je fais ce verbe neutre, actif, comme *les Marins*;
fans-quoi il eft-ridicule de dire *tourner une table.*

compte de ce qui fe-paſſe à leur Père. M.me Dulis-mère, & m.me D'Angeliers ramènent la
converſation ſur Dulis-fils. Le Père menace: il paſſe-en-revue les deportemens de ſon
Fils, les ſuites qu'ils doivent-avoir, & les avis
qu'il lui-a-donnés. M.me D'Angeliers inter-
cède pour lui. Son Père lui repond laconique-
ment, puis ſ'adreſſe à ſes Garſons-de-charrue,
à ſes Vignerons, &c.a, qui ſont à la ſeconde table : Chaqu'un repond modeſtement & bon-
nement au Pèredefamille ; en-lui-rendant-
compte en-deux-mots de ſes occupations. Un
Etrangér frappe à la porte du château : La
Fille dont le tour eſt de ſervir, court ouvrir:
Un Fils-de-la-maison la ſuit : ces mœurs ſont
celles du payſ, où un Domeſtiq haraſſé ne ſe-
lève-pas-de-table, mais un Fils de la maison,
dont les travaux ſont-moins-rudes : Le Fils
annonce l'arrivée d'un Cousin, mouſquetaire
comme Dulis-fils, qui viént de Paris. Le
Pèredefamille le-reçoit avec plaisir, l'invite
à-ſe-mettre-à-table, & lui voyant-prendre la
place de Dulis-fils abſent, il l'en-empêche,
ſous-pretexte de lui-en-donner une plus-honorable. Serj complimente le Pèredefamille
ſur ſes Enfans, ſur leur reünion, ſur ſa fami-
liarité avec ſes Domeſtiqs qui mangent dans
le même ſallon. Dulis-père repond avec nobleſſe, Qu'il a des Aides, & non des Valets...
Il ſ'informe de ſon Fils abſent ; & comme
Serj eſquive deux-fois la queſtion, Dulis-
père y-reviént. Serj calomnie ſi-adroite-
ment Dulis-fils, que tout ce qu'il dit eſt-vrai

au-fond, fur-tout vraifemblable, & que ce-pendant, par les fentimens de ce Jeune-homme vraiment-vertueus, même après fa des-obéiffance, rién n'eft-plus-faus. Dulis-père f'enflâme : c'eft ce que demandait Serj, amoureus d'Henriette, & qui aurait-voulu que Dulis-père forçât fon Fils à-l'abandonner. Auffi eft-il trèsreservé dans le mal qu'il dit de la Jeune-anglaise : Il fe-contente de faire-obferver que le mariage eft-nul :   Il fait une peinture outrée, mais vraie quant au-fond, des mœurs que la Jeuneffe prend à la Capi-tale, & il ajoute :   Votre Fils n'eft-pas-ainfi,... pour effrayer le Vieillard, & lui-faire-rappeler & garder fon Fils dans fa gentilhommerie : Dulis-père, aulieu d'être-effrayé du tableau, n'éprouve que la plus-vive-indignation ; en-fuite, il en-eft-fatigué ; il ne peut-le-croire : Serj continue, & le Pèredefamille renvoie fes Domeftiqs, gens bons & fimples, depeur que cet entretién ne leur foit-nuisible.   Il fe-fait-affurer, par Serj, ce que ce Dernier a-dit-d'abord, & l'Honnête-vieillard en-gemit ; mais en-vouant-au-malheur, Celui ou Celle de fes Enfans, qui penfera comme la Jeuneffe de la Capitale, qui fera indifferent pour la Pa-trie, aimera les Anglais, &c.ᵃ M.ᵐᵉ Dulis prend adroitement le parti de fon Fils.   On annonce Quelqu'un. Dulis-père, fans-le-connaître, dit ; »Qu'il foit-le-bién-venu». Ce mot paraît d'un bon-augure à m.ᵐᵉ D'An-geliers ; car elle fait que c'eft fon infortuné-Frère. Les Domeftiqs qui l'annoncent, fans-le nommer, paraiffent-joyeus. M.ᵐᵉ D'An-

geliers parle pour ſon Frère. Dulis‑père
exige l'obéiſſance à ſes volontés : mais il eſt‑
touché de la tendreſſe que ſa Fille montre
pour un Frère malheureus & coupable, qu'il
lui‑a‑donné pour patron, dès ſa jeuneſſe (*). Il
permet à‑demi qu'elle amene Dulis‑fils à ſes
genous :   Elle va pour le‑chercher : mais Du‑
lis‑fils, temoin‑ſecret de l'entretién, & que la
ſeverité de ſon Père a‑effrayé , eſt‑deja‑parti.
C'eſt alors que Serj ſe‑trouvant ſeul avec
Dulis‑père , montre plus‑clairement ſes vues,
quoiqu'elles ſoient un miſtère pour le Vieil‑
lard.   Mme Dulis fait des objections au Traî‑
tre , qui eſt‑embarraſſé.   Dulis‑père au con‑
traire, parle avec force contre la Nation‑An‑
glaiſe , & montre la haîne & la prévention‑
nationale dans toute leur force.   Serj , pour
repondre à m.^{me} Dulis , annonce l'enléve‑
ment d'Henriette, projeté par un Lord , quoi‑
qu'il ſe‑propoſe bién de le‑faire‑échouer.
Dulis‑père peu‑content de l'entretién avec
Serj, ſe‑preſſe de le‑quitter ; m.^{me} Dulis en‑
fait autant.   Le ſallon reſté‑vide. Dulis‑fils,
ramené par m.^{me} D'Angeliers, & laiſſé‑ſeul à la
porte au commencement de la ſcène prece‑
dente, ſ'avance ſur le theatre, en‑appelant ſa
Sœur.   Il eſt‑revolté de la trahiſon de Serj : Il
ſe‑plaint de n'oſer‑entrer dans la maiſon‑pater‑
nelle , que lorſqu'il n'y‑a Perſonne.   Il aper‑
çoit le portrait de ſon Pére , & ſe‑proſterne.
Sa Sœur arrive avec Losolis, l'ami vertueus
de ſon Frère.   Ils le‑cherchent, l'aperçoi‑
vent , & l'abordent, à‑l'inſtant où il ſ'écrie ,

____

(*) Ceci n'eſt‑exprimé que dans la *Seconde Variante.*

»Que je fuis-malheureus»! Son Ami le-con-
fole; mais m.^{me} D'Angeliers defefpère d'amener fon Père à-confentir au mariage avec l'Anglaife : Losolis promet de participer à tous
les malheurs de fon Ami : fon zèle confole
Dulis-fils. On entend Dulis-père, qui ne
pouvant-tenir-en-place, reviént à la maison :
Mme D'Angeliers applaudit au projet de
Losolis, qui fe-propose de lui-parler & de
tâcher de le-flechir. Elle le-presente à fon
Père, qui l'accueille. Losolis entre en-ma-
tière, & detaille les raisons de fon Ami :
Dulis-père lui-repond victorieusement. L'A-
mi du Fils combat la *haîne* & la *prévention-
nationale* ; il cite la manière-de-penser de
toute l'Europe à notre fujet, & celle des
Français à-l'égard des autres Nations, auf-
quelles nous rendons-juftice. Dulis-père en-
chanté, benit les Français : Il renvoie fa
Fille. Seul avec Losolis, il lui-expose fes
motifs de haîne contre les Anglais, & tâche
de les-juftifier. Losolis lui-repond, qu'il
fera une Française de fa Bru, aulieu qu'en-
abandonnant fon Fils, il en-fera un Anglais.
Dulis-père repond qu'il a-voulu-prevenir ce
malheur ; il montre les Lettres qu'il a-écri-
tes à fon Fils, & les reponfes de ce Dernier. Il lui-dit enfuite, qu'il a un double-
droit à-l'obéiffance de fes Enfans, comme
Père, & comme Fils aveuglement-foumis dans
les mêmes-circonftances, au pouvoir-pater-
nel : Il raconte comment il f'eft-marié : Ce
tableau eft-frappant !...... Losolis, dont la

raison eſt-droite, ne peut-ſ'empêcher de dire au Père, qu'il a-raison : mais il ſupplie ; il oppose à de puiſſans motifs d'obéiſſance, des motifs auſſi-puiſſans d'attachement à une Jeune-épouſe enceinte : & Dulis-père auſſi-juſte que l'Ami de ſon Fils, approuve Losolis, qui declare qu'il ne peut en-conſcience, donner à Dulis-fils le conſeil d'abandonner ſa Femme. M.me D'Angeliers reviént, & paraît-ſurprise de voir ſon Mari de-retour ; elle tâche de ſe-conder l'Ami de ſon Fils : Le Père demeure ferme, & fort. M.me D'Angeliers, arrivée avec ſa Mère, parle à Celle-ci pour Dulis-fils : Ce Dernier, qui a-tout-entendu, paraît, & l'avoue à ſa Mère ; qui lui repond, que la co-lère de ſon Père eſt-juſte ; qu'elle le ſuppliera neanmoins, quoiqu'en-l'approuvant. Elle ſe-retire : M.me D'Angeliers envoie ſon Frère & Losolis auprès d'Henriette, & ſuit ſa Mère, pour la ſeconder auprès d'un Père juſte-ment irrité.

Troisième Acte.

Betty, femme-de-chambre d'Henriette, & Jemmy, valet de Mylord, ouvrent la ſcène : Betty, le-reconnaît, à-l'inſtant où il viént-épier ce qui ſe-paſſe au Château. Il veut-la-ſeduire ; elle feint de ſe-laiſſer-gâgner, mais de-façon, que le frippon de Jemmy eſt-obligé de lui-donner l'argent, que Mylord a-deſtiné pour le prix de la fidelité de cette Fille. Macbell, la tante d'Henriette, qui eſt-en-intrigue avec Mylord, pour lui-faire-

enlever fa Nièce, entend Jemmy, & viént-
favoir ce qu'il veut. Elle rénvoie Betty,
& Mylord paraît : Leur entretién fait-mar-
cher l'action, en-ce qu'il decouvre leurs
deffeins, & qu'il prepare un grand-évène-
ment pour la fin de l'Acte. On entrevoit les
difpositions de Mylord, par quelques *à-parts.*
Betty, qui épie Macbell, avertit Henriette
de fon entretién avec Mylord : La jeune-
Epouse de Dulis-fils, ayant-vu de fa chambre, m.ᵣ & m.ᵐᵉ D'Angeliers, &c.ᵃ, venir par la galerie, elle accourt le-dire à
fa Tante, autant pour interrompre un entretién qui lui déplaît, que pour empêcher
Mylord d'être-vu de fon Mari, dont elle
ne veut-pas-troubler le repos. Dulis-fils arrive, avec fa Sœur, fon Beaufrère, & fon
Ami. Il presente Henriette, qui charme
m.ᵐᵉ D'Angeliers. Les deux Bellesfœurs fe-
font des careffes : Macbell en-montre de l'humeur ; Henriette demande à-voir fon Beaupère : on élude, pour avoir le temps de le-
flechir. Henriette f'en-aperçoit, & dit modeftement, qu'elle eft-difposée à-tout-fouffrir
de fa part fans-murmure. On viént-chercher
m.ᵐᵉ D'Angeliers, de la part de fon Père.
Dulis-fils, refté avec fa Femme, fon Ami &
Macbell, eft dans une grande inquiétude !
Il propose d'abord à fa Femme de l'accompagner jufqu'à la porte du cabinet de fon Père,
pour fe presenter enfemble à-propos. Macbell, dont cette conduite derange les projets,
la desapprouve, & Dulis-fils fe-range de fon
avis, malgréfa Femme & fon Ami. Dès-qu'il

eft-forti avec Losolis, & qu'Henriette eft-rentrée, Mylord paraît. Macbell lui-demande fi tout eft-prêt, achève fes conventions, & difpose tout pour l'enlèvement. Mylord dit un mot, au fujet d'un Français qu'il a chés lui, auquel il a-fauvé la vie, après un combat; le Bleffé a-perdu la mémoire, deforte-qu'il n'a-pu le-rendre. Macbell éloigne Serj, pour un-inftant, fous-pretexte de l'envoyer-demander un entretién à Dulis-père. Elle appelle auffitôt Henriette d'une voix effrayante; lui-dit que fon Beaupère veut-tuer fon Fils, & elle-même, que fix-Hommes le-contiénnent à-peine; enfin, que fon Mari lui-ordonne-de-fuir : Henriette hesite-encore : Mylord la-fait-prendre par fon Valet, qui l'emporte, fans-lui-laiffer-entendre ce que lui-dit Betty. Henriette f'écrie: Betty veut-tâcher de la-faire fecourir, même par Serj, qui arrive, fuivi de Dulis-père; ce Dernier, inftruit de tout, retiént le Traître, dupe de fa perfidie. Enfin, Serj court après Henriette. Losolis paraît ; il apprend l'enlèvement de la Femme de fon Ami : Il fe-precipite hors du fallon. Le Vieillard donne à-entendre, en-parlant à fon Gendre D'Angeliers, qu'il eft-inftruit de ce qui fe-paffe par Mylord. Il admire, comment la Providence elle-même fe-charge de defendre les droits facrés des Pères.

Quatrième Acte.

Dulis-fils, laiffé feul par fon Ami, par fa Sœur, après l'enlèvement de fa Femme (qu'il

ignore), viént les-chercher. Il appelle, &
Perſonne ne lui-repond : Il regarde les portraits de ſon Père & de ſon Ayeul ... Il refle-
chit : mais il eſt-tiré de ſa rêverie par un cri :
Au-ſecours! au-ſecours! Il y-vole. Mme
D'Angeliers, ſa Sœur, arrive ſur la ſcène, à-
l'inſtant, où l'on entend-tirer un coup-de-piſto-
let. Elle pouſſe un cri-de-frayeur, & appelle
ſa Suivante, qui accourt auſſitôt, lui-raconter
ce qu'elle ſait : mais c'eſt trop-peu pour inſtruire
m.^{me} D'Angeliers, qui cependant ſoupçonne
que c'eſt Henriette qu'on enlève. Losolis
viént-changer ſes doutes en-certitude : Il te-
moigne ſon étonnement d'un enlèvement fait
dans un château ſûr, au-milieu de toute une
Famille nombreuse. Dulis-fils reviént-bleſſé :
Il n'a-pu ni ſecourir, ni reconnaître ſa Femme :
La venue de ſon Père l'oblige à-ſe-retirer. Dulis-père en-entrant, deplore les troubles que
la desobéiſſance de ſon Fils apporte dans ſa
maison. Il plaint ſa Fille D'Angeliers de ſa
tendreſſe pour le Rebèle ; mais il approuve les
ſentimens genereus de cette bonne Sœur : &
comme il ignore encore les vraies diſpoſitions
d'Henriette, il ſuppose qu'elle abandonnera
facilement ſon Fils ; il ne croit pas qu'une
Etrangére puiſſe-avoir les vertus d'une Nationale. Dans la resolution où il eſt, d'user
de toute ſon autorité, pour faire-rentrer dans
l'obéiſſance, un Fils rebèle, il veut-donner
une forme legale à ſa condamnation, ſ'il per-
ſiſte. Il aſſemble ſa Famille, pour en-prendre
l'avis. Il expose l'affaire avec nobleſſe &
clarté. Son Epouse repond la première, &

montre une Femme comme il en-eſt-peu ailleurs que dans le pays de la ſcène : Son diſcours a une grandeur, une beauté pathetique, qui prouvent bién, que la ſoumiſſion de la Femme envers ſon Mari, ne l'avilit pas, mais au-contraire l'élève audeſſus de toute la Nature : Auſſi ſon Mari ſ'écrie-t-il : »Si un Père eſt »l'image de la divine-Puiſſance, une Mère eſt »celle de la divine-Bonté». Elle donne en-ſuite ſon avis, en-Mère ferme & tendre, auſſi digne mère que digne épouſe. Le Fils-aîné, qui ſ'aperçoit, que ſon Père ne veut que des diſpoſitions-de-ſoumiſſion de la part du Re-bèle, parle dans ces principes, perſuadé qu'il eſt-entendu, ou que m.me D'Angeliers repè-tera ce qu'il aura-dit, & ſuggerera une con-duite convenable à ſon Frère cheri. Le Fils-cadet ſ'exprime en-Jeune-homme, mais avec autant de nobleſſe que de force : Toute cette Famille paraît dans d'excellens-principes de ſubordination *familiaire*. Le tour des Filles, arrivé (auqu'une occaſion de marquer la ſub-ordination du ſecond-ſexe n'eſt-manquée), Celles qui ſont femmes, ſ'excuſent de par-ler, ſur l'abſence de leur Mari, & le Père approuve cette reserve ; Celle qui eſt en-core fille, ſe-range modeſtement de l'avis de ſon Frère-aîné. Mais m.me D'Angeliers eſt dans le cas de parler ; elle eſt femme, mère, ſon Mari present penſe comme elle, & elle eſt la *Cliante* particulière du Coupable. Auſſi parle-t-elle d'une manière digne & de ſon amitié pour ſon Frère, & de la Famille dont elle ſort : Il eſt-impoſſible de rién-dire de plus-touchant, de plus-fort, en-même-temps de plus-respectueus, de plus-tendre envers un Père : Rién n'arrête cette bonne-Sœur ; timide à-l'excès pour elle-même, elle est un lion-de-courage pour defendre son Frère ; elle croit defendre en-lui son Père lui-même. Aussi le Vieillard est-il-ému. Mais enfin, il l'oblige à-dire son avis. C'est la peroraison ; elle est-digne du discours. En-ce-moment l'arrivée de m.ʳ D'Angeliers, le Gendre, opère une diversion ; il viént-annoncer la triste-situation où se-trouve Dulis-fils, & tâcher-d'obtenir qu'on l'admette. M.ᵐᵉ D'Angeliers va-le-chercher. Il arrive. Cette scène est d'un naturel frappant ; on voit qu'elle est-puisée dans le vrai.... Le Père tourne le dos à la porte-d'entrée. Le Fils s'avance & se-prosterne : Le Père devine sa presence à la consternation de sa Famille : Le Fils parle, toute la Famille le-seconde. Les interrogations du Père sont-sevères, & demandent une reponse claire, decisive. Le Fils, vrai, comme son Père, ne tergiverse pas ; il s'expose à-tout, en-montrant son attachement pour la Jeune-anglaise sa femme. Le Père foudroie, le Fils sent qu'il ne peut-flechir, sans-risquer d'abandonner une Jeune-épouse enceinte ; il reste-ferme. Son Père en-fureur, qui aurait-voulu-être-deviné, ou qui croit-l'être, lance la malediction-paternelle, en-invoquant son Père. C'est un sublime d'horreur. Toute la Famille demande-grâce inutilement, , puisque le Rebèle peut-l'obtenir, en-s'abandonnant à la bonté de son Père.   Dulis-fils veut-se-tuer; son Ami le-sauve de sa propre-fureur, & l'en-mène.   Dulis-père, accablé de l'effort qu'il viént-de-faire sur lui-même, & de l'ingrati-tude, du peu de deference, de confiance de son Fils, dit qu'il est-frappé-au-cœur. Sa Famille l'environne, & le-conduit à son ap-partement.   M.me D'Angeliers fait des vœux pour son Père & pour son Frère; mais elle suit le Premier.

Cinquième Acte.

Il commence par montrer le trouble où est toute la maison ; les Domestiqs même n'ont-pas-mangé le soir.   Dulis-fils, qui s'est-trou-vé-mal, reviént-à-lui, mais troublé.   Il appelle sa Femme, & viént pour la-chercher.   Losolis le-suit.   Dulis-fils lui-raconte sa malediction comme un rêve.   Son Ami tâche de lui-rap-peler peu-à-peu où il est.   Dulis-fils lui-repond stupidement.   Losolis, qui le-voit-con-centré, craint le retour de sa memoire.   Elle reviént enfin, & le desespoir avec elle.   Il veut-se-tuer, & Losolis ne le sauve. que parce-que l'Infortuné retombe en-faiblesse. On apporte une Lettre cruelle de mistress Macbell, laissée à Serj, qui la-fait-remet-tre à Dulis-fils : Losolis la-reçoit, son Ami reviént, & il la-lui-donne.   Dulis jette un cri : Losolis lui-prend la Lettre, & la lit avec horreur....   Il se-prête aux transports de son Ami, qu'il sait trop-faible pour en-suivre les effets.....   En-effet, Dulis-fils re-

tombe-épuisé , à-l'inftant où il veut-courir
après les Raviffeurs de fa Femme.   Un Courier, ou plutôt un Domeftiq de Mylord arrive,
avec une Lettre de Charles-Dulis , cru-mort,
& confervé par l'Anglais Taaff lui-même :
Une Servante accourt pour annoncer à Dulis-
fils cette heureuse-nouvelle, qu'il n'eft-pas-en-
état d'entendre.   Son Père viént pour le mê-
me-motif :   Le deffein de pardonner à fon Fils,
moins-coupable à fes ïeus, depuis que le Vieillard eft-forcé d'eftimer les Anglais , & qu'il ne
faurait-plus-douter des bonnes-mœurs d'Henriette , ramène ce Père ferme des portes du
tombeau ; il reprend une nouvelle-vie , par la
joie de recouvrer deux-Fils en-un-jour. Sa Fille
D'Angeliers accourt à fa voix.   Elle eft-ravie
des nouvelles-difpofitions de fon Père.   Dulis-
fils, qui eft-refté-feul à-l'écart évanoui , tandis
que fon Ami a-été-chercher du fecours, reviént à-lui-même :   Il entend fon pardon.
Son Ami reparaît en-ce-moment.   Il apprend
le pardon avec un tranfport-de-joie.   Dulis-
père ajoute, qu'il fait où trouver Henriette.
Son Fils fe-profterne à fes piéds.   Le Père-
de-famille donne fes ordres, pour faire-venir
la Jeune-anglaise ; & cependant, il lit une
Lettre de fon Fils cru-tué en-Hanovre :   Il
eft-vivant ; mais fa bleffure lui avait-attaqué
la memoire :   Le Mylord qui enlevait Henriette , & qui avait-promis de la ramener,
f'il f'apercevait qu'elle fût-réellement-atta-
chée à Dulis-fils, a-confervé le Volontaire-
français : c'eft de chés lui qu'écrit Charles-

Dulis ; il nomme l'Anglais Taaff, & Dulis-fils, mari d'Henriette, ainsi que Losolis, s'écrient, »C'est Mylord »! Henriette paraît alors, avec Mylord Taaff, Serj, Macbell, Betty, le fidéle-Bourguignon, Jemmy, & ensuite Tom. La Jeune-anglaise courait à son Mari ; mais elle voit le Père, & elle tombe à ses genous : Il la-reconnaît pour sa Bru, & la-donne à son Fils. Mylord expose ensuite sa conduite, & couvre de confusion le traître & lâche Serj, ainsi que la peu-honnête Macbell. Serj se-fâche. Losolis, de-l'aveu tacite de tout le-monde, lui-fait-raison, & le-desarme : On chasse le Traître. On s'adresse à Macbell, qui refuse de rester en-France ; Mylord dit qu'elle fait-bién ; qu'elle deshonorerait sa Nation chés ses Voisins : il doit-la-renmener. Betty annonce alors à tout-le-monde, que le procès d'Henriette, pour lequel elle était-venue à Paris avec sa Tante, n'est-pas-perdu, mais gâgné : à cette occasion, on decouvre que la Jeune-anglaise est proche-parente, par son Ayeule, de m.^{me} Dulis-mère ; toutes-deux sont de la maison de la Curne-de-Saintepallaie. *L'Action dramatique* finit par l'entière abjuration de la prévention & de la haîne-nationale, dans les Personnages vertueus, Dulis-père & Mylord : car Macbell garde sa prévention & ses vices.

Tel est le precis fidèle de cette *Action* interessante, qui n'est pas plûs une *tragedie*, qu'une *comedie*, ou qu'un *drame*, dans l'acception moderne de ce mot ; mais une *Action-dramatique*, dont les faits principaus sont

ſont-vrais en-general, comme Perſonne ne peut-en-douter, & même en-particuliér, ainſi qu'on doit-le-voir par les *Faits* qui lui ſervent de base, raſſemblées dans la *Seconde Partie*, ſous les renvois [A], [B], [C], [D].

En terminant cette *Analise*, nous alons-nous-permettre quelques-reflexions ſur l'unité-de-lieu, & par-occaſion, ſur les Drames de l'Anglais *Shakeſpear*.

Il eſt-certain que l'unité-de-lieu eſt une perfection, ou plutôt une convenance : mais cette convenance, qui paraît eſſencielle aux Eſprits bornés & ſimetriqs, force quelquefois au ſacrifice d'une foule de beautés ; elle reſſerre & rend meſquins des tableaux frappans & ſublimes : Qu'on ôte à *Shakeſpear* ſa liberté *vaguante*, on lui-enlève en-même-temps ſes ſurprises, ſa varieté, ſes grands-traits, & ſurtout les à-propos de ſituation ; ces tableaux vrais & preſens, tels qu'ils doivent-toujours-être ſur la ſcène, & qui chés nous ſont-trop-remplacés par de froids-recits. L'Action que nous preſentons aujourd'hui au Publiq eſt une preuve-parlante de la gêne & de l'embarras que donne, ſouvent mal-à-propos, l'unité-de-temps-&-de-lieu : Dans la *première-Variante*, l'Auteur ne ſ'était-pas-aſtreint rigoureuſement à celle de-lieu ; il ſ'eſt-exprès-écarté de l'unité-de-temps&-de-lieu dans la *ſeconde*, qui eſt entièrement à la manière de *Shakeſpear* ; & l'on conviéndra que les évènemens ſont-beaucoup-plus-naturelle-ment-amenés, cauſés, executés dans la ma-

I Partie.   J

nière du Dramatiste-anglais , & même dans la *première-Variante* , toute-imparfaite que l'a-jugée l'Auteur. Dans cette *première-Varian-te* , Henriette est naturellement dans une auberge ; Dulis-fils paraît naturellement, & d'une manière pathetique à la porte du château de son Père, tenant le heurtoir, & n'osant-frapper ; Dulis-père ignore naturellement l'arrivée de son Fils & de la Jeune-anglaise ; Mylord & son Valet sont naturellement à l'auberge ; ils y-sont-vus-naturellement par Betty ; Henriette y-est-naturellement-enlevée , étant-sans-secours, pendant que son Mari est au château avec m.ᵗ De-Losolis, &c.ᵃ

Mais on a-fait à l'Auteur une infinité d'objections , sur le changement de lieu, quoique la proximité du château & de l'auberge semblât le legitimer, & il s'est-conformé à la règle qui le-prescrit : Alors quelques-efforts qu'il ait-faits, & quoiqu'il ait-travaillé avec infatigabilité sa *troisième-Composition* , qu'on viént de lire, & qui est celle destinée à la representation , il a-rencontré des difficultés presqu'insurmontables : Dulis-fils arrivant, a-perdu de son pathetiq en-perdant de son naturel-de-situation : le séjour d'Henriette au château, & chés m.ᵐᵉ D'Angeliers , a-eu-besoin de petits-ressorts : Il a-falu-arriver la nuit, tandis que Madelène repose ; être-reçu par des Domestiqs ; que Dulis-père fût-informé , & de l'arrivée, & des desseins de Mylord ; qu'il perdît de sa rigidité , en-souffrant le séjour de son Fils & de l'Anglaise dans son château (à-la-verité

chés fon Gendre), à tel point, qu'il aurait-
été-impoſſible de donner à la *troisième-Composition* le denoûment terrible de la *première.* Ce denoûment, conforme à-la-verité,
hiſtorique, on a-encore-forcé l'Auteur de le-
changer ; il aurait- (disait - on) revolté les
Spectateurs français.

Voila ce qu'a-produit & dû-neceſſairement-
produire dans la *Prevention-nationale* l'unité-
de-lieu. D'où il eſt-aisé de conclure, que
l'Auteur a-fait-mal de ſ'y-aſtreindre, & que
Shakeſpear, ſon modèle, ſ'il a-eu-intention
d'en-avoir un (ce que nous ne croyons pas),
aurait-fait la plus-grande-faute-poſſible, ſ'il
ſe-fût-reſſerré dans les mémes limites que notre
Corneille & notre *Racine.* Il n'aurait-plus-
été lui-même ; il aurait-été un de nos Drama-
tiſtes, & dèſlors il leur-aurait-été-auſſi-infe-
rieur, qu'il les-ſurpaſſe en-beautés mâles, &
quelquefois giganteſques, mais convenables
pour ſon Pays & ſa Nation.

La perfection n'eſt point *une*, comme on
le-pretend dans nos petits-Cercles parisiéns ;
elle eſt *relative* ; la perfection dramatique de
l'*Hôtel-de-Rambouillet* ſerait-huée-juſtement
à Londres, tandis qu'on la-careſſerait dans les
Petites-Affiches & dans le *Mercure.* C'eſt
donc une folie de faire une comparaison des
Drames produits par les Auteurs de chaque
Nation : *Shakeſpear* eſt-ſublime, intereſ-
ſant : qui osera-donner le dementi à la Nation qu'il ravit ? *Corneille* a des beautés
ſans-nombre & ſublimes ; un Anglais qui di-

J 2

rait le contraire, marquerait peu de jugement : *Racine* eſt le deſeſpoir de tout bon Ecrivain ; ſes vers ſont des chéfsd'œuvres d'élegance, ſes ſentimens de delicateſſe ; il a-ſouvent de la force ; plus-ſouvent du touchant ; toujours de l'agreable ; il plaît, il ſe-fait-admirer...... Que lui-demandez-vous, Anglais ? Qu'il ſoit *Shakeſpear* ? Il ne ſerait-pas *Racine*, & l'Univers y-perdrait l'exiſtance du meilleur Verſificateur depuis *Virgile*.

De toutes les *préventions-nationales*, celle pour ou contre les Auteurs étrangers, eſt la plus-folle : c'eſt-preciſement le cas de l'appli-quation du proverbe des *Aveugles, qui veu-lent-juger des couleurs.* Un Homme ſage, ſ'en-rapporte-toujours à la Nation qui eſtime ſes Auteurs, parce-qu'elle-eſt ſeule juge com-petente : Vous dites que vous ſavez l'an-glais ? Oui, comme un Aveugle qui entend-parler une Jolie-femme, juge de ſa beauté ; il comprend tout ce qu'elle dit ; mais ſes grâces, mais la bouche mignone qui ſ'exprime, mais ces béaus-ïeus qui animent ſon diſcours, mais les nuances delicates de ſa fiſionomie, tout lui-échappe. La comparaiſon eſt-cependant-im-parfaite. Un Etranger ne ſent que la charpente des idées : Ces rapports delicats, qui nous-charment dans Racine, dans Voltaire, quel-quefois dans Dorat, qui charmaient les Ro-mains dans Horace, dans Catulle, dans Ti-bulle ; les Greqs, dans Anacreon, dans Safo ; ces élans qui nous-frappent dans J.-B.-Rouſ-ſeau, qui enchantèrent les Greqs dans Pindare, tout-cela eft-à-peine-*obtusement*-fenti par l'Etranger: c'eft un Homme bién-ganté, qui veut-juger par le tact, du moëlleus, de la fineffe, avec autant de fagacité, qu'Un-autre dont les mains font-nues, & le toucher deli-cat; c'eft un groffier Paysan des environs-de-Paris, accoutumé au verjus de Vitrj ou de Su-rêne, qui pretend-juger un vin-fin de Bourgo-gne ou de Champagne, auffi-bién qu'un de ces Gourmets, qu'on nomme Commiffionnaires-de-vins, qui ont-paffé leur vie à les-étudier.

C'eft parce-que nous regretions les beautés perdues, par la gêne française & la regularité grèque, que nous avons-engajé l'Auteur à traiter fon fujet avec toute la liberté *fhakef-peariénne;* voulant-voir quel-parti un Homme de fon efpèce tirerait de cette liberté : & voici nos motifs : Nous croyons que la gêne française, ou la regularité grèque, n'eft-au-fond qu'une puerilité, puifque fi elle était dans la nature, comme on le pretend, il fau-drait y-aftreindre tout Poème-épiq & tout Roman, dont un Lecteur ordinaire pourrait-voir le commencement & la fin en-un-jour, en-lisant fans-interruption & fans-precipita-tion: car pourquoi, fi je ne puis-voir-naturelle-ment à la fcène les Perfonnages dans des lieus-differens, & des temps-fucceffifs, les-verrai-je-ainfi-naturellement, en-lisant dans mon ca-binet? :: Oh-mais, à la fcène, c'eft l'action même; c'eft un tableau vivant! :: Si vous voulez-aftreindre la fcène à l'unité-d'action-&-de-lieu de la peinture, ne l'étendez-donc-pas

J 3

audela du temps de la representation ! une heure de plûs , le changement-de-decoration le plus-leger , vous mettent auſſi-loin de la peinture , que ſi vous aliez à Conſtantinople. Que diriez-vous d'un Peintre , qui dans un tableau ſortirait des proportions de ſon art , pour vous-representer-ſimultanement dans le même-tableau , une action paſſée un quart-d'heure après , & à vingt-toiſes de la première ? Ne ſerait-il-pas-auſſi-coupable, que ſi les deux-faits étaient-à-vingt-ans , & la diſtance à-cent-lieues ? Il n'y-a-pas-de-comparaiſon : & l'axiome d'Horace , *Ut pictura poesis* , n'eſt-pas-toujours-vrai.... L'Auteur a-bién-voulu ſe-prêter à nos idées ; il ſ'en-eſt-penetré ; nous l'avons-vu à la manière dont il nous-en-a-detaillé les avantages ; quoiqu'il aſſurât en-même-temps , qu'il prefererait de donner pendant deux-heures une action de deux-heures , & qu'il avait-penſé à-reſſerrer ſon *Action* dans ce court-eſpace : Il a-ajouté , qu'aumoins , il ſ'était-aſtreint , pour choquer moins la vraiſemblance , à-la-faire-commencer le matin , les Spectateurs devant ſe-prêter-naturellement à commencer à la ſcène la journée dramatique , & à-la-terminer environ à-l'heure où l'on ſort du ſpectacle. Ainſi l'on voit qu'il eſt-naturellement dans les principes de la regularité ; qu'il ne ſ'en-était-écarté dans ſa *première-Composition* , qu'à-l'exemple de Thomas-Corneille , dans le *Comte-D'Eſſex* , de m.ʳ De-Voltaire , dans *l'Ecoſſaiſe* , & de plusieurs-Autres. Mais, en-parlant de la manière de *Shakespear*, pour lequel il a la plus-haute-veneration, il nous-a-paru-persuadé, qu'il ne regardait-point ses irregularités comme des defauts ; qu'il pense qu'elles ne font-irregularités que pour nous ; que ses disparates (qu'il ne confond-point avec ses irregularités), ne le-font-de-même que pour nous ; que les scènes du Peuple & des Personages les plus-bas, font de vraies-beautés, pour un Anglais, qui veut-voir toutes les classes figurer dans une même *Action* ; qu'il ne doute nullement, que si l'esclavage n'eût-pas-exisé chés les Greqs, on ne vît des scènes pareilles dans leurs Drames , soit tragiqs, soit comiqs; que les Latins font-faire des rôles considerables à leurs Esclaves , mais en-leur-donnant la bassesse d'esclave , par politique, autant que pour la verité des mœurs ; mais que s'ils eussent-eu les nôtres , on verrait aujourd'hui dans leurs Piéces les mêmes-pretendues disparates que dans *Shakespear* ; qu'au-fond , la verité des mœurs exige qu'en-France , on ne fasse-pas ce mélange dans les piéces-nobles , puisque notre hauteur & nos prejugés ne l'admettent-jamais dans la realité.

Voila , je crois , des sentimens orthodoxes pour toutes les Nations , & nous sommes-charmés que l'Auteur les ait-eus. On va-voir , à la suite de cette *Analise* , la piéce-à-la-*Shakespear* : nous n'en-dirons-pas notre sentiment d'avance.

Resumons ce qui regarde les deux-maniéres, *française & anglaise :* Un Poète ad-
J 4

miré par fa Nation, eſt-reellement-admirable : Homère, Anacreon, Safo, Pindare, Sofocle, Eſchyle, Menandre, Terence, Virgile, Horace, Ovide, Le-Taſſe, l'Arioſte, Milton, Shakeſpear, Corneille, Racine, Pope, Molière, Voltaire, Geſſner, &c.ᵃ, &c.ᵃ, ſont-reellement-admirables : & l'Etranger qui les-cenſure, qui pretend les-avilir, les-renverſer du trône-de-gloire où les-a placés leur Nation, eſt un Fou, qui lance des traits contre le Soleil qui l'éblouit.

Preſervons-nous donc de toute-prévention-nationale : Il n'exiſte pas de Peuple, qui ne produiſe, ou n'ait-produit, ou qui ne doive-produire un-jour des Ouvrages admirables : Le Caldéen, aujourd'hui barbare, eut-jadis toutes les ſciences que nous redecouvrons; le Greq avili eut des Filoſofes, des Poètes & des Artiſtes, que nous n'avons-pas-encore-égalés : les ſciences un-jour brilleront en-Amerique : Peutêtre le Nègre-abruti, a-t-il-été, ou ſera-t-il, quand le Globe ſe-refroidira par la vieilleſſe, l'honneur de l'Humanité, dont il eſt-aujourd'hui l'opprobre.... Tout Homme eſt homme, & ce vers de Terence eſt une éternelle verité :

»Homo ſum, & humani nihil à me alienum puto».

Il nous reſte un point à diſcuter, avant de terminer cette *Analiſe*. Eſt-il avantageus d'imprimer les Drames, deſtinés à la ſcène, avant la Repreſentation ?

Cette queſtion importante a de fortes raiſons pour & contre : nous-nous-bornerons à les-expoſer.

I.^{res} 1.^{ne} En-imprimant le Drame avant la première-representation, on diminue les risques de celle-ci ; on est-jugé d'avance, & le coup est-moins-sensible : 2.^x Le jugement est-plus-éclairé, plus-facile ; il ne s'agit-plus que de l'effet theatral : 3.^s Le Publiq a-partagé avec les Acteurs, le jugement intrinseq de la pièce, & l'Auteur n'a-plus à se-plaindre d'eux, comme juges : nous conseillerions aux Comités des trois Theatres lorsqu'ils refusent une pièce, de dire à l'Auteur, ce qui suit, ou à-peu-près : »Nous ne pouvons-admettre votre »Pièce : faites-la-imprimer ; que le Publiq la-»juge ; que son sentiment nous-soit-manifesté »par un Journal digne-de-foi, tels que le »*Journal de Paris*, le *Mercure*, ou les *Pe-*»*tites-Affiches* (*) ; nous la-jouerons-alors ; »& votre date court d'aujourd'hui ; & ni »vous, ni le Publiq, en-cas de mecontente-»ment, n'aurez-plus d'autre reproche à nous-»faire, que celui de l'avoir-mal jouée». Ces trois-raisons, en-faveur de l'impression ante-cedente, nous paraissent assés-fortes.

II.^{des} 1.^{ne} Le charme de la nouveauté, cette fleur-de-plaisir qu'éprouve le Connaisseur, en-voyant une pièce-nouvelle, qui lui en-fait-suivre & sentir le developement avec delices, comme s'il voyait une action-reelle, n'exis-tera-plus, s'il a-lu la Pièce : 2.^x L'Auteur

---

(*) *Nota.* La *Gazette de France* ne [illegible] jamais les pièces ; elle n'en-rapporte que le titre, & quant au *Courier de-l'Europe*, si-estimable d'ailleurs, il est-trop-mal-servi par ses Correspondans : voyez à-ce-sujet le morceau qui termine le XXXIIIme Volume des *Contemporaines*.

s'expose à-raſſembler contre lui une forte-cabale, comme à la repreſentation du *Fils-naturel* de m.ʳ Diderot, qu'on fit-tomber, parce-qu'on voulait qu'il tombât.

Je ne vois-rién à-objeƈter de plus-fort, contre l'impreſſion antecedente : & l'on peut-repondre à la première-raiſon, Que les *Apicius* litteraires pourront-acheter la Pièce, & la-garder, ſans-la-lire, juſqu'aprés la premiè-re-repreſentation qu'ils en-verront. Tous les jours on voit au Theâtre des pièces qui ont-vingt-ans, & qu'on n'a-jamais-lues ; on éprouve alors tout le plaiſir de la nouveauté : Quant à la cabale, elle ſera-moins-dangereu-ſe, je crais, ſi la pièce a un merite reel ; la ja-louſie & la haîne ſeront-forcées d'avoir quel-que-pudeur (*).

L'Auteur n'a-pas-balancé à ſe-rendre aux premières-raiſons : Il a-été-plus-loin : Ac-coutumé à conſacrer tous ſes momens au Publiq, ſoit pour l'utilité, ſoit pour l'amu-ſement (& ce dernier, dans ſes principes, eſt un genre d'utilité), il ne ſe-contente-pas d'imprimer la pièce qu'il deſtine au Theatre, il donne encore ſon premier-jet ; la Compoſition qu'il a-faite avec cette ivreſſe, qui conſulte moins la raiſon que la verve : Il eſt le premier Ecrivain qui oſe ſe-montrer ainſi, & qui-foule-aux-piéds l'orgueil-d'Au-teur, pour être-utile aux Jeunes-gens, en-leur-montrant la filiation-naturelle des *idées* : ainſi,

____

(*) On viént d'en-voir un exemple, dans le ſuccès du *Fi-loctète*, de m.ʳ Delaharpe.

comme ſimple-ouvrage de litterature , la *Pré-vention-nationàle*, merite du ſuccès : mais à-titre d'ouvrage d'utilité-generale, nous-nous-croyons-certains que cette production patrio-tique fera ſenſation, non-ſeulement en-Fran-ce, mais dans les Pays-étrangers. On aura trois-Pièces : La *Première-Composition ;* la *Troisième* , qui eſt-châtiée & deſtinée au Theatre-national ; c'eſt celle qu'on viént de lire : & quant à la *Seconde* , on ſent qu'elle tenait-trop des deux-autres , & qu'elle n'au-rait-preſqu'été que leur repetition ; l'Auteur lui-a-ſubſtitué une pièce entièrement faite-à-la-*Shakeſpear* , manière qui change la marche & tous les details, & il nous-offre dans cette *Ac-tion* , une comparaison qui nous manquait, en-tre une Tête-anglaise & une Tête-française , travaillant dans le même-genre , courant la même-carrière. L'Auteur était-preſque le ſeul de nos Gens-de-lettres, qui par ſon *faire* , ſon genre , ſon éducation , pût-entrer en-concurrence avec le Dramatiſte-anglais: nos Auteurs fleuris lui-ſont-trop-opposés. Il faut-cependant obſerver, que certains details, qu'on a-vus dans les deux-pièces, & qui fuſſent-ne-ceſſairement-entrés dans la Variante *ſhakeſ-pearienne* , ne ſ'y-trouvent-pas , afin d'éviter des repetitions.

Nous alons-placer ici l'Action à-la-*Shakeſ-pear* , pour varier davantage : nous donnerons enſuite , à la tête de la *II.^{de} Partie* , la *Pre-mière-Composition ;* puis les Faits qui ſer-vent de base à cette *Action* intereſſante.

J 6

Analise de la II.de Variante.

I.er Acte. Dulis-fils, amant d'Henriette, se-determine à l'épouser, pour la-souftraire au pouvoir de sa Tante & à la corruption : le mariage se-fait dans sa chambre, & à Paris, par un Chapelain proteltant. Il donne un repas-de-noce à ses Amis. De-Serj, son parent & son rival-secret, qu'il n'a pas-invité, y-surviént.

II.me Acte. Dulis-fils marié, menacé de la malediction-paternelle, par des Lettres foudroyantes viént chés son Père, pour tâcher de le flechir & de lui faire-approuver son mariage : Il est relté-plusieurs-jours-caché dans une auberge, en-attendant que la Sœur-cherie l'avertisse du moment favorable de se-presenter : De-Serj, son Rival, voit Dulis père, avant que Dulis-fils ait paru, & le Traître previént le vieus Gentilhomme contre son Fils.

III.me Acte. Pendant que Dulis-fils est en-Puisaie, Macbell, tante d'Henriette, la-fait-enlever par Mylord : les Amis de Dulis fils l'apprènnent, & en sont-au-desespoir : Loiseau, le plus-intime des trois, part auffitôt pour aler-informer son Ami de ce funeste contretemps.

IV.me Acte. On y-voit Charles-Dulis, cru tué par les Anglais en-Hanovre, & conduit à York par Mylord-T**, le même qui viént d'enlever Henriette. Le Jeune prisonnier français, auquel un coup de-crosse-de-fusil sur la tête, a-ouvert le crâne, a-souffert le trepan & perdu la memoire, qui commence neanmoins à lui-revenir, à-l'instant de l'arrivée d'Henriette. Il est-interrogé par miss Anna, sa jeune bienfaitrice, & par Henriette elle-même ; il les-reconnaît peu-à-peu : enfin la memoire reviént, avec la gradation la plus-interessante : Il se-reconnaît-lui-même & se-nomme : Mylort, deja presq'amoureus de Marguerite Dulis, dont il voit le portrait entre les mains de Charles, part auffitôt pour la France, avec ce Jeunehomme & Henriette, qu'il ramène à son Mari.

V.me Acte. Dulis fils se-presente enfin à son Père, qui est-prêt à le maudire, à l'inltant où il apprend qu'un Anglais lui a-conlervé son Fils Charles. Dulis-père se-reconcilie avec cette Nation, contre laquelle le supplice de Jeanne-D'Arq dont il tire son origine par les Femmes, avait-excité sa haîne & celle de tous ses Ancêtres : Il pardonne à Nicolas-Dulis, reçoit pour sa bru la jeune Henriette, accorde Marguerite à Mylord, & demande miss Anna pour Charles.

La Prévention-nationale,

Action adap.ée à la scène.

Variantes :

Seconde Composition,

ou Seconde Variante,

Rendue à la manière de Shakespear, c'est-à-dire, sans unité-de-temps ni de-lieu, afin-de pouvoir tout mettre en-tableaus vivans, sous les ïeus des Spectateurs.

Imprimé À LA HAIE.

Et se vend à PARIS

Chez le Libraire indiqué au Frontispice de la I. Partie.

M. DCC. XXXIV.

Noms des Personages.

DULIS-père, gentilhomme-de-campagne.

M.me DULIS, son épouse.

NICOLAS-DULIS-fils, mousquetaire, marié malgré son Père à mifs Henriette.

MIfS HENRIETTE, jeune-Anglaise, épouse de Dulis-fils.

MIftrefs MACBELL, tante de mifs Henriette.

MYLORD TAAF, anglais, amoureus d'Henriette : favorisé par miftrefs Macbell.

LOISEAU, mousquet.re ami vertueus de Dulis-fils.

ZOÉ, fille-galante, devenue vertueuse par sa liaison avec Loiseau.

REGNAULT, mousquetaire, ami de Dulis-fils.

M.me WAWIN, jeune-veuve, prétendue de Regnault.

BOUTDARC, mousquetaire, ami de Dulis-fils.

JULIE, prétendue de Boutdarc.

MADELENE-DULIS, ou m.me D'ANGELIERS, sœur cherie de Dulis-fils.

Mr D'ANGELIERS, mari de Madeleine-Dulis.

PIERRE-DULIS, frère-aîné de Dulis-fils.

THOMAS-DULIS, frère-cadet.

ANNE-DULIS,
MARIE DULIS,   } Sœurs-aînées & mariées.
MARIANNE-DULIS,

MARGUERITE-DULIS, sœur-cadette.

DE SERJ, mousquetaire, cousin de Dulis-fils ; amoureus d'Henriette.

CHARLES-DULIS, prisonnier-de-guerre, laiffé pour mort, conservé par mylord Taaff, mais ayant-perdu la memoire par sa bleffure.

MIfS ANNA, sœur de myl. Taaff, amoureuse de Charles.

MYLADY DARBY, tante de Mylord & de mifs Anna.

BETTY, suivante d'Henriette.

JEMMY, valet de mylord Taaff.

TOM, valet qui précède myl. Taaff en France.

BOURGUIGNON, valet des trois Mousquetaires.

Plusieurs VALETS & SERVANTES de Dulis-père, composant sa maison.

UN AUBERGISTE.

La Prévention-Nationale,

action en-cinq-actes.

Premier Acte.

[*Le Theatre represente la chambre-garnie où demeurent miss Henriette & miſtreſs Macbell*].

I ſcène.

HENRIETTE (travaillant à-l'aigüille devant une petite-table), BETTY.

BETTY (*arrivant à-l'inſtant-même :*) Il eſt malade ; mais ſerieuſement !....

HENRIETTE. Helas !.... Oui, je l'irai-voir, ſi ma Tante le-permet.... Je ſuis dans une mortelle-inquietude !...

BETTY. Cependant, il a-pu-écrire... Tenez, (*elle regarde autour-d'elle*) voila ſa Lettre.

HENRIETTE (*decachetant avec-vivacité, Betty ramaſſe & ſerre l'envelope :*) »Mon »adorable Henriette».... (*Elle lit bas :*)..... (*haut*) »Je t'adore, Henriette ! ma vie, la »veus-tu ? elle eſt à toi»... (*bas*).... (*haut*) »Auſſitôt-que mon cœur aura-juré, rién ne »pourra-jamais-rompre notre lién»... (*bas*).... (*haut*) »Viéns, mon Henriette ! viéns-voir »ton Mari».... (*bas*) (*haut*) Oui, j'irai. (*Elle reprend ſa lecture :*) »Le miniſtre Wil-»liam-Powel conſent : Je le-veus, ſi cela eſt-»ſolide, qu'il viénne dès-ce-ſoir». (*On entend du bruit.*).... (*bas le reſte*).... [2A3]

BETTY. Voici votre Tante !

I I ſcène.

HENRIETTE, BETTY, MACBELL.

MACBELL (*entrant doucement, après avoir-écouté*) C'eſt une Lettre de m.ʳ Dulis, que vous liſez, ma Nièce?

HENRIETTE (*deconcertée*) Oui ,.... ma Tante.

MACBELL. Voyons-la?

HENRIETTE (*la cherchant avec-lenteur:*) Je l'avais-miſe .. ici.

MACBELL (*lui-montrant ſon autre poche:*) Non, non . c'eſt-là.

HENRIETTE (*avec-lenteur:*) Ah!.... je crois .. que la-voici.

MACBELL (*la prenant vivement*) Voyons, voyons! (*Elle lit bas:*) Que penſes-tu de tout-cela, ma Nièce?

HENRIETTE. Mais .... Je crois que je... devrais l'aler-voir avec vous.

MACBELL. J'y-conſens: vous irez vous-deux Betty.

HENRIETTE (*avec une joie craintive:*) Ah! ma Tante!.... Vous viéndrez?

MACBELL. Peutêtre . . Mon Enfant, que veus-tu? je deteſte les Français, mais voila notre procès perdu, & nous ſommes ſans-reſ-ſource. Il aut-bién te-marier, ou plutôt te-ſacrifier.... Hhum! ſi Mylord était ici!

HENRIETTE. J'aime-tendrement m.ʳ Du-lis: plutôt-mourir, que d'être à Un-autre.

MACBELL. Je vous-cède, miſs Henriette, puiſqu'il le-faut, & que la neceſſité m'y-contraint.... Epousez-le, j'y-confens encore : Et fi votre m.ʳ Powel veut-vous-marier, j'y-donnerai les mains. Nous alons-y-paffer.

HENRIETTE (*transportée*) Ah! ma Tante!

MACBELL (*regardant Betty :*) J'aime-mieux vous-marier moi-même, que de vous-voir me-braver, guidée par une Servante.

HENRIETTE. Je vous-affure, ma Tante....

MACBELL. Ne m'affurez-rién. Alez-vous-habiller.... J'ai quelque-chose à-faire ce-pendant. (*Henriette va fe-mettre à fa toilette, Betty la fuit.*)

____

I I J. fcène.

____

MACBELL, MYLORD (qui paraît dès qu'Henriette eft rentrée.)

MYLORD (*avec émotion :*) Je ne vous-conçois-pas !

MACBELL. Je fais ce qu'il faut.

MYLORD. Mais, fi vous lui-donnez mifs Henriette....

MACBELL. Si l'inclination de ma Nièce pour ce Dulis vous-decourage, il faut-nous-laiffer ; il n'y-a-rién à-faire.

MYLORD. Non, non : mais fi vous-la-mariez ?...

MACBELL. Un beau-mariage ! nul, furtout en-ce-pays.

MYLORD. Mais enfin ,... ils feront mari & femme ?

MACBELL. Il n'eft que ce moyén, pour nous-debarraffer de ce Français : aujourd'hui marié, demain il eft-inconftant ; c'eft le caractère de cette indigne Nation; & Henriette nous-reste.

MYLORD. Si pourtant, nous pouvions-éviter ce mariage?

MACBELL. Croyez-vous que je n'aie-pas tout tenté? Ma Nièce y-tiént: ce n'est qu'abandonnée, noyée dans les larmes, qu'elle se-jetera dans vos bras, & qu'elle vous aimera comme son tendre Consolateur.

MYLORD. J'ai une terrible repugnance pour ce mariage!

MACBELL. La miénne est-encore-plus-grande!.... & pour vous-en-convaincre, songez que je n'ai-pas le plus-petit-interêt à le-faire.

MYLORD. Il est-vrai que c'est une preuve: (*à-part*) & la meilleure.

MACBELL (*qui pendant* l'à-part *de My-lord, a été-voir si on ne les-écoutait-pas:*) Certainement. Je n'affecte-pas d'être desinteressée au sein de la misère. Notre procès est-perdu: que devenir dans ce pays-étranger, où nous étions-venues-recueillir une succession assurée: c'est d'une Tante française, dont ma Nièce était unique heritière. Mais est-ce qu'il y-a-l'ombre-de justice, en-France.... Oh! l'abominable pays!

MYLORD (*souriant:*) Vous ne l'aimez-pas!... Si je parlais de votre affaire à notre Ambassadeur?

MACBELL (*vivement:*) No, no! c'est-inutile!... Voici ma Nièce.... Il ne faut pas encore qu'elle vous-voye.... A ce soir.

I V scène.

MACBELL, HENRIETTE, BETTY.

HENRIETTE (*d'un ton caressant :*) Ma Tante, suis-je bién ?

MACBELL (*d'un air-de-joie :*) Bién ! très-bién !... (*regardant par une fenêtre :*) Mylord ! Mylord ? (*revenant :*) Je viéns d'apercevoir Mylord par la fenêtre ! il est-ici ! ... Je veus qu'il vous voye !.... Ah ! que vous êtes-bién !... Mais ! Betty a de la *capacity !*

HENRIETTE (*en-Enfant qui gronde :*) Mais d'où viént-apeler Mylord ?

MACBELL. Paix ! le voici !

v scène.

Les MÊMES, MYLORD, BETTY (sort & rentre pendant la scène :)

MACBELL Mylord, que je suis-charmée de votre retour !... Tenez, j'ai-voulu que vous vîssiez Henriette : comment la trouvez-vous ?

MYLOLD. Adorable !... Ah ! miss Henriette ! que vous êtes-digne d'être-aimée !

HENRIETTE. La beauté passe, mylord ; mais les qualités du cœur, l'honnêteté, la constance, le desinteressement existent jusque dans la vieillesse. (*Elle fait-signe à Betty de sortir.*)

MYLORD (*à Macbell :*) Son ton plein de decence & de candeur, me-frappe-encore-plûs-que son discours.... (*à Henriette :*) Je vous-adore....

HENRIETTE. Ayant-donné mon cœur, prête à donner ma foi , & à recevoir celle de l'Homme que j'aime , dont je suis-sûre d'être-tendrement-aimée , je dois-prier tout Honnête-homme qui me-parlera, de ne plus-employer avec moi des expreſſions auſſi-fortes.

MYLORD. Charmante Anglaise !..... Il n'y-a de vertu que dans les Femmes de ma Nation ! (*En-achevant, il regarde Macbell, & lève les ïeus au ciel.*)

HENRIETTE (*comme Betty rentre:*) Adieu, Mylord.... (*à Betty:*) Le carroſſe eſt-là?

BETTY. Oui, miſs. Il ne faut-pas-faire-attendre; le Cocher jurerait.

MYLORD. Où alez-vous ? je vous-aurais-menée ? (*Henriette fait la reverence ſans-repondre, & ſort ; Macbell la-ſuit*)... (*à Betty reſtée la dernière:*) Si Betty voulait, elle rendrait à ſa Maitreſſe un grand-ſervice, en-me-fesant-plaisir?

BETTY (*vivement:*) Ça ne ſe-peut-pas, Mylord. (*Mylord ſe-hâte d'aler-presenter la main à miſs Henriette.*)

---

v J ſcène.

[*Le theatre change, & represente le logement particulier de Nicolas-Dulis, qui eſt malade, & en-robe-de-chambre.*]
Dulis-fils, Zoé, Loiseau, Regnault, Boutdarc (ſes amis & camarades.)

LOISEAU (*à Zoé*) Je le-trouve-beaucoup-mieux. ... Grâces à vos ſoins, mon Amie.

ZOÉ (*ſouriant, à-demi-voix.*) Sa gueriſon viént d'être-operée par Betty, qui eſt-venue-le voir de la part de miſs Henriette.

LOISEAU. Ah !.... cette Inclination eſt-bién-vive !

ZOÉ. Oui, trèsvive !

REGNAULT. Oh! Dulis ne songe qu'aux Femmes! voit-il un Minois, il court après, & laisse-là ses Amis.

BOUTDARC. Et toi, Grondeur éternel, tu es-doux comme un Agneau devant m.^me Wawin.

ZOÉ. Vous-vous-trompez; il ne lui-dit des douceurs qu'en-grondant.

BOUTDARC. Je l'ai-vu plus-complaisant,.. que Loiseau.

REGNAULT (*avec colère:*) Morbleu, vous avez-mal-vu!

LOISEAU (*avec-douceur à Regnault:*) Tu es chés un Malade!... (*à Dulis:*) Mon chèr Ami, que j'ai-de-joie de te-voir-mieux!

DULIS-fils (*bas:*) Je vous-dois la vie à tous-deux (*montrant Zoé:*) Vos soins genereus me-l'ont-rendue!.... Dignes Amis!

LOISEAU. Veuille le Ciel, que tu n'ayes-pas de plus-fortes-épreuves à surmonter! (*à ses autres Amis:*) Notre visite a-été-longue; il a-l'air-fatigué; il faut lui-laisser-prendre quelque- repos.

BOUTDARC & REGNAULT (*à Dulis-fils:*) Adieu, mon Ami.... Nous-te-laissons avec ton aimable Garde (*montrant Zoé.*)

DULIS-fils. Non: Je prie mademoiselle Zoé d'aler-prendre-l'air avec vous: Je me-trouve-mieux; il le-faut.

LOISEAU (*à Zoé:*) Puisqu'il peut se-passer de vos soins, alons, mademoiselle? Je serais-inquiet pour votre santé... Alons?

ZOÉ (*à Dulis-fils:*) Vous desirez mon absence! mais prenez-garde! mistress Macbell est-bién-rusée! (*Tous sortent.*)

<hr>

vij scène.

<hr>

DULIS-fils , BETTY [entrant sur la pointe du piéd , & s'avançant jusqu'auprès de son fauteuil.]

BETTY. Enfin les voila donc partis !.... Je vous annonce miss Henriette, sa Tante, & m.ʳ Powel.

DULIS-fils (*se-levant avec-transport :*) Ah ! ma chère-Betty ?....

BETTY. Saisissez l'occasion aux cheveus : vous avez-ici le Ministre ; mariez-vous ; on ira , s'il le faut, ratifier ailleurs.

DULIS-fils. Vous êtes une excellente Fille.... Oui, oui.

BETTY. Affectez d'être-plus-malade, pour determiner la Tante & le Ministre.

DULIS-fils. J'effraierais Henriette.

BETTY. Je vais la-prevenir : d'ailleurs, j'agis par ses ordres.

DULIS-fils. Ah !.... la charmante Amie !

BETTY. Le soin de son honneur, & son panchant, exigent qu'elle soit votre femme, dès-aujourd'hui peutêtre.

DULIS-fils (*avec-transport :*) Plût-au-Ciel!

BETTY. Il ne tiéndra qu'à vous : de l'adresse ! nous vous-seconderons. La Tante, sans-vous-aimer, est-prête à-s'y-prêter. Elle a ses vues sans-doute, mais une-fois mariée, votre Femme ne dependra plus d'elle.

DULIS-fils. Va, ma chère-Betty : elles attendent !

BETTY. Oui ; mais à-l'écart : elles ne

ſavent-pas que vos Amis ſont-ſortis.... Je crois que le procès eſt-perdu!

DULIS-fils. Leur procès eſt-perdu!.. Oui, je ferai l'impoſſible, pour être aujourd'hui le mari de miſs Henriette.

BETTY. Vous ſentez, que ſi mes conjectures ſont-vraies, miſs Henriette va-être-bién-tourmentée, pour accepter ce Lord, qu'elle n'aime-pas; & qui, entre-nous, ne me-paraît-pas un Epouſeur: Il eſt-trop-grand-ſeigneur pour cela!... Il eſt ici.

DULIS-fils. Mais Henriette eſt-ſi-belle!

BETTY (*ſoupirant:*) Ah! monſieur Dulis, ce ne ſont que les Jolies-filles, qu'on attrape! Les Libertins les-courent, les ſurprènnent, & laiſſent les Laides aux Honnêtes-gens, qui les-épouſent..... Mais je vais-dire que vous êtes ſeul.

VIIJ ſcène.

DULIS-fils, HENRIETTE, MACBELL, m.ʳ POWEL, BETTY.

MACBELL (*entrant la première, avec ironie:*) Qu'eſt-ce, mon chèr-Dulis? malade-d'amour!.... Mais je vous croyais français, & vous êtes eſpagnol? c'eſt-encore-pis, je vous-en-avertis!

BETTY. On eſt trèstendre en-Angleterre, *madam.*

MACBELL. Oui, les Sotes, Betty.

HENRIETTE (*ſ'avançant avec timidité auprés de Dulis, qui affeɕte l'accâblement:*) Bonjour, monſieur Dulis.... (*Elle lui-ar range son bonnet-de-nuit ; il lui-baise la main , à-la-derobée.)*

DULIS-fils *(bas à Henriette:)* Votre vue me-rendra la santé.

MACBELL *(au ministre Powel:)* Cet Homme n'en-reviéndra-pas. *(Elle lui-parle à-l'oreille.)*

DULIS-fils *(bas à Henriette:)* Je ne me-suis-jamais-si-bién-porté , que depuis un-moment : Il faut que je les-engaje à nous-unir aujourd'hui ?

HENRIETTE *(rougissant , baissant la vue, & à-demi-voix.)* Je suis-sans-fortune.

DULIS-fils *(à-demi-voix à Henriette)* Je ferai le sort de ma Femme , comme le-doit tout Honnête-homme.... Ah! ma chère-Henriette! être votre mari , c'est-avoir l'empire de l'Univers.... Non, jamais l'on ne sentit de tendresse comme celle que j'éprouve.... C'est un sentiment delicieus!....

MACBELL *(sans-quitter l'à-part où elle est avec le Ministre:)* Il a l'œil-battu ,... & brillant!.. c'est la fièvre... *(se-rapprochant:)* Eh-bién, mon Chèr , que puis-je-faire pour vous dans votre situation ?

DULIS-fils *(d'un ton souffrant)* M'unir... à l'aimable... Henriette... que je vive... & meure son épous.

MACBELL. Oui, mon Enfant, vous mour-rez son mari.... *(au Ministre:)* Il me fe-rait-pitié, s'il n'était-pas-français!... Il faut les-marier. *(Henriette & Dulis-fils se-par-lent bas durant les couplets suivans.)*

M.

M.ʳ POWEL. A-quoi-bon, ſ'il va mourir?

MACBELL. J'ai mes raisons.... Ma Niè-ce, jeune-veuve.... Enfin, quand on eſt-veuve, on a-été-mariée.... Je m'entens.

M.ʳ POWEL. A-la-bonne-heure : pour moi, je n'y-comprens-rién.

BETTY. Moi, j'entens-auſſi miſtreſs Macbell.

MACBELL. (*d'un ton aigre-dedaigneus :*) Enverité!... vous avez la langue bién-effilée, m'Amie !

DULIS-fils (*à Macbell :*) Donnez-moi la conſolation que je desire?

MACBELL. De tout mon cœur, ſi ma Nièce ne ſ'y-refuse-pas.

HENRIETTE (*modeſtement :*) Je ne m'op-poserai-jamais à ce que vous desirez, ma Tante.

MACBELL (*avec joie :*) Soit; c'eſt tout ce que je veus. (*au Miniſtre :*) Il faut les-marier : avez-vous les licences ?

M.ʳ POWEL. Oui; mais... votre exposi-tion n'a-pas-été-juſte : vous avez-affirmé dans votre petition, que c'étaient deux Anglais?

MACBELL (*à-demi-voix :*) Ah ! qu'im-porte, pour un mariage d'un jour ?

M.ʳ POWEL. Mais ſi le Futur en-reviént?

MACBELL. C'eſt-à-peu-près la même-chose pour moi ; pourvu-que ma Nièce ſoit-mariée, & que je puiſſe le-prouver en-An-gleterre, c'eſt tout ce qu'il me-faut ! J'évi-terai par-là mille petits inconveniens, de la part de quelques-Parens maternels qu'elle y-a, & qui ne m'aiment-pas. .. Ne-peut-on-pas-avoir une *fragility* ?... Une Fille, en-ce-cas,

I Partie. **K**

eſt-perdue : une Femme-mariée, ou nouvelle-ment veuve, n'en-eſt que plus-reſpectable.

M.ʳ Powel. Je commence à-vous-enten-dre !... Je voudrais-parler aux Jeunes-gens en-particuliér ?

Macbell. Pourquoi, en-particuliér ?

M.ʳ Powel. Il le-faut, pour mon miniſtère.

Macbell. Faites-donc comme il vous-plaira.... Betty ? (*Betty ſ'approche de Mac-bell, qui lui-donne ſes ordres, tandiſ-que le Miniſtre aborde les deux-Amans :*) Je veus que m.ʳ Dulis ſigne ce papier, ſans-le-lire, avant le mariage, & qu'il le-date de demain : Donnez-le ; je verrai d'ici. (*Betty donne le papier à Dulis, qui le-ſigne ; Betty le-rend, & ſort avec Macbell.*)

I X ſcène.

M.ʳ Powel, Dulis-fils, Henriette.

M.ʳ Powel. Monſieur, & vous, miſs Henriette, j'ai-voulu-vous-parler en-parti-culiér, pour vous-demander, ſi cette Femme eſt-vraiment la Tante ?

Dulis-fils. J'en-ſuis-certain, monſieur ; j'en-ai-vu toutes les preuves, & d'ailleurs, il exiſte à Paris des Anglais qui la-connoiſſent.

M.ʳ Powel. S'il eſt-ainſi, je vais-vous-unir : Cette Femme a des vues-criminelles ; je vous-en-previéns, miſs Henriette.

Dulis-fils (*preſſant la main du Miniſtre :*) Eh ! voudrais-je lui-donner pour mari (*mon-trant Henriette*) un Cadet ſans-fortune, ſi elle n'était-pas-expoſée !

M.ʳ POWEL. Vous me paraiſſez un Hon‑
nête‑jeune‑homme : votre reponſe achève de
me‑decider. Devenez le protecteur de l'in‑
nocence de cette Jeune‑beauté, que le ma‑
riage va‑vous‑donner. Mais je vous‑avertis
qu'il ne ſera‑pas‑valide en‑France ?

DULIS‑fils. Y‑aurait‑il quelque‑moyén
de le valider ?

M.ʳ POWEL. Oui ; le conſentement de
votre Père, ou de votre Tuteur ; l'acceſſion
formelle de Ceux dont vous dependez. Tâ‑
chez de vous‑la‑procurer ?

DULIS‑fils. J'y‑ferai mon poſſible. Mais
le plus‑preſſé eſt de nous‑marier.

M.ʳ POWEL. C'eſt‑malheureusement la
verité !.... Mais, malade comme vous êtes...

DULIS‑fils (*ſouriant :*) Je ne le‑ſuis‑plus.

X ſcène.

Les MÊMES: MACBELL, BETTY,
quatre INCONNUS.

MACBELL. Voici des Temoins : voila
mon Hôte, m.ʳ Armand, maître‑tailleur ;
celui‑ci eſt m.ʳ Brién, maître‑tonnelier ;
celui‑là, m.ʳ Moreau, maître‑relieur ; & Mon‑
ſieur, eſt m.ʳ Miller, graveur en‑bois ; tous‑
quatre Honnêtes‑gens, autant qu'on peut‑
l'être en‑France.... Commençons.

Le MINISTRE (*aux deux‑Amans :*) Ap‑
prochez‑vous : mettez‑vous ainſi.... (*Il recite*
bas quelques prières :).... (*au Tailleur Ar‑*
mand, ſesant l'office de Père :) Qui donne
cette Femme à cet Homme ?

Le Tailleur. Moi. (*Il met la main d'Henriette dans celle de Dulis.*)

Le Ministre. Je vous-requièrs de parler sans-deguisement, parceque vous en-repondrez au terrible jour du jugement : Nicolas-Dulis, veus-tu-avoir cette Femme pour Epouse ?

Dulis-fils. Je le-veus.

Le Ministre. Henriette-Kircher, reçois-tu volontiers cet Homme pour Mari ?

Henriette. Je le-reçois volontiers.

Le Ministre. Promets-tu de lui-obéir ?

Henriette. Je promets d'obéir.

Le Ministre. De le-servir ?

Henriette. De le-servir.

Le Ministre. De l'aimer ?

Henriette. De l'aimer.

Le Ministre. De l'honorer comme ton seigneur & chef ?

Henriette. De l'honorer comme mon seigneur & chef.

Le Ministre (*à Dulis:*) Dites : De cet anneau, je t'épouse, pour que tu sois mon unique compagne, que je dois-proteger & cherir.

Dulis-fils. De cet anneau, je t'épouse, pour être mon unique compagne, que je dois-proteger & cherir.

Le Ministre Ainsi, Dieu benisse votre union, comme je la-benis. (*aux Temoins:*) Ils sont-mariés.

Dulis-fils (*prenant Henriette dans ses bras:*) Ma chère-Epouse ! Je vais-te-faire un autre serment, qui ne sera-pas-moins-sacré : Je te-jure par Dieu, ton Père & le mién, de braver tout, la mort même, plutôt que de

me feparer de toi.... Reçoi mon ferment,
Grand-Dieu ! il eft-fait par ton nom !

MACBELL (*éclatant-de-rire, aux Temoins :*) Il n'aura-pas-de-peine à ne fe-point-
parjurer.... Mon pauvre Dulis, je renmène
ma Nièce : repofez-vous.

DULIS-fils (*d'un air ferme :*) Non, madame, elle refte. Je ne me-fepare-point de
mon Epoufe....

MACBELL. Tu n'y-penfes-pas !

DULIS-fils. Pardonnez, ma chère-Tante.

MACBELL. Alons-donc...... Tu reftes,
Henriette ?

HENRIETTE. (*modeftement, les ïeus
baiffés :*) Si mon Mari l'exige, ma Tante.

MACBELL (*la-contrefefant :*) Vous l'en-
tendez-bién, *madam*, qu'il l'exige... Je vous-
laiffe Betty. (*au Miniftre & aux Temoins :*)
Alons, Meffieurs. (*Ils fortent tous.*)

X J fcène.

DULIS fils, HENRIETTE, BETTY.

DULIS-fils (*preffant Henriette contre fon
cœur :*) Ma charmante Epoufe !... nous voila
unis ! Quel bonheur ! .. J'ai un Ami ; vous
le-connaiffez ; c'eft un-autre-moi-même ; je lui-
ai-fait-miftère de mon mariage ; mais à-pre-
fent que le voila fait, il faut l'en-avertir....
Nous fommes-libres ; que le refte de cette
heureufe-journée foit-donné à l'amour & à
l'amitié.. ... Que Betty l'aille-chercher !.....
Ma chère-Epoufe y-confent-elle ?

HENRIETTE. De tout mon cœur : J'eftime la vertu de m.ʳ Loiseau , & je sens que son aveu manque à notre bonheur.

BETTY.   Je pense comme vous, monsieur; il faut-instruire vos Amis.   J'y-cours....

DULIS-fils.   En-passant , il faudra-commander quelque-chose chés le Traiteur?

BETTY.   Oui , monsieur.   (*Elle reviént sur ses pas :*)   M.ʳ Salé : il fait-bién , & à juste-prix?

DULIS-fils (*ne lui-repond que par un signe.*)

BETTY (*continue :*)   Depeur des Importuns, je lui-dirai qu'il parle , aulieu de frapper... J'en ferai autant à mon retour.   (*Elle sort.*)

---

x i j scène.

[*Le Théâtre change & represente l'appartement de m.ˡˡᵉ ZOÉ.*]

LOISEAU, ZOÉ, REGNAULT, BOUTDARC, (*les Deux derniers jouent aux échecs.*)

LOISEAU (*assis, pensif, à Zoé, qui brode-au-tambour :*)   Je ne sais ; mais j'éprouve de l'inquietude !... Dulis paraît-reservé avec moi!

ZOÉ.   C'est depuis une Lettre qu'il a-reçue de miss Henriette.

LOISEAU.   Je repons de la Jeune-miss; elle ne le-trompera-pas.

ZOÉ.   Oui, mais madame Macbell pourrait-bién les-tromper tous-deux !

LOISEAU.   C'est ce que nous verrons.   Il faudra que Dulis s'explique avec moi.   Il a les passions vives; mais le cœur excellent!

REGNAULT (*avec colère :*)   Je pers ma tour !....   Pardieu, le coup est-revoltant !....

BOUTDARC.   Du sens-fraid, ou .. mat.

ZOÉ " (*presque-simultanement:*)   Oui !....
trop-vives.

LOISEAU. Vous êtes-sevère ! L'amitié
voit toujours les qualités pardevant les defauts.

REGNAULT (*se-levant avec fureur :*) Mat !..
mat !..... Comment-diable !.....

BOUTDARC (*fraidement:*) Oui, mat.

REGNAULT (*furieus :*) Vous avez-triché !...
C'est infame !... Je ne joue de ma vie. (*Il
jète les échecs au feu, & l'échiquier par-terre.*)

BOUTDARC (*fraidement :*) Ces échecs
sont à Mademoiselle.... Ils vont-brûler.

LOISEAU (*après les-avoir-retirés du feu :*)
Devant une Femme respectable !... tu n'y-
penses-pas !... Voi ! tu l'as-effrayée !

REGNAULT (*confus :*) Pardon, Mademoiselle ! (*à Loiseau :*) Tu me connais...
(*embrassant Boutdarc les larmes aux ïeus :*)
Mon Ami, je suis-.... insupportable.

BOUTDARC. Non, tu ne l'es-pas : me-suis-je-
une-seule-fois-brouillé avec toi? Non, tu es-
bouillant, mais, bon.... (*Il lui-presse la main.*)

LOISEAU (*à Regnault :*) Mon Ami, la
Capitale ne te-civilise-pas ! Il ne faut-pas-
ressembler à nos Jeunes gens , dont la poli-
tesse-automate, ne laisse-jamais-percer la moin-
dre-nuance-d'humeur, ni de caractère ; mais
la rudesse , la grossièreté de nos Campagnards,
est un autre-excès intolerable , sur-tout devant le Sexe de la douceur & des grâces.

REGNAULT (*en-boutade :*) Mademoiselle,
pardon! mais le coup était-desolant. Quand
on enrage , faut-il-rire , parce qu'une Jolie-
femme est-là ?   K 4

LOISEAU.   Tu es chés elle ; nous sommes.
là trois-Hommes,... & l'on entend du bruit....

REGNAULT.   Ah! mon Ami! tu as-raison!...
Je suis-au-desespoir!... me voila corrigé pour-
toujours!...   Morbleu!... que je suis-impru-
dent!   (*Il prend les échecs, & s'occupe à-
les-compter, pour les-serrer : il jète certai-
nes-pièces avec colère.*)   Chiénne-de-tour!...
maudit fou!... le plus-sot des rois!

LOISEAU (*souriant :*)   Mais parle-donc
moins-haut!....   Mademoiselle, mon Ami est
le meilleur Garson-du-monde; mais vous le-
voyez....   Voici un trait qui achevera de
vous-le-faire-connaître.   Un Français-ame-
riquain, ruiné par la guerre qui finit, était-
passé en-Europe, & de Londres, venait de
se-rendre à Paris : Il se-logea dans la maison
où Monsieur a sa chambre particulière.   Regnault rentrait, & voyant sur ce nouveau-
visage, un air republiquain, qu'il crut in-
solent, il le-regarda de cet air sanglier, qu'il
avait tout-à-l'heure.   L'Ameriquain ne put-
s'empêcher de sourire, & laissa-tomber des
marrons, qu'il alait-faire-griller.   Regnault
les-ramasse avec lui, les-lui-rend, & lui dit,
en-lançant des éclairs par les ïeus :   —Morbleu, monsieur, savez-vous qu'il n'est-pas-poli
de rire au néz des Gens?   —Non, monsieur,
repond froidement l'Ameriquain, je ne le-
savais-pas: dans le Nouveau-monde, le rire est
la marque-de-la-joie, & la joie n'y-deplaît à-
Persone.   —Vous êtes-d'Amerique (s'écrie
Regnault.)   —Oui.   —Du Nord; car vous
êtes-blanc?   —Du Canada.   —Vous êtes-

français ! —J'étais-français, mais on nous-viént d'angliser ; cette operation ne s'eſt-pas-faite ſans-douleur ; & je ſuis-ruiné. — Ah ! vous êtes-malheureus !... Monſieur, riez de moi tant qu'il vous-plaira : C'eſt un droit que je ne conteſte jamais aux Malheureus....

BOUTDARC. On a-frappé ! (*Regnault, qui eſt debout, court ouvrir.*)

<hr>

XIIJ ſcène.

<hr>

Les Mêmes : Betty, Bourguignon.

BOURGUIGNON (*annonçant*) Une Jo-lie-meſſagère, de la part de m.ʳ Dulis.

BETTY. M.ʳ Dulis vous prie, mademoi-selle, & vous, meſſieurs, de vous-rendre chés lui ſur-le-champ.

LOISEAU (*avec-inquiétude :*) Il alait-beaucoup-mieux !

BETTY (*ſouriant ;*) Sa ſanté va-trèsbién : c'eſt à un feſtin qu'il vous-invite.

ZOÉ (*à Loiseau :*) A un feſtin !

RÉGNAULT. Je n'y-comprens-rién.

BOUTDARC. Moi, je crais qu'il eſt-marié.

LOISEAU. Cela-ne-ſe-peut-pas, mon Ami ! & le conſentement de ſon Père !...

ZOÉ (*ſ'apprêtant pour ſortir :*) Voyons... Il faut y-aler.

BOUTDARC. Ma'm'ſelle Betty ſait-elle ce qui en-eſt ?

RÉGNAULT. Mon Ami, elle nous-l'au-rait-dit, ſi elle en-avait eu-l'ordre. (*à Bour-guignon :*) Va t-en dire à m.ᵐᵉ Wawin où nous alons. (*On ſort.*)

K 5

x i v scène.

[*Le theatre represente la pièce où Dulis-fils est avec Henriette.*]

Dulis-fils, Henriette, *le* Traiteur, & *deux* Garsons.

Dulis-fils (*dans le ravissement :*) Epouse adorée! ah! que je suis-heureus!

Le Traiteur (*en-dehors :*) C'est le Traiteur, ouvrez, s'il vous-plaît.

Dulis-fils (*se-levant :*) Nos Amis ne tarderont-pas. (*Il ouvre.*) ... (*au Traiteur :*) Vous êtes-expeditif, monsieur Salé!... (*aux Garsons :*) Refermez la porte. (*à Henriette :*) Voila un Honnête-homme, ma Femme, un Pèredefamille respectable : Il a-élevé des Enfans, qui font sa consolation, son bonheur, sa gloire; ses Filles, font des Epouses aimables, autant qu'exemplaires; son Fils est un brave Garson.

Le Traiteur. Vous êtes-honnête envers moi, & juste envers mes Enfans. (*à Henriette :*) Madame, recevez mon compliment : je vous-felicite sur votre mariage; vous avez-épousé un Gentilhomme de bonnes-mœurs, autant que de bonne-noblesse.

x v scène.

Les Mêmes : Zoé, Loiseau, Regnault, Boutdarc, Betty.

Betty (*en-dehors, frappant :*) C'est moi;.. c'est Betty! (*Un des Garsons ouvre, au signe que lui-en-fait Dulis-fils.*

Dulis-fils (*à Zoé, & à ses Amis, qui*

entrent :) Mademoiselle, mes chèrs Amis,
voila ma Femme.

ZOÉ (*embraſſant Henriette :*) Je vous-felicite, MADAME. (*Elle reſte à-côté d'elle,
en-lui-tenant la main ; Betty & les Traiteurs
dreſſent la table, & la couvrent de mets :*)

LOISEAU (*avec étonnement :*) Ta Femme!

DULIS-fils. C'eſt-fait.

LOISEAU. Je te-remercie! tu n'a-pas-
voulu que l'amitié me-rendît-coupable!

DULIS-fils. Tu m'approuveras.

REGNAULT (*à Henriette :*) Que dit-il?
vous êtes-mariés?

BOUTDARC (*à Dulis-fils preſque-ſimultanement :*) Je t'approuve, dès cet inſtant :
Madame merite tout ce que tu fais pour elle.

LOISEAU (*à Dulis-fils :*) O mon Ami!...
Je ſais tes raisons,... dumoins, je les-presu-
me ... Mais ... que dira ton Père?

DULIS-fils. J'ai-prevenu ma Sœur, par
une Lettre, il y-a-quelques-jours ; mes Parens
ſont-inſtruits à-present : c'eſt ce qui m'a-fait-
me-hâter.... J'attens la reponſe de ma Sœur.
(*les Traiteurs ſe-retirent.*)

BOUTDARC. Voila un trèsjoli-ſouper!

DULIS-fils. Mettons-nous à-table.... (*à
Loiseau :*) Mon Ami! de la joie!

REGNAULT (*decoupant :*) C'eſt mon avis.

BOUTDARC (*à Zoé, & ſervant le pain :*)
Et le mién.

LOISEAU. Oui, rejouiſſons-nous, puiſ-
que nous le-pouvons ... encore. (*à Henriette :*)
Vous êtes ſi-digne d'être-aimée, MADAME,

que je ne veus-voir, en-ce-moment, que le bonheur de mon Ami.... (*bas :*) Qui vous-a-mariés?

HENRIETTE. M.ʳ Powel.

LOISEAU. Je le-connais ; c'eſt un Honnéte-homme.

HENRIETTE. Il hesitait ; les diſcours de ma Tante, & les raisons que lui-a-donné mon...ſieur Dulis l'ont-decidé.

LOISEAU (*ſouriant*) Dites, mon mari... Ce que vous me-dites-là change tout. J'approuve-donc auſſi votre mariage, malgré... les obſtacles.... Ils ſont grands !... Je tremble pour votre Mari !

DULIS-fils (*à Loiseau*) Elle te-perſuade!

LOISEAU. Il n'en-était-pas-besoin:... mais, je n'en-ſuis-pas moins-effrayé !.... Peutêtre fera-t-il neceſſaire, que tu voyes tes Parens... (*bas, tandis qu'Henriette ſert les Convives :*) Ce mariage eſt nul, de toute nullité.

DULIS-fils (*ſans-lui repondre :*) Mes Amis, de la joie. (*Il verſe à boire aux Dames :*) Betty, mettez vous à table... (*à Henriette & à Zoé :*) Vous le-permettez?

HENRIETTE (*à Zoé :*) C'eſt une excellente Fille, & je l'aime-tendrement.

ZOÉ *fesant-aſſeoir Betty à-côté d'elle :*) Ici, ma Bonne amie. (*Betty ſe-place ; ſa Maitreſſe lui-tend, en-ſigne d'amitié, une main, qu'elle baise.*)

REGNAULT. Il nous-manque ici deux-Perſones : m.ᵐᵉ WAWIN, & m.ˡˡᵉ Julie !

BOUTDARC. Il eſt-vrai. (*On entend-rire audehors.*)

REGNAULT.   Je crois que les-voici ....
J'ai-chargé Bourguignon de dire à m.^{me} Wawin
où nous alions.

DULIS-fils (*se-levant pour ouvrir :*)   J'en-
fuis-charmé , mon Ami !

---

x v j fcène.

LES MÊMES : m_{me} WAWIN, JULIE.
JULIE (*entrant avec un rire-bruyant , à
Boutdarc :*)   Ah-ah !.. à table ! avec de Jo-
lies-femmes ! (*Elle fe-place vivement à-côté
d'Henriette, en-éloignant Betty :*)   C'eft ici
que je veus-être.

BOUTDARC.   C'eft une noce, mon Amie.
Voila les nouveaus-Epous. (*tandif-qu'il
parle, Regnault f'eft-levé, pour donner un
fiége à m.^{me} Wawin, qu'il place ; Celle-ci
a-l'air petitemaitreffe , & pincé.*)

Mme WAWIN.   Mademoiselle était chés
moi, quand Bourguignon eft-venu : elle a-
voulu abfolument, que nous vînffions... (*à
Henriette :*) J'en-fais mes excuses à Madame.   C'eft une indifcretion....

HENRIETTE   Qui nous-fait autant d'honneur que de plaisir.

JULIE.   Nous fommes à la noce !....   Je
veus-danfer ... chanter....

BOUTDARC (*demandant ce qu'elle veut :*)
Mangez d'abord ; je vous-en-prie. (*Il prend
l'affiette qu'Henriette lui-prefente, & la-met
devant Julie.*)

JULIE.   Vous avez-raison....

LOISEAU.   Nous ne pouvons-danfer ici :
remettons ce plaisir-là , mademoiselle.

JULIE. Nous chanterons, aumoins.

REGNAULT. Oui, oui, jufqu'à-moi.

M.me WAWIN. (*d'un air precieus:*) Ce fera-donc la première-fois de votre vie?

REGNAULT. J'en-prouverai-mieux ma joie à Madame (*montrant Henriette*), & à fon heureus-Mari. (*Il prelude, en-regardant m.me Wawin.*)

LOISEAU. Mon Ami, nous donnerons bal & concert, le jour que nous recevrons la ratification de m.r Dulis-père. Aujourd'hui, n'affectons-pas une joie bruyante; notre Ami a-besoin de confeil, d'appui ... D'ailleurs, des Importuns peuvent-venir: il faudrait les-admettre, fi le bruit nous-trahiffait; & je ferais-trèsfâché que Serj fût, avant qu'il en-fait-temps, ce qui viént de fe-paffer.

REGNAULT (*à Julie:*) Il a-toujours-raison.

JULIE. C'eft vrai.... Paix! paix! l'Homme-fage! nous ne ferons-rién, & nous parle-rons tout-bas, tout-bas! (*en-chuchotant à Henriette, & montrant Loiseau:*) Voila notre oracle. (*On frappe-rudement à la porte: Tout-le-monde demeure en-filence, l'attention fuspendue, & dans l'incertitude fi l'on ouvrira.*)

XVIJ fcène.

Les MÉMES, MACBELL, SERJ.

MACBELL (*du dehors:*) Ouvrez-donc! c'eft moi, ma Nièce!

HENRIETTE (*à-demi-voix:*) C'eft ma Tante.

REGNAULT. Silence! elle n'eft pas feule!

Dulis-fils (*se-levant :*) Qu'importe! il faut-ouvrir à ma Tante. (*Il ouvre ; Macbell, entre suivie de Serj.*) Nous vous-attendions avec impatience, mifs Henriette & moi, Madame!.... Mes Amis font-venus me-voir, pour celebrer ma convalefcence. (*à Serj :*) Ah! c'eft mon Cousin!..... Serviteur! (*Serj lui-prend la main, en-ricanant.*)

Macbell. C'eft-bién, meffieurs & mesdames! c'eft bién!.... Voila m.ᵣ votre Cousin, que j'ai-rencontré en-fortant de chés moi ; j'ai-dit que je venais-vous-voir; il a-voulu m'accompagner. (*à Henriette, à-demi-voix, mais affés haut, pour être-entendue par Serj :*) Ton Mari me-paraît-beaucoup-mieux!... (*à Dulis-fils :*) Votre Petite-femme eft-charmante, ce-foir!

Dulis-fils (*bas :*) Paix! il ne faut-pas que mon Cousin foit-encore-inftruit.

Macbell (*haut :*) Il fait-tout.

Dulis-fils (*diffimulant fon inquietude :*) A-la-bonne-heure. (*Les quatre-Amis fe-regardent à-la-derobée, & marquent combién ils font-fâchés de ce contre-temps.*)

Macbell. Alons, ma Nièce, partons.

Dulis-fils (*bas à Macbell :*) Quoi! vous l'enmenez!

Macbell. (*bas :*) Je badinais, m.ᵣ Serj ne fait-rién, & j'enmène ma Nièce, pour mettre fa penetration en-defaut.

Serj (*d'un ton d'ironie :*) Adieu, mon chèr Cousin! (*Macbell fort avec Henriette Serj Regnault & Boutdarc, qui reconduisent la Nouvelle-épouse.*)

XVIIJ scène.

DULIS-fils, LOISEAU, ZOÉ, m.me WAWIN,
JULIE, BOURGUIGNON, un FACTEUR.

LOISEAU. Ser j est-instruit : Il n y-a-pas-
un-instant à-perdre : Il faut-partir, fléchir
tes Parens, prevenir les mauvaises-impressions
que pourront-faire les discours de ton Cousin.
Il est-méchant, tu le-sais, & il est ton rival ?

ZOÉ C'est mon avis. (*On frappe.*)

LE FACTEUR (*non-vu :*) M.r Dulis-fils !
une Lettre ! six-sous ?

DULIS-fils. C'est de ma Sœur ?....

BOURGUIGNON (*repondant :*) J'y-vais.
(*Il ouvre, le Facteur se-presente, donne la*
Lettre & reçoit le port.)

DULIS-fils (*prenant la Lettre :*) Oui, c'est
de ma Sœur.... (*Il semble craindre de l'ouvrir ;*
son Ami, & les Dames le-regardent en-silen-
ce.) Je tremble... (*Il brise le cachet, & s'ar-*
réte-encore : Il la-donne à Loiseau.)

LOISEAU (*lisant :*) »Je t'écris le jour de
»ta fête, mon chèr Frère, & c'est un triste-
»bouquet !... (*bas*).. (*haut*) Je supplie miss
»Henriette (*bas*).. (*haut*) de joindre ses
»prières aux miennes, pour que tu croyes aumoins en-Dieu».... &c.ª [2A3]. Tu es calomnié de toutes manières !.... car tu n'es-pas-
athée... Il faut-partir....

DULIS-fils. Oui, je partirai..... Mon
Ami, mon consolateur. mon soutién, mon
appui !.. veille sur ma Femme, durant mon
absence : je pars ce-soir ... ce soir, à-l'instant :
oblige-moi d aler me-louer une chaise.

LOISEAU. Si tu es en-état de supporter le voyage, je t'approuve.... J'ai ce qu'il te-faut : ce-matin j'ai-lu dans les Petites-affi-ches, qu'un Honnête-particulier, qui s'en-retournait en-chaise, voudrait-avoir un Com-pagnon : Il part à onze-heures-du-soir. Je te-rendrai sa reponse dans un-instant.

DULIS-fils. C'est ce qu'il me-faut : Je vais-me-preparer, & prendre-congé de ma Femme & de ma Tante. (*Il se-lève pour sortir; son Ami appelle le Domestiq.*)

X I X scène.

LES MÊMES : BOURGUIGNON.

LOISEAU. Bourguignon? (*Bourguignon arrive:*) Faites la malle de Dulis : il part ce soir : je vais-assurer sa place.... (*à Dulis:*) Je previéndrai le Commandant : (*aux Da-mes:*) Je vous-reconduis, mesdames.

ZOÉ. Adieu, mon chèr-Dulis.

JULIE. De la gaîté ! faites-rire votre Père, & il consentira.

M.me WAWIN. Je vous-souhaite, mon-sieur, le succès que merite votre aimable Epouse. (*Elles sortent avec Loiseau.*)

DULIS-fils (*à Bourguignon*) Je vais chés madame Macbell : Tiéns, porte ma malle; je ne reviéndrai-pas ici.

BOURGUIGNON. Suis-je du voyage ?

DULIS-fils. Oui.

BOURGUIGNON. Je vais donc aussi me-preparer.

Fin du Premier Acte.

Second Acte.

[*Le theatre represente le bout d'une avenue;
la porte principale du château de Dulis-
père forme le fond de la scène ; sur le côté
est une auberge trèsdetachée ; de l'autre un
verger, tenant au château.*]

J scène.

DULIS-*fils*, BOURGUIGNON, l'AUBERGISTE.

DULIS fils (*arrivant, & montrant du geste
l'Aubergiste & l'auberge à son
Domestiq :*) Laisse-moi,
Bourguignon. (*Il s'avance timidement vers
la porte du château ; il écoute, regarde ;
prend le heurtoir, & ne frappe-pas. Il re-
viént-concentré, fesant par intervales, le
geste de la douleur.... Il s'approche d'une
porte-de-côté, la pousse ; elle cède : Il entre
à-demi, & ressort :*) Persone ! (*Il entre
dans le verger*)

L'AUBERGISTE (*le regardant-aler :*)
Monsieu' ! Monsieu'. Illi-a-lai eun grous
Chién !.. prenez-garde ! (*à Bourguignon,
qui rentre sans-l'écouter :*) I'n'm'a-coute tant-
seulement-pas ! (*Il fait quelques-pas, pour
aler après Dulis-fils, & s'arrête:*) J'vourais-
bén-savoir de quoi qu'je-m'mêle ! (*Il rentre.*)

I J scène.

DULIS-*fils* (*rentrant avec effroi*), l'AU-
BERGISTE (*qui reviént en-riant.*)

DULIS-fils (*seul :*) Ce Chién !... ce Chién
voulait me-devorer !.... C'est moi qui l'ai-

nourri.... J'ai-desobéi à mon Père ; les Animaux me-meconnaissent !

L'Aubergiste. Eh-bén ? Illi faitait-i-chaud ! J'vlais vous-mener ! vous n'avez-pas-voulu, aussi ?

Dulis-fils. Laissez-moi ! laissez-moi, je vous prie !

L'Aubergiste (*se-retirant :*) Il a queuqu'chouse dans la tête !.. Mais o-qu'ça-f'rait l'fils d'la maion ! I'm'a-l'air toutcoume d'un Mousquetaire !.... (*Il rentre à-reculons, en-regardant Dulis-fils, qui se-retourne, & l'oblige à-disparaître.*)

I I J scène.

Dulis-fils, Germain, Claudine.

Germain (*sortant par la petite-porte :*) J'ai-vu Queuqu'un !... Quioft-la !... (*parlant en-dedans :*) Quia-donc-laissé la porte ouverte si-matin ?

Claudine (*accourant :*) C'est p'têtre les Bucherons, qui font-fortis aveuc Monsieu' ; ou-bén les Laboureurs, ou-bén les Vignerons ; ou-bén je ne fais-pas Quî, moi.

Germain (*se-chargeant d'un semois & d'un barril :*) J'm'en-vas-foumer.

Dulis-fils. St ! St !

Germain. Quioît-ce qui m'appeule ? J'nai-pas-l'temps d'babiller.

Dulis-fils. Germain ! Germain !

Germain. Ah !... O monsieu' Nicolas ! ç'oft vous ! le Bonguieu vous-b'nisse, coume j'vous-b'nissons tretous ! mais voute Père vou'-a bén-maudit ! (*Il pleure :*) J'vou'aîmons tre-

tous, à-cause qu'vou'nou'ête-bon & doux; &
Peursoune n'a-pûs-de-r'semblance à voute
Père, que vou'. (*Il lui-baise la main.*)

DULIS-fils. Bon-Germain! bon-Garson!...
(*à Claudine, qui le-regarde sans-oser approcher:*) Bonjour, Claudine.

CLAUDINE (*accourant auprès de lui:*)
Oh! bonjou', monsieu' Nicolas! Que j'suis-
don'-aise d'vous-voir! & que vote Sœur Madelène, à-ç't'heure m.me D'Angeliers, en-s'ra-
don'b'n'aise aussi! car a'vou'aime, a'vou'aime!

DULIS-fils. Mes Enfans! je crains mon
Père! s'il alait-venir?....

GERMAIN. Il ost-parti à la p'tite-pointe-
dou-jour ave ses Beuch'rons.

DULIS-fils (*à Claudine*) Et ma Sœur?

CLAUDINE. A' n'ost pas l'vée: dès qu'a'-
l's'ra, j'lli-dirai qu'vou'ête-arrivé

DULIS-fils. Bon, ma Fille! vous viéndrez m'avertir: je vais-rentrer à l'auberge.

GERMAIN, & CLAUDINE (*ensemble, atten-
dris:*) A l'auberge! un Fils-de-la-maion!
(*Dulis-fils rentre dans l'auberge, en-se-re-
tournant plusieurs-fois du-côté de la maison-paternelle.*)

IV scène.

GERMAIN, CLAUDINE.

GERMAIN. C'ê' lê' Anglais quian sont-
cause!

CLAUDINE (*curieusement:*) Comment-
donc-ça, Germain?

GERMAIN. Les Filles ne comprenont-pas
ces chouses-lai....

CLAUDINE. Oh ! qu'fi-fait ! j'fais-bén, coume Monfieu' nou'-conte les foirs, que les Anglais firent-brûler la Pucelle ; &-puis-qu'i' voliont, pilliont, faccagiont, bruliont, violiont, éventriont les pauvres Femmes & Filles, tant qu'il' en-trouviont.... Oh ! j'm'en-fou-viéns-bén p'tête ; car Monfieu' l'conte tous les jours : Et-puis-que v'la qu'il'ont-tué je n'fai pâ'où, monfieu' Charles, un fi-brave Gar-fon ! fi-aimabe, que j'aimais tant ! (*Elle pleure.*) Ah ! i'font-bén-mechans !... *Ger-main f'en-va par le verger.*)

<hr>

V fcène.

<hr>

CLAUDINE, MADELENE (*arrivant en-peignoir.*)

MADELENE. Tu parlais à Quelqu'un, Claudine ?

CLAUDINE (*vivement, lui-prenant les mains :*) O ! Madame !... madame !... mon-fieu' Nicolas....

MADELENE (*avec émotion :*) Mon Frère !...

CLAUDINE Il eft-arrivé... (*triftement :*) Il eft-là... là,.. à l'auberge.

MADELENE. Cours l'avertir, ma Fille, que je vais l'aler-voir, après avoir prevenu mon Mari : Je crains qu'en-venant ici, ma Mère, mes Frères, ou mes Sœurs ne le-voient. (*Madelène rentre.*)

<hr>

V J fcène.

<hr>

CLAUDINE, *l'Aubergiste, Dulis fils.*

CLAUDINE (*frappant à la porte de l'au-berge :*) Grandcorps ! Grandcorps !

L'Aubergiste (*en-bonnet-de-nuit, à la fenêtre:*) Quieppeule?... Ah! c'est vous, ma'm'selle Glliaudine? J'y-vas.

Dulis-fils (*sortant au même-instant, bas à Claudine:*) Ma Sœur va-t-elle venir?

Claudine. Oui, m.me D'Angeliers vous-veut-parler. Elle entrera par la porte-du-jardin, pour n'être-pas-vue de l'Hôte.... La v'la qui sort.... (*Dulis rentre dans l'auberge.*)

V I J scène.

L'Aubergiste, Claudine.

L'Aubergiste. J'crais-counaître ç'Monsieu'-là, quoiqui' s'cache-bén?

Claudine. Vous-vous-pouvez-tromper, Grandcorps.

L'Aubergiste (*affectant un air-malin:*) Oh! que non! ma'm'selle Glliaudine!..... Morguié qu'vou'ête-joulie!... Coume vou achailandriez mon cabaret!

Claudine. Fi-donc? Cabaretière! j'aimerais-mieux ... Mais, adieu, Grandcorps. (*Elle court au château.*)

V I I J scène.

[*La scène change, & le theatre represente une chambre de l'auberge.*]

Dulis, Madelene, m.r D'Angeliers.

Dulis-fils (*se-precipitant dans les bras de sa Sœur:*) O mon Amie!... ma Sœur!...

Madelene. Mon chèr Ami!... Helas! que cette entrevue aurait de charmes, sans tes malheurs!

M.r D'Angeliers. Bonjour, mon Frère.

DULIS-fils (*lui-ferre la main, en-foupi-rant, fans-lui-parler ; à fa Sœur :*) Quelle nouvelle ?

MADELENE. Tous mes efforts, pour calmer la colère de mon Père, n'ont-point-encore-eu de fuccès ! .. Auffi, mon Ami, un pareil mariage !

DULIS-fils. Que ne peus-tu-voir Henriette !... O ma Sœur, c'eft la beauté, unie à la vertu, la conftance, la tendreffe la plus-desintereffée !....

MADELENE. Mais elle eft anglaise...... Je te ferais-trembler, fi je te-disais jufqu'où notre Père pouffe la colère contre ton mariage, & la haîne contre les Anglais !.... Et pour l'y-confirmer ; ils viénnent-de-maffacrer notre Frère Charles !.... Jamais il ne te-pardonnera : c'eft un parti pris.... Cependant, nous tâcherons de le-flechir.... Notre Mère ne detefte-pas-moins la Nation-anglaise, que notre Père lui-même ; l'Un, pour entretenir cette fatale-prevention, nous-lit toutes les femaines, depuis la mort de mon Frère, le recit du procès que les Anglais firent à Jeanne-D'Arq, auteur de notre nobleffe ; en-effet, ce recit fait-fremir ; ma Mère nous-raconte fans-ceffe le trait que tu fais.

DULIS-fils. La Nation-française, toutes les Nations de l'Europe, de l'Univers, avaient alors les mêmes-mœurs : pourquoi faire exclusivement un crime aux Anglais, des mœurs generales ? D'ailleurs, l'Evêque-de-Beauvais, & la plupart des autres Juges de Jeanne, étaient français.

MADELENE. Je veus le-craire, mon Ami, & ce n'eſt pas moi, que tu auras de la peine à perſuader..... Mais concertons-nous : il faut-tâcher de toucher le cœur de mon Père : J'y-emploierai tous mes ſoins : je profiterai de toute la tendreſſe qu'il a pour moi; & m.ᵣ D'Angeliers me-ſecondera de toutes ſes forces..

M.ᵣ D'ANGELIERS (à *Dulis-fils :*) Vous pouvez-y-compter, mon Frère. Mais il faut de l'art!... Que ma Femme parle d'abord ſeule : d'après ſes progrès, je la ſeconderai : vous paraîtrez enſuite, quand il en-ſera-temps.

MADELENE (à *ſon Mari :*) Que je vous-aurai d'obligations, mon chèr Mari, ſi nous parvenons, avec vos conſeils, à reconcilier mon Père avec un Fils plein de qualités, le pro-tecteur que m'a-donné l'usage reſpectable de notre Famille, & que j'aime ſi-tendrement!.... (à *ſon Frère :*) Oui; je parlerai. M.ᵣ D'An-geliers t'avertira, lorſqu'il faudra-paraître.... Nous alons te-laiſſer, pour ne pas expoſer, par un plus-long ſejour, le ſecret de ton arrivée.... Adieu, mon Ami,... mon chèr Dulis!....

DULIS-fis. Tu ranimes mes eſperances! l'amitié me fut-toujours-favorable : vous ſa-vez tous-deux ce qu'a-fait pour moi mon chèr Camarade Loiſeau : il m'a-ſauvé la vie... Ma Sœur, ma Cliente, me-rendra le bonheur; je devais la proteger, c'eſt elle qui me defen-dra.... (*Il embraſſe Madelène :*) A-tantôt, mon chèr D'Angeliers! (*Il embraſſe ſon Beaufrère, preſſe en-même-temps la main que ſa Sœur lui-preſente : Ils ſortent.*)

IX

I X ſcène.

[*La ſcène change & repreſente la ſalle-à-
manger du château de Dulis-père : On eſt
à-table : Serj arrive : un-inſtant après,
entrent m.r & m.me D'Angeliers.*]
*Dulis-père , m.me Dulis , toute la Fa-
mille (compoſée comme elle eſt-nommée
dans la page des Perſonages)*, Serj.

Dulis-père. Bonjour, mon Cousin... (*à
ſa Femme :*) C'eſt votre Parent le plus-pro-
che, mon Amie. (*à Serj :*) Mettez-vous-là
(*lui-montrant la place à-côté de la Maitreſſe.*)

Serj (*ſaluant tout-le-monde :*) Mon
Cousin, je viéns dans la province, exprès
pour vous. (*à m.me Dulis :*) Votre ſervi-
teur, Madame... Mes Cousins, je vous-ſalue...
Mes belles Cousines, recevez mon hommage.

Dulis-père. Vous avez-vu Dulis, avant
votre depart, mon Cousin?

Serj (*affeſtant l'air contriſté :*) Oui,
mon Cousin... mais depuis qu'il eſt-marié....

Dulis-père. Marié !... marié !....

Serj (*avec une feinte ſurprise :*) Si j'avais-
ſu que vous l'ignoriez....

Dulis-père. Marié... malgré ſon Père !...
Quelle Fille ſ'eſt-aſſés-peu-reſpectée, pour
épouser un Fils, malgré ſon Père ?

Serj. C'eſt une Étrangère, chés qui ces
mariages... ſont-permis... Elle ignore nos lois.

Dulis-père (*avec feu :*) Les lois de la
nature ſont de tous les pays ,... excepté l'Angleterre... C'eſt une Anglaise qu'il a-épouſée?

I Partie. **L**

SERJ (*baissant les ïeus sur son assiette :*) C'est miss Henriette-Kircher.

DULIS-père (*avec-emportement :*) Son Anglaise!.. (*regardant le portrait de son Père qui est dans la salle :*) Vous, à-qui j'ai-toujours-rendu l'obéissance d'un Fils, pendant votre vie, & jusque dans le tombeau !... Vous, qui me-fites-jurer, au-lit-de la-mort, haîne & vengeance contre les Anglais ; je vous-atteste, que je chargerai le Rebèle à vos ordres & aux miéns, de la malediction paternelle !

MADELENE (*suppliant :*) Mon Père !....

DULIS-père. Ma Fille, vous n'ignorez-pas, non-plûs que le Coupable, que je fus un Fils obéissant, & qu'à ce titre, autant qu'à celui de Père, mes Enfans me-doivent une soumission sans-bornes.... Et votre Frère (car il n'est-plus mon Fils,) agit envers moi, comme auqu'un Fils ne l'oserait envers le plus-meprisable des Pères... (*à Serj, tandisque Madelène essuie ses larmes :*) Mon Cousin : J'ai-present, comme si-j'y-étais, le jour où mon Père (.........) termina son honorable vie...... J'étais-à-côté de son lit : Après avoir-reçu ma promesse, que j'épouserais ma Femme (Dieu la-benisse, c'est ma digne Epouse)! il reprit la parole, en-ces termes : —Mon Fils, vous savez que la haîne contre les Anglais est-hereditaire dans notre Famille : mais plusieurs-Persones la-regardent comme injuste ; ils disent, que si tout le monde conservait également le souvenir des anciénnes-injures, la Société serait-dissou-

te, & que les Hommes ne pourraient-plus-
vivre enfemble : On m'a-donc-exhorté à-
ceffer de haïr une Nâtion, avec laquelle nous
fefions la paix ; que la Reine-Anne rendait
notre alliée, notre appui.... Ces raisons pa-
raiffent-fortes : on vous-les-renouvelera :
elles vous-changeront, & vous cefferez de
haïr des Voifins reconciliés-? Il fe-tut. Je
le-regardais, incertain, f'il exigeait, ou
f'il interrogeait. Enfin, je pris un parti.
—Au nom du facrifice de ma volonté, que je
viéns de vous-faire, mon Père (lui dis-je) ;
n'exigez-pas que je ceffe de haïr les Anglais !...
je les-abhorre, & c'eft en-moi une autre na-
ture-. A-ce-mot, le Moribond laiffa-couler
des larmes-de-joie : puis me-regardant, &
tirant de-fous fon chevet un piftolet chargé :
—Tu as-bién-fait ! me dit-il : fi tu m'avais-
promis de ceffer de haïr les Anglais, je t'au-
rais-cru-difpofé à me-desobéir pour ton mariage, & je te brûlais la cervelle-.
Serj & toute la Famille (*fremiffant :*)
Jufte-ciel ! (*Serj feul :*) Quel Homme !
Dulis-père. Que n'eft-il ici !... Mais je
me-montrerai digne de lui. Mon Cousin, je
vous-laiffe. Je fuis-trop-ému. (*à fes Garfons-
de-charrue & Vignerons :*) Enfans, prenez
quelque-repos, & laiffez-paffer la grande-cha-
leur du jour ; vous en-travaillerez enfuite avec
plûs de courage. (*Ils fortent : Dulis-père
prend un fufil de ceux placés en-travers
fur la cheminée antique, & fort ; fuivi de
fes Fils & de fes Filles, excepté Madelène.*)

x scène.

M.me *DULIS*, *m.r* & *m.me D'ANGELIERS*, *SERJ*.

M.me DULIS (*à Serj:*) Mon Fils est-marié!

SERJ. Il n'en-faut-pas-douter, madame: je le-tiéns de la Tante de la Jeune-anglaise: ils ont-passé en-Angleterre; ils ont-été jusqu'à *Grethna-Green*, à ce que m'a-dit la Tante (qui peutêtre mentait); c'est un endrait de l'Ecosse, où les mariages contre l'autorité panelle font-permis; ils en-font-revenus, & font actuellement à Paris, mariés, vivans ensemble, se-traitant de mari & femme.

M.me DULIS. Quelle conduite!... Mais son mariage n'est-valide que pour des Anglais.... (*à sa fille Madelène:*) Vous êtes-instruite, ma Fille : que repondrez-vous?

MADELENE (*baissant la vue :*) Ma confusion & mes larmes ... voila ma reponse.... O ma Mère!.... Il est-marié;.... peut-il, sans-bassesse, sans-perfidie, abandonner sa Femme? Pouvons-nous lui-demander une obeissance, qui serait un vice dans son cœur!

M.me DULIS. Mon Fils est-donc-perdu!

SERJ. Quand on a-commis une faute comme la siénne, on n'est-plus-digne d'être-vertueus.

MADELENE (*avec indignation :*) Vous êtes bién-dur !... est-ce par vertu?

M.me DULIS. Tàchons, ma Fille, & vous, mon Gendre, de flechir un Père offensé....: Ce ne sera pas l'affaire d'un jour! mais il y-faut-travailler sans-relâche. (*à Serj :*) J'espère que vous-nous-seconderez, mon Cousin?

SERJ (*à-part, en-la-suivant :*) Oui ! je fervirai mon Rival !

MADELENE (*à fon Mari :*) Gardons mon infortuné Frère, fans-le-montrer, & attendons un jour plus-heureus !

Fin du Second Acte.

Troisième Acte.

[*La scène eft à Paris, dans la maison d'Henriette, & dans la chambre occupée par Loiseau, à l'hôtel-des-Moufquetaires.*]

J fcène.

[*Le theatre represente la chambre d'Henriette : la Jeune-anglaise eft à fa toilette, & f'arrange en-voyageuse.*]

HENRIETTE, BETTY.

HENRIETTE (*avec-inquiétude :*) Ma chère Betty ! je ne fais ! mais on me-fait-faire une chose qui me-deplaît ! Partir, à-l'infu de mon Mari ; avec Mylord ; un Jeune-homme, riche !... Mais cette fucceffion qui nous-attend en-Angleterre, & celle que nous perdons ici.... nous-mettent dans une position fi-facheuse !...

BETTY. Naturellement, je devrais-incliner pour Mylord : mais ... vous êtes-mariée ; trèsbién-mariée :... quitter un Mari qui vous-aime, & que vous aimez !....

HENRIETTE (*foupirant :*) Ma Tante me-donne des raisons : Etpuis, ce n'eft que pour un temps.

BETTY. Je le-fouhaite !... mais ... votre procès perdu.....

L 3

IJ scène.

HENRIETTE, BETTY, MACBELL (arrivant en-colère.)

MACBELL *(à Betty, du ton du mecontentement :)* Retirez-vous ! *(bas à la Même :)* Bavarde ! on vous laissera en-France.

HENRIETTE *(entendant ces derniers mots)* Non, non, ma Tante ! j'aime Betty, & je ne partirai-pas sans-elle.

MACBELL *(s'adoucissant, & fesant la fonction de Betty :)* De-quoi se-mêle-t-elle ?... En-voulant-servir m.ʳ Dulis, elle agit contre ses interêts. *(bas)* Cette Fille vous-portera prejudice ; c'est-moi qui vous-le-dis : c'est une intriguante, une curieuse, une indiscrette, une amie des Français.

HENRIETTE. Ce derniér defaut est le mién.

MACBELL. Pour vous, ma Nièce, à-la-bonne-heure : vous avez des motifs : mais cette Espèce n'a que de la sotise & du caprice.... Laissons-la ici ... ou mieux, envoyons-la en-Puisaie, auprès de votre Mari : chargez-la, comme à mon insu, d'aler lui-rendre-compte de vos motifs pour repasser en-Angleterre ? Il a-confiance dans cette Folle ; vous le-menagerez par ce message, & tout ira-bién.... Le temps presse..... Notre Parent est-mort depuis un mois.

HENRIETTE. Quoique je goûte fort ce plan, je ne puis me-separer de Betty. Je ferai ce que vous dites, mais par Un-autre qu'elle. Je n'ai ici que Betty, pour parler-français, & m'entretenir de mon Mari.

MACBELL. Il faut-vouloir tout ce que vous voulez, ma Nièce.... Je vous-avouerai, que votre Mari eſt-prevenu, ou doit l'être à cet inſtant : J'ai-chargé m.ʳ Serj d'une Lettre : il eſt-parti.

HENRIETTE! C'eſt le parent de mon Mari :... mais....

MACBELL. C'eſt ſon rival.... Qu'importe ; il n'en-fera que mieux ma commiſſion.

HENR. Votre Lettre, rendue par une pareille-main, ne ſera-pas-agreable à mon Mari !

MACBELL (*ſecouant la tête :*) Qu'importe ... pourvu qu'il ſoit-inſtruit ?

HENRIETTE. D'où-viént ne m'avoir-pas-montré cette Lettre ?

MACBELL. J'étais-trop-preſſée ; m.ʳ De-Serj partait, & je m'en-debarraſſais.

HENR. (*ſe-levant :*) Me voila prête enfin !...,

MACBELL (*l'embraſſant :*) Et voici Mylord, ma chère Nièce.

HENRIETTE. Quoi! deja !

I I J ſcène.

HENRIETTE, MACBELL, MYLORD, BETTY.

BETTY (*annonçant :*) Mylord.

MYLORD. Tout-à-vous, mesdames! (*à Henriette :*) Ma Belle-compatriote, venez?

HENRIETTE (*ſurprise :*) Quoi! nous partons ,... à-l'inſtant !

MACBELL. Un-moment! ſ'il vous-plaît, Mylord !.... Ma Nièce, permettez : j'ai un-mot à dire à Mylord. (*à Betty :*) Vous, portez ces cartons dans la chaise.

I V ſcène.

MACBELL, MYLORD.

MACBELL. Vous ſentez, mylord, qu'a-vant de remettre ma Nièce entre vos mains, il faut que nos conditions ſoient-arrêtées ?

MYLORD. Je vous-ai-donné ma parole.

MACBELL. Il me-faut des effets : & en-outre, pour me-conſerver la confiance de ma Nièce, realiser pour elle & pour moi, la pre-tendue ſucceſſion du Parent que je dis mort à Newmarket ?

MYL. Tout-cela ſe-fera ; je vous-l'ai promis.

MACBELL. Des promeſſes, mylord....... ne ſuffisent-pas.

MYLORD. Vous defiez-vous de moi ?

MACBELL. Je ne me-fie à Perſone.

MYLORD (*riant :*) Pas-même à votre conſcience.

MACBELL. Non : On peut quelquefois ſe-trahir ſoi-même : cela eſt-arrivé.

MYLORD (*riant :*) Et cela arrive encore.

MACB. Trève-de-diſcours, le temps preſſe.

MYLORD. Partons !

MACBELL. Mes aſſurances ?

MYLORD. Apprenez, *madam* Mabell, qu'il faut ſ'en-rapporter à moi..... (*Il ap-pelle :*) Jemmy !... Je pars, *madam.*

MACBELL (*ſe-radouciſſant :*) Je m'en-rapporte donc à vous.... Mais ſongez qu'en-arrivant à Londres....

MYLORD. Nous alons à York.

MACBELL. Je croyais que c'était à Londres ?

MYLORD. *No....* Jemmy ?

v *scène.*

*MYLORD, MACBELL, HENRIETTE, BETTY,
JEMMY.*

JEMMY *(suivant Betty, qui rentre:)*
Tout être-prêt, mylord.

HENRIETTE *(arrivant:)* Je vous-an-
nonce une visite, ma Tante, C'eſt le bon
Ami de m.ʳ Dulis, qui viént avec deux-autres
de ſes Camarades.

MACB. Ils feront-temoins de notre depart.

MYLORD. Non pas, *madam*, ſ'il vous-
plaît! Je ne crais-pas que cela ſoit-à-propos.

HENRIETTE. D'où-viént, Mylord?......
Ils rendront-compte à mon Mari de mes ſentimens?

MACBELL. Mylord a-raison.... Jemmy?
(bas:) Renvoyez-les... *(haut:)* Ma Nièce,
partons: Quelqu'obſtacle imprevu pourrait-
nous-arrêter. *(Tous les Perſonages ſortent;
Henriette & Betty, avec repugnance, &
comme entraînées.)*

v j *scène.*

*LOISEAU, REGNAULT, BOUTDARC, ZOÉ,
le MAITRE de l'Hôtel-garni.*

L'HÔTE. On viént de me-remettre les
cléfs: l'appartement eſt-propre & commode:
Voyez, madame & meſſieurs!

ZOÉ *(aux Hommes qui l'accompagnent:)*
Elles ſont-delogées: Ce ſont-elles qui par-
taient en-chaise? *(On appélle l'Hôte.)*

L'HÔTE. On y-va!... Pardon! je vous-laiſſe.

LOISEAU. Henriette!....... Cela me-ſurprend! Elle aimait ſon Mari!

REGNAULT (*brufquement :*) Voila les Femmes!.... La girouette eft-moins-variable!.... Sexe maudit!...

BOUTD. (*fouriant :*) Te voila en-boutade...

REGNAULT. Ah! riez, riez, monfieur le Plaisant-doucereus!... Il en-coutera peut-être la vie à notre Ami!....

LOISEAU. Henriette!... Je ne m'y-ferais-jamais-attendu! Voyons?... (*Il regarde par-tout, & paraît-chercher une Lettre.*)

REGNAULT. Il faut f'attendre à-tout, avec les Femmes. Ces Etres inconfequens & frivoles, tendres par grimace, ou par oftentation, aiment les enlèvemens! ce font leurs delices!.... Une Belle-enlevée, f'afflige avec tant de volupté!.... La voila heroïne.... Elle ferait-bién-fàchée qu'on la-delivrât, avant d'avoir-éprouvé toutes les horreurs de fon fort.... Enfuite, après avoir-favouré les outrages, elle n'en-eft que plus-ardente à-faire-punir l'Offenfeur : Les Femmes veulent-profiter du vice, & conferver les honneurs de la vertu.

ZOÉ (*avec douceur :*) Vous outrez-toujours, monfieur !

REGNAULT. C'eft que les defauts des Hommes font-toujours-outrés.... Enfin, les voila parties, & l'avis donné par la Femme-de-chambre d'Henriette n'était que trop-certain !...... Mais, Monfieur (*montrant Boutdarc*), n'en-a-voulu-rién-craire !........ C'était l'impoffible !....

BOUTDARC. J'avais-tort.

REGNAULT. Cela vous-arrive-fouvent !

LOISEAU. Voici un papier.... C'eſt de l'ecriture d'Henriette.... Voyons. (*Il lit:*) »Mon chèr Mari, je ſuis-ſenſible, autant que »tu peus l'imaginer, à l'inquietude où nous »alons te-laiſſer, &c.ᵃ [2A5]. Elle n'eſt-coupable que d'imprudence. Je m'en-doutais!... Gardons precieuſement cette Lettre, pour la-montrer à Dulis, en-lui-apprenant le depart de ſa Femme.

REGNAULT. Quelle tête legère! partir ainſi!... O Femmes! les meilleures d'entre-vous ne valent-rién!

ZOÉ (*à Loiseau:*) Cherchons un remède à ce qui ſe-paſſe?

LOISEAU. Je n'oſe l'annoncer à Dulis..... Me-taire aura peutêtre des inconveniens......

REGNAULT. Il faut l'inſtruire: Dulis eſt un Homme: il ſaura-ſupporter un malheur connu: un malheur ignoré eſt-centfois-pis!

BOUTDARC. Cela n'eſt-pas-toujours-vrai.

REGNAULT. Toujours, morbleu!.......... Ignorer qu'on nous-trahit, qu'on nous-joue! Offrir à nos Ennemis le ſpectacle, avidement goûté, de notre ſecurité trompeuſe autant qu'humiliante.... C'eſt le plus-affreus des ſupplices.

BOUTDARC. Qu'on ne ſent-pas.

REGNAULT. Si-fait, morbleu.... Je le-ſens-moi, pour Dulis: & ne ſuis-je-rién?

LOISEAU. Je le-ſens plus-vivement peut-être, & n'en-ſuis-pas-moins-embarraſſé! Si nous avions ici Bourguignon!

ZOÉ. Envoyons-lui le Maître-de-l'Hôtel-garni. Je le-crais intelligent : il parlera, ou se-taîra, suivant les circonstances ?

LOISEAU. Vos avis sont toujours les meilleurs, mademoiselle.... Monsieur l'Hôte ? (*L'Hôte d'Henriette paraît.*)

VIJ scène.

Les Mêmes : L'Hôte.

L'HÔTE. Monsieur ?....

LOISEAU. Pourriez-vous-partir, à-l'instant, pour la-Puisaie ?

L'HÔTE. Oui, & même pour l'Angleterre.

LOISEAU. Votre bonne-volonté ne sera-peutêtre-pas-inutile.

L'HÔTE. Si la Jeune-dame vous-interesse, je vous-avertis qu'un Mylord l'enmène, que sa Tante la-trompe, & que ma'm'selle Betty en-larmes, la suit, parce-qu'elle ne veut-pas-quitter sa Maitresse.

LOISEAU. Partez. Voici une Lettre pour Dulis : j'y-vais-mettre le dessus, & y-joindre deux-mots de ma main. Vous ne lui-decouvrirez le départ de sa Femme, que lorsqu'il pourra-supporter le coup, sans-danger. Donnez-moi une plume, de l'encre, du papier, s'il vous-plaît ?

L'HÔTE (*appelant :*) Une plume, une écritoire, du papier?.... (*Il reçoit tout cela & le donne :*) Je vais me-preparer, monsieur : Ecrivez. (*Il sort.*)

XIJ scène.

Les Mêmes.

LOISEAU (*assis devant une table ; à Zoé & à ses Amis :*) Comment écrire ? La

tournure m'embarraſſe?... Que lui-dire !......
Si je ſuivais mes preſentimens, je partirais ?

ZOÉ. C'eſt mon avis.

REGNAULT. Pars, mon Ami, ou moi.
(*Loiseau ceſſe-d'écrire, & met le papier dans
ſa poche.*)

LOISEAU. Je partirai donc : tu es-trop-
vif. Va-ſeulement-demander pour moi un
congé de huit-jours. (*à Zoé:*) A-quoi
penſais-je? Envoyer un papier, à mon Ami
malheureus !... La peine de vous-quitter avait-
prevenu la reflexion.... (*Ils ſortent.*)

Fin du Troisième Acte.

Quatrième Acte.

[*La ſcène eſt-tranſportée à York, en-Angleterre, dans la maison de mylord Taaff.*]

J ſcène.

HENRIETTE, BETTY.

HENRIETTE (*dans l'abbattement:*) Depuis que j'ai-quitté Paris, & que nous habi-
tons cette maison, je n'ai-pas-eu un-ſeul-
inſtant de repos !.... Ah! j'ai-fait une grande-
faute Betty !.... Partir pendant ſon abſence!
Qu'a-dû-penſer mon Mari ?.... Peutêtre il
eſt au-deseſpoir !

BETTY. La chose eſt-faite : je vous-en-
aurais-diſſuadée auparavant, ſi je l'avais-pu ;
mais elle eſt-faite : je ne dois-plus que vous-
conſoler, & ſoutenir vos eſperances.

HENRIETTE. Nous toucherons bientôt le

montant de notre succeffion : je veus-repartir le jour-même.

BETTY. (*avec retenue :*) Ce ne font-pas les vues de tout le monde.

HENRIETTE. Que je me-deplais ici !.......

BETTY. Cependant mifs Anna vous-y-comble d'attentions, d'amitiés ?

HENRIETTE. Ah ! cette jeune-Sœur de Mylord eft-toute-aimable ! comme elle eft-bonne , compâtiffante pour ce jeune Prifonnier-français !....

BETTY. Quel-malheur pour ce pauvre Jeune-homme !.. avoir-perdu la memoire par fa bleffure , & ne pas la recouvrer, quoiqu'il foit-gueri !....

HENRIETTE. Mifs Anna dit qu'il commence à-fe-reffouvenir de quelque-chose.

BETTY. Oui ; c'eft elle qu'il femble-reconnaître.... S'il eft-bién-vrai qu'il commence, & qu'elle ne f'abuse-pas, la guerison ira-vîte, à fon âge, avec les foins que la jeune Mifs en-prend, ceux que lui-donne mylady Darby fa Tante, & les attentions de Mylord.... En-verité, il eft-charmant !

HENRIETTE. Je lui-trouve des traits de mon Mari ?

BETTY. Les Français, comme les Anglais, & tous les autres Peuples, ont un visage national.

HENRIETTE (*vivement :*) C'eft une reffemblance-de-famille..... Mon Mari m'a-parlé d'un de fes Frères , qui avait-peri dans l'Hanovre : Mylord y-fervait !..! Je queftionnerai Mylord..... Ou plutôt, fi ce Jeune-homme.... Alons-voir mifs Anna.

I J scène.

Le PRISONNIER-*français*, MACBELL (*entrant sur la scène, à-l'instant où Henriette & Betty en-sortent.*)

MACBELL. Viéns! viéns! chién de Français!

Le PRISONNIER (*pleurant :*) Laiſſez-moi! laiſſez-moi!

MACBELL (*le-frappant·*) Tiéns, voila pour-toi. (*Elle le-pouſſe, le-fait-tomber, & en-rit.*)

Le PRISONNIER. Ma chère miſs Anna!.... Mylady!... Miſs Anna! (*se-relevant, & prenant Macbell par le bras, il la-fait-tourner rapidement deux ou trois-fois :*) Je ne veus-pas vous-faire de mal.

MACBELL (*ſ'écriant·*) A-moi! à-moi! au-ſecours!.... (*On entrevoit Betty.*)

I I J scène.

MACBELL, *le* PRISONNIER, MYLORD (*arrivant, ſuivi de*) TOM.

MYLORD. Qu'eſt-ce-donc?... Qu'y-a-t-il?

MACBELL. Ce Malheureus... a-voulu... me-tuer!

MYLORD. Cela me-ſurprend! il eſt la douceur même!

MACBELL. Il viént d'entrer en-frenesie.

MYLORD (*au Prisonnier :*) Qu'avez-vous-donc-fait à *Madam?*

Le PRISONNIER (*d'un air ſtupidement étonné :*) Je ne ſais-pas.

MACBELL. Il ne le-dira-pas! Il faut-le-faire-enchaîner!

MYLORD. Nous verrons, si cela recommence.... Il est-tranquil !

MACBELL. Oui, attendez, qu'il ait-tué Quelqu'un ? Votre Sœur, votre Tante, Henriette ?

MYLORD. On ne le-perdra-pas-de-vue.... Tom, je te-le-consigne, tu me-repondras de tout.

TOM. *Yes*, mylord.

IV scène.

Le PRISONNIER, MACBELL, MYLORD, TOM, miss ANNA, HENRIETTE, BETTY.

BETTY *(montrant le Prisonnier:)* Le-voila ! Elle le-frappait.

MISS ANNA. Ah ! mon pauvre *French* ! vous m'avez-mise-bién-en-peine !

LE PRISONNIER *(courant à elle, & montrant Macbell avec horreur:)* Elle !....... Elle !... Elle !....

MACBELL. Vraiment, MISS Anna ! il lui-a-pris un accès-de-folie ! Il m'a-voulu-tuer.

MISS ANNA *(au Prisonnier:)* Vous avez-voulu-la-tuer ?....

LE PRISONNIER *(la-regardant attendri:)* Miss Anna !

MISS ANNA *(avec transport:)* Il a-retenu mon nom !... *(au Prisonnier:)* Je suis miss Anna ?

LE PRISONNIER *(avec émotion:)* Belle miss Anna !... Bonne & Belle !

MISS ANNA. Juste-Ciel ! il raisonne !.... Ah ! mon Frère ! vos bontés l'auront-sauvé !

MYLORD. Ou plutôt les vôtres, ma Sœur.

Miſs ANNA (*au Prisonnier:*)   Comment m'appelé-je?

Le PRISON.   Miſs Anna, la bonne & belle.

Miſs ANNA.   Ah-Dieu!

MYLORD.   Le compliment doit-te-flater, ma chère Anna?   Il m'attendrit.

MACBELL (*avec rage:*)   Pour un Français!

HENRIETTE (*au Prisonnier:*)   Et moi, me connaiſſez-vous?

Le PRISONNIER (*la regardant:*)   Non: mais vous êtes-belle?....   Etes-vous-bonne?

HENRIETTE.   Oui, oui. très-bonne, fur-tout envers les Affligés.   (*Elle lui preſſe les mains dans les ſiénnes.*)

Le PRISONNIER (*avec émotion:*)   Que le Ciel ... vous-beniſſe....   Oui, vous êtes-bonne....   Oh! que la bonté eſt-aimable!

Miſs ANNA (*attendrie:*)   O Henriette!

BETTY (*au Prisonnier:*)   Et moi, mon-fieur le Français!

Le PRISONNIER (*la-regardant:*)   Eveillée! Eveillée!   Eveillée!

MYLORD (*riant:*)   *Goddam!*   il eſt-gueri! il eſt-gueri!

MACBELL (*durement:*)   Et moi, me-connais-tu?

Le PRISONNIER   Vous venez de me-bat-tre, & de me-jeter par-terre; mais je veus-être-bon comme miſs Anne, & miſs... n'eſt-ce-pas Harriette, votre nom? (*Elle lui-fait-ſigne de la tête:*) & comme miſs Harriette; je vous-pardonne.

Miſs ANNA (*tranſportée:*)   Bondieu, le voila redevenu comme nous!

BETTY (*presque-simultanement:*) Je vais le-dire à Mylady. (*Elle y-court.*)

HENRIETTE, MYLORD (*tandis-que Betty sort, & que miss Anna arrange le bonnet du Prisonnier:*) Juste-Ciel! vous l'avez-frappé! quelle horreur, ma Tante?... miftress Macbell!

MACBELL. Je detefte les Français.

Mifs ANNA (*alarmée:*) Quoi! parle-t-elle ferieusement!

MYLORD. Non, non, ma Sœur! miftress Macbell veut-rire.

MACBELL (*fe-retire en-murmurant:*) Tu me-le-paieras, maudit Français! (*Elle fort.*)

<hr>

v fcène.

<hr>

LES MÊMES (excepté Macbell): mylady DARBY (arrivant precedée par BETTY.)

MYLADY. Comment? Betty m'affure que mon pauvre Prisonnier fe-reffouviént? (*avec bonté:*) Me-reconnaiffez-vous? (*Le Prisonnier la-regarde, fans-repondre.*)

HENRIETTE. (*vivement:*) Laiffez-moi lui-parler.... Jeune-Français, vous fouvenez-vous de mon nom?

Le PRISONNIER. Oui: mifs Harriette; très-bonne, furtout envers les Affligés.

Mifs ANNA (*avec admiration:*) Il a de la memoire, mylady Darby!

Le PRISONNIER. Oui, je me-fouviéns de votre pitié genereuse, madame. (*à Mylady:*) Et de la vôtre, mylady Darby.

MYLADY (*avec attendriffement:*) Mon pauvre Enfant!... Ah! le-voila-fauvé!

HENRIETTE (*au Prisonnier:*) Vous avez-dit *madam* à mademoiselle : c'eſt miſs Anna.

Le Prisonnier. Je le-ſais, aimable miſs Harriette... Henriette : mais en-France, on appelle madame, les Jeunes-perſonnes qu'on reſpecte-beaucoup.

Miſs Anna. Il a de l'eſprit! de la ſenſibilité!... (*à ſon Frère:*) Mylord, ce n'eſt pas un Prisonnier-du-commun !

Mylord (*ſouriant:*) Je t'ai-dit, ma Sœur, que c'était un Jeune-volontaire, que ſon âge ſeul empêchait d'être Officier.

Henriette. Sa memoire reviént !........... Quel bonheur, pour ce Jeune-infortuné!

Mylord. Vous êtes-belle & genereuse!... Ah! madame! que de titres à mon reſpect!

Henriette (*au Prisonnier:*) Quel eſt Monſieur ? (*montrant Mylord.*)

Le Prisonnier (*le-regardant quelque-temps:*) Je le-cherche.... Sa vue me-rejouit: Je ne m'en-ſouviéns-pas; mais il doit m'avoir-fait du bién !

Mylady. Cet Enfant me-charme ! (*Le Prisonnier lui-baise la main.*)

Miſs Anna (*prenant les mains du Prisonnier:*) Vous êtes-ſenſible ! bién-ſenſible !.... Ah !....

Henriette (*au Prisonnier:*) Vous rappeleriez-vous le nom de votre pays ?

Le Prisonnier. Il me ſemble.... Je ſais que je ne ſuis pas d'ici........ Paris ..... Paris eſt-à-cinquante-lieues........ Nous ne ſommes-pas à Paris ?

Henriette. Non: nous ſommes à York, en-Angleterre.

Le Prisonnier (*fremiſſant :*) York....
Angleterre !... York !....

Mylord (*à mylady Darby :*) La Patrie
parle à ſon âme à-peine *renée !*

Le Prisonnier (*qui l'entend, ſe-con-
traint :*) J'ai-lu quelque-chose d'York ......
Les Anglais ... ſont nos énnemis.... Nous
ſommes ... en-detachement.... Il m'eſt-arrivé
quelque-malheur ... depuis hièr-ſoir, que je
fus-envoyé en-detachement.... Auvergne ...
Auvergne ! ce ſont les Ennemis !... Je crais-
l'entendre.... (*Il fait-ſigne qu'on ne l'in-
terroge pas :*) Un-inſtant.... (*Pendant ce
diſcours, Mylady, miſs Anna, Henriette,
Betty & Mylord lui-même écoutent avidement : le Prisonnier reſte en-ſilence, & pa-
raît-reflechir :*) Auvergne... c'eſt mon regi-
ment... Aſſas ... c'eſt mon Officier... Ah! je
ſuis-en-Hanovre !... (*à miſs Anna:*) Quelle
langue me-parlez-vous ?

Miſs Anna. Français.

Henriette. Et moi, français.

Le Prisonnier. Français !.... ſerais-je
en-France ?.... Où ſuis-je ?

Henriette. A York, en-Angleterre.

Le Prisonnier. Charles-Dulis eſt à
York, en-Angleterre !

Henriette (*éperdue:*) Charles-Dulis...!.
Ah! mon Frère !

Le Prisonnier (*l'embraſſant d'abord
avec vivacité, puis ſ'arrêtant par-reflexion :*)
Ma raison n'eſt-pas-fortifiée !.... Helas! je
ne reconnais pas mes Sœurs... Laquelle êtes-
vous ?... A votre beauté, vous ne pouvez-

être que Madelène, ou Marguerite, perle de beauté , ainſi que de nom ?

HENRIETTE. Je me-nomme Hénriette :... Je ſuis l'épouse de votre ſecond Frère.

Le PRISONNIER. Grand Dieu! je vous-benis ... ma memoire, ni mes ïeus ne me-trompent-donc-plus !.... Ma Belleſœur !.... Ah! que mon Frère doit vous-aimer !... (*à miſs Anna:*) Et vous, Ange celeſte, quî êtes-vous ?

Miſs ANNA. Miſs Anna! ſœur de Mylord, qui vous-a-conſervé la vie.

Le PRISONNIER (*à Mylord:*) Je vous-dois la vie?

MYLORD. Oui; laiſſé pour-mort dans le bois, où vous-futes-ſurpris, je vous-trouvai ; vous reſpiriez ; je vous-ſoignai ; votre bleſ-ſure à la tête, a-été-guerie par le trepan; mais votre memoire ne revint-pas ; je vous-ame-nai ici ; ma Tante & ma Sœur ont-ſecondé toutes-deux mes ſoins, & vous vivez!

Le PRISONNIER. Votre Sœur, la-voila? (*montrant miſs Anna.*)

MYLORD. Elle-même.

Le PRISONNIER (*ſe-concentrant:*) Je ne ſuis qu'un Cadet des Cadets.... (*à miſs Anna:*) Ah! madame! je n'oublierai-jamais que je vous-dois la vie, autant qu'à votre Frè-re!... Pour vous, Mylord, vous êtes un Homme, peutêtre pourrai-je vous-ſervir un-jour, & ſinon m'aquiter, vous-marquer au-moins ma reconnaiſſance...... (*à Mylady:*) Pour vous, madame, il me-ſemble que pen-dant ma faibleſſe-d'eſprit, je vous crayais Ma-

delène de Saintepallaie, ma tendre Mère.....,
Vos soins ont-donc-été ceux d'une Mère.......
Ceux de miss Anna, ceux de ma Sœur cherie...
je la crayais Marguerite Dulis.... (à *Henriette :*) Et vous, vous êtes l'épouse de mon
Frère !... Parconséquent vous êtes française?

Henriette. Je suis anglaise.

Le Prisonnier. Dieu soit-loué! mon
Père ne haît-donc-plus la Nation de mes
Biénfaiteurs !

Henriette. Hélas ! il la-deteste, & je
ne suis ici, que parce-que je fuis sa colère.

Le Prisonnier (*à Mylord :*) Mylord!
mon Père ne connait-donc-pas encore votre
generosité?

Mylord. Eh ! comment ! nous apprenons, à-l'instant-même de votre bouche, que
m.^r Dulis est votre père!

Le Prisonnier. Mylord, il faut-partir...
Partons tous-trois, vous, ma Sœur & moi:
mon Père, en-me-revoyant, conservé par
vous, pressera dans ses bras mon Ange-conservateur.... (*à miss Anna :*) Si j'en-croyais
un autre-sentiment.... je resterais à-jamais
votre prisonnier,... votre esclave.

Mylord. Vous n'êtes-point-encore-assés-
fortifié : mais Tom va-partir. (*à Tom :*)
Prepare-toi.

Charles-Dulis. Je vais-écrire...... (*à
Henriette :*) Ma Sœur, si mon Frère vous-
aime comme vous le-meritez, & comme je
connais son cœur, que vous soyez-separés par-
force, je vous-le-declare, sa vie est-en-danger!

Henriette (*pleurant, à miss Anna :*)

Il connaît-bién fon Frère !... Non-feulement par-force, mais à fon infu !

CHARLES-DULIS (*avec-fremiffement :*)
Infortunée!...ton Mari eft-mort! (*à Mylord:*)
Partons! partons, fi m'ayant-fauvé, vous êtes-fenfible au plaisir de me-rendre le fau-veur de mon Frère !

MYLORD. J'y-confens. Preparez-vous, Henriette : Tom nous-devancera... Jemmy?
(*Macbell reparaît.*)

V J fcène.

LES MÊMES : MACBELL, JEMMY.
JEMMY. Me voici, Mylord.

MYLORD. Nous retournons en-France :
Qu'au lever du foleil tout foit-prêt. (*à Hen-riette :*) Alez vous-preparer, *madam.* (*à Macbell :*) Vous reftez, miftrefs. (*à Betty:*)
Te voila bién-contente! tu viéns avec nous?
(*Elle fuit fa Maitreffe en-fautant-de-joie.*)

MACBELL. Quoi! mylord!....

MYLORD (*à Charles-Dulis·*) Comme une aâion d'humanité élève l'âme! Si j'a-vais-eu la miénne toujours auffi-presente qu'en-ce-moment, votre Bellefœur ne ferait-pas-ici....

MIFS ANNA (*regardant un portrait que t're le Prisonnier :*) Ah! quelle eft cette peinture?

CHARLES-DULIS. Nous fommes, chés mon Père, quatre Fils, & cinq Filles : notre Père a-voulu que Chaqu'un de nous fût le patron-particulier d'Une de fes Sœurs, & qu'il aimât toutes les Autres : Nicolas-Dulis, mari d'Henriette, eft le patron de Madelènc, ſon defenſeur à-toujours : Pierre-Dulis, comme l'aîné, eſt celui d'Anne & de Marie : Thomas-Dulis, celui de Marianne : & moi, je ſuis celui de Marguerite-Dulis, la plus-jeune : & voila ſon portrait : elle a le mién : de tout-temps cet usage ſubſiſte dans notre Famille.

MIſſ ANNA (*contente, & regardant le portrait :*) Ah ! mon Frère ! voyez !...... Voyez, ma Tante !... qu'elle eſt-aimable !

MYLORD (*prend le portrait, & le-regarde quelque-temps, en-donnant differentes-marques d'admiration :*) Vous reſtera-t-il ?

CHARLES-DULIS. Non : je dois le-remettre moi-même à ſon Mari.

MYLORD. Le voila : gardez-le avec-ſoin.

MIſſ ANNA (*avec un trouble aimable :*) Ah ! mon Frère !

HENRIETTE (*regardant le portrait :*) Elle eſt-charmante !

CHARLES-DULIS Pas plûſque vous, ma Sœur.... (*à miſſ Anna :*) Moins que vous, madame.

MYLORD (*à mylady Darby :*) Mylady approuve notre depart ?

MYLADY. Il eſt-neceſſaire.

MYLORD (*à Henriette :*) Vous, madame, ne quittez-plus ma Sœur ; il m'importe que miſtreſſ Macbell ne vous-approche-pas avant notre depart. (*à Macbell, à-part :*) Un mot vous livre ici au mepris, & vous-fait-chaſſer avec horreur : ne me-le-faites-jamais-prononcer.

Fin du Quarième Aĉte.

Cinquième

Cinquième Acte.

[*La scène est-ramenée en-France, dans la Puisaie, au château de Dulis-père.*]

1 scène.

DULIS-*fils*, LOISEAU (*arrivant avec*) BOURGUIGNON.

BOURGUIGNON (*entrant sur la scène, à Dulis-fils.*) Monsieur, nous voici, m.ʳ Loiseau & moi.

DULIS-fils. Comment! mon Ami arrive!

LOISEAU (*entrant & l'embraffant:*) Mon chèr Dulis!

DULIS-fils. O mon Ami! tu viéns me-trouver!... quelles nouvelles m'apportes-tu!

LOISEAU. Et quelles nouvelles ici?...... Comment es-tu avec ton respectable Père?

DULIS-fils. Je ne l'ai-pas-encore-vu depuis mon arrivée; ma Sœur cherie le-prepare à me-recevoir: Il n'ignore-pas que je suis-ici; car tous les Domestiqs le-savent, & l'Aubergiste m'a-reconnu: Ainsi, l'instant où il va-confentir à me-voir, fera celui de mon pardon.

LOISEAU. Mais s'il ne pardonnait pas, qu'il falût-renoncer à ta Femme?

DULIS-fils. Mon Ami, tu rens-justice à mon amitié, tu la-connais: & le refus absolu de mon Père, te ferait-connaître.... ce qu'est l'amour dans un cœur tel que le mién.

LOIS. Diffère à voir ton Père: si tu m'encrais, partons ensemble, & retournons à Paris.

DULIS-fils. A Paris!.... Ah! Henriette

I Partie.   **M**

me-rappelle!... Mais laiffer ici le champ libre au traître Serj, qui parle contre moi! contre Henriette!

LOISEAU. Serj!... Le Lâche! Il l'aime.

DULIS-fils (*avec étonnement*) Il l'aime!... Mais l'amour eft un vice dans une âme-baffe.... Il eft une vertu dans la miénne.

LOISEAU. Tu n'as rién à craindre de ce Miserable. Crais-moi; partons. C'eft trop-preffer ton Père.... Le temps le desarmera. Viéns.... Ta Sœur penfera comme moi, dès-que je lui-aurai-parlé.

DULIS-fils. M'éloigner,... fans-avoir-flechi mon Père!

LOSEAU. Il eft vrai... Mais enfin... que lui-demanderas-tu?

DULIS-fils. Son aveu... Mais on frappe. (*à Bourguignon*) Va-voir.

V J fcène.

DULIS-fils, LOISEAU, SERJ (une Lettre à la main), BOURGUIGNON.

BOURGUIGNON. Monfieur De-Serj.

LOISEAU (*à Dulis.*) Que te-veut-il?

SERJ (*avec étonnement, & voulant-cacher la Lettre:*) Loifeau ici!....

DULIS-fils. Oui; l'amitié l'y-conduit..... Tout le monde n'a-pas des motifs auffi-purs.

SERJ. Soit....

DULIS-fils. Cette Lettre .... vous-me-l'apportiez, monfieur?

SERJ. Oui; mais j'hesitais à te-la-donner devant Monfieur, qui peut-mal-interpreter ma demarche; cependant la voila.

DULIS-fils & LOISEAU (*enfemble:*) C'eft l'écriture de miftrefs Macbell !

LOISEAU (*bas à fon Ami:*) Elle va-t'apprendre-fans-doute ce que je differais à te-dire : mais avant de voir cette Lettre, lis celle-ci. (*Il lui-donne celle d'Henriette:*)

DULIS-fils (*lisant:*) »Je fuis-fenfible, »autant que tu peus l'imaginer, à l'inquiétude »où nous alons te-laiffer : mais, mon chèr »Cœur, l'envie de revoir ma Patrie a-été-fi-»forte, que je n'ai-pu-la-furmonter» [2A5]. (*ceffant de lire, & regardant fon Ami:*) Elle eft-partie !.... Ah-Dieu !....

LOISEAU. Voila, mon Ami, pourquoi je fuis-venu moi-même, aulieu de t'écrire.

DULIS-fils. Henriette ... m'abandonne !...

SERJ. Lis l'autre Lettre.

LOISEAU (*vivement à Serj:*) Non ! (*à fon Ami:*) Celle-ci, dumoins, te-montre les motifs d'Henriette ?

DULIS-fils (*brisant le cachet de la Lettre de Macbell:*) Voyons ce que m'écrit fa Tante. (*On entend un bruit, qui fufpend la lecture.*)

I I J fcène.

DULIS-fils, LOISEAU, SERJ, MADELENE, m.^r D'ANGELIERS.

MADELENE (*arrivant avec vivacité, fui-vie de fon Mari:*) Mon chèr Dulis, je crais l'inftant favorable ! Il faut-te-presen-ter: mon Père viént de fourire, pour la pre-mière-fois, en-nous-parlant, depuis fa colère; il paraît-calme; c'eft le moment de le toucher.

DULIS-fils (*vivement, ferrant la Lettre de*

M 2

Macbell:) Alons, alons !... (à m.ʳ *D'Angeliers*) Mon Frère, voilà m.ʳ Loiseau, mon fincère Ami ; celui que vous favez ;.... à Quî je dois la vie.

MADELENE (*vivement :*) Ah ! monfieur ! vous êtes un digne Jeunehomme ! Que je fuis-heureufe de voir le meilleur Ami de mon Frère ! (*M.ʳ D'Angeliers , tandifque fa Femme parle , preffe avec-attendriffement la main de m.ʳ Loiseau.*)

DULIS-fils (*vivement :*) Alons ! ce moment eft-terrible ! mais je l'attens depuis huit-jours.... Alons !... (à m.ʳ *Loiseau :*) Mon Ami ! que ne fuis-je-de-retour ... auprès de toi ! prêt-à-partir, pour voler fur fes traces !...

MADELENE. Je vais-vous-preceder........ On fe-met-à-table.... M.ʳ Loiseau, le terrible moment paffé , mon Mari viéndra-vous-chercher ; vous ferez l'ornement de cette fête-de-reconciliation. (*Dulis , Madelène , & m.ʳ D'Angeliers fortent.*)

I V fcène.

M.ʳ LOISEAU , SERJ, BOURGUIGNON , TOM (ces deux Derniers, après quatre couplets.)

LOISEAU. Je ne fais que penfer de votre fejour ici, monfieur? Vous n'en-aviez-prevenu ni mon Ami, ni Perfone?

SERJ. Je ne vous-dois-pas-compte de mes actions-, ni à Perfone.

LOISEAU. Je le-fais : mais ... il y-a du louche dans votre conduite.

SERJ. Que vous-importe ?

BOURGUIGNON (*fuivi de Tom ; à m.ʳ Loi-*

seau :) Je viéns du château. M.ʳ Dulis est-prêt à-paraître devant fon Père. Mais voici un Homme, un Anglais, je crais, à fon langaje ; il demande m.ʳ Dulis-fils : comment-faire ? On ne peut-lui-parler qu'à fon retour ?

LOISEAU. Non, non ; qu'à fon retour.

TOM. *I have ſpeed.*

BOURGUIGNON. Que dis-tu ?

LOISEAU. Je l'entens : Mon Ami, quelque-preſſé que vous foyiez, vous ne pouvez-lui-parler que dans une heure.

TOM. *Oune houre ?*

BOURGUIGNON (*le contrefesant, en-tordant la bouche :*) Pas *oune houre* ; une heure.

TOM. *I have haſte.*

BOURGUIGNON. Si tu as-hâte, hâte-toi : Va, cours : les portes font-ouvertes.

TOM. *Mylord Doulis-father ?*

BOURGUIGNON. Monfieur Dulis-*feseur ?...*

LOISEAU (*à Tom :*) Alez-vous-rafraîchir : dans un-inftant, je vous-conduirai au château, & vous parlerez à m.ʳˢ Dulis, père & Fils. (*Il fort : Bourguignon & Tom vont à la cuisine ; Serj les-fuit.*)

V ſcène.

[*Le theatre change, & represente la salle-à-manger du château-Dulis ; tout le monde eſt-à-table ; mais Madelène eſt-debout, derrière la chaise de fon Père, & Marguerite eſt devant un miroir, arrangeant quelque-chose à ſa parure.*]

M 3

Dulis-père, m.me Dulis, Madelene-Dulis, Pierre-Dulis, Thomas, m.r D'Angeliers: Anne, Marie, Marianne, Marguerite-Dulis:
A une seconde-table, Germain, & cinq autres-Garsons-de-charrue; Pautot, & sept-autres-Vignerons; Claudot, Edm'lot, Courtcou, Jeannot, Jacquot, d'un côté: De l'autre, Claudine, Marthe, Jeannette, Marie, Reine, Fanchon, Edmée, Caterine, Nannette, Marguerite, Marianne, Marion, servantes:

Dulis-fils (*à l'entrée de la salle, & non-vu de son Père.*)

Dulis-père (*à Madelène:*) Que me-veus-tu, ma Fille?

Madelene (*embraffant son Père:*) Une nouvelle preuve de votre tendreffe?

Dulis-père. Pour toi? oui, oui.

Madelene. Pour moi,... dans ce que j'ai de plus-chèr: dans le Protecteur que vous m'avez-donné!

Dulis-père (*à m.r D'Angeliers:*) Pour mon Gendre! de toute mon âme.

Madelene (*se-mettant à ses genous:*) Nous sommes-tous-deux-comblés de vos bontés.... Mais j'ai un Frère....

Dulis-père (*avec-feu:*) Le Rebèle, l'amoureus d'une Anglaise!... Je suis-indigné... Il veut-donner sa voix au supplice de l'*Heroïne* [B1]; participer au meurtre de son Frère [B2]!.... Point de pardon! s'il n'est foumis, repentant.

MADELENE. O mon Frère !... Venez !

DULIS-fils (*s'avançant courbé, sans-être-vu de son Père ; mais toute la Famille ayant les ieus sur lui :*) Ah !

DULIS-père (*devinant sa presence, à la consternation de ses autres-Enfans, sans le regarder.*) Etes-vous le mari d'une Anglaise ?

DULIS-fils. Mon Père !... la jeune & belle Henriette est-digne....

DULIS-père. N'achève-pas ! Je t'entens... Une Ennemie de ma Nation & de ma Famille !..... Une Anglaise, complice de la mort de l'Un de mes Enfans?... & qui ôte à Un-autre l'honneur & la vertu !....: Dieu tout-puissant, écoutez la prière d'un Père outragé : Que cet indigne Fils, qui brave l'autorité sainte que je tiéns de vous....:

Toute la FAMILLE (*effrayée, poussant un cri :*) Mon Père ! ne le-maudissez-pas !

V J scène.

Les MÊMES : LOISEAU (entrant vivement, suivi de) SERJ, BOURGUIGNON & TOM.

LOISEAU. Calmez une colère,.... legitime, Monsieur, j'en-conviéns ; mais qui n'a-pas toutes les causes qui l'excitaient.... (*à Tom :*) Donnez la Lettre.

TOM. *A Letter, my-lord, of sir Charlos, your child.*

DULIS--père. Que me dit-il !

LOISEAU. Lisez, Monsieur: cette Lettre vous apprendra, que les Anglais ont moins de torts avec vous, que vous ne l'imaginiez.

DULIS-père (*decachetant ..... avec-transf-*
port :) Ma Femme ! mes Enfans !... c'eſt
de votre Frère !... Charles ! Charles m'écrit !
Il reſpire.... Ecoutez.... (*à-l'inſtant, où il*
va-lire, on entend un grand-bruit dans la cour
du château, & tout-le-monde, Enfans &
Domeſtiqs ſe-lèvent pour aler-voir.)

MARION (*ſortie la première, rentrant*
auſſitôt, hors d'elle même) Monſieu' Charles !... monſieu' Charles !... C'eſt monſieu'
Charles !.... Je l'ai-vu !... je l'ai-vu !... Le
voici !.. le voici !....

V I J ſcène.

LES MÊMES : HENRIETTE, CHARLES-
DULIS (la-conduisant par la main),
MYLORD, SERJ, BETTY.

BETTY (*courant devant tout-le-monde ; à*
Dulis-fils :) Monſieur ! voici votre chère-
Femme que votre Frère vous-ramène !

CHARLES-DULIS. Mon Père !...... (*Il*
court à lui :) Ma chère-Mère ! (*Il ſe-jète*
dans ſes bras, ſans-quitter la main d'Hen-
riette :) Mon Père ... voila la Femme de
mon Frère, la plus-belle, la plus-digne & la
plus-tendre.... Elle vous-rend votre Fils; je
la-rens à mon Frère.... (*Il remet Henriette à*
Dulis-fils.) Mon Père! voila mylord Taaff:
C'eſt à ce genereus Anglais, que je dois la vie....
Il m'a-ſauvé... Les ſoins les plus-tendres, &
tels que me-les-euſſent-donnés ma Mère &
ma Sœur-Marguerite, m'ont-été-prodigués
par miſs Anna, ſœur de Mylord, & par mylady Darby, ſon honorable Tante.... Jugez,

mon Père, & vous, ma chère-Mère, combién j'ai-dû-être-fenfible aux foins-genereus de mifs Anna! elle eft-belle ... belle ... comme Henriette, ou comme ma Sœur-Marguerite.

DULIS-*père.* Des Anglais!.... des An-glaises.... (*à Mylord :*) Quoi! vous êtes hommes en-Angleterre, & genereus!

MYLORD (*fouriant :*) Et tendres, mon-fieur, fenfibles à l'excès.... J'ai pleuré cent-fois fur votre Fils, avant le retour de fa memoire : ma Sœur, plus-fenfible encore.....

DULIS-*père* (*attendri, à fa Femme :*) Il a-pleuré fur notre Fils!....

Mme DULIS. Il l'a-fauvé; il nous-le-rend!

DULIS-*père.* Ah! ce trait me-penètre le cœur?... Mylord! Mylord! êtes-vous-bién-anglais?

MYLORD (*fouriant d'un air de bonté :*) Ma Famille eft une des plus-anciénnes des trois Royaumes.

DULIS-*père.* C'en-eft-affés! vous chan-gez mon cœur!... (*regardant les Portraits de fes Aïeus :*) Refpeĉtables Ancêtres, pardonnez-le-moi!... je ne hais-plus les An-glais : mais je fuis père, & ils me-rendent deux Fils.... (*à Dulis-fils, lui-tendant la main :*) Oui, je te-pardonne : reçoi de la main de ton Frère, reffufcité par un Anglais humain, compâtiffant, vertueus, l'Anglaise aimable qu'il te donne pour Epouse.

DULIS-*fils,* MADELENE & toute la FA-MILLE. O le bon Père!

HENRIETTE (*à fes genous :*) Je fuis votre Fille!

DULIS-*père* (*la-mettant dans les bras de*

ſa Femme:) Que notre Fils la-reçoive de vous & de moi. *(à Loiseau:)* Vous voyez le bonheur de votre Ami; vous-en-jouiſſez comme lui-même: mais je voudrais vous-en-donner un qui vous fût-particulier. *(montrant Marguerite)*

LOISEAU. Un bonheur plus-grand l'attend; pour moi j'ai le mién.

DULIS-père *(à Serj:)* Pour vous, le bonheur de votre Rival ſuffit à votre punition. *(Serj ſort.)*

VIIJ & d.ʳᵉ ſcène.

[*Pendant cette dernière ſcène, Madelène ne quitte-plus ni ſon Frère ni Henriette; Marguerite & Charles ſe-tiénnent la main.*]
Les Mêmes: (excepté Serj.)

MYLORD *(à Dulis-père:)* Et moi, monſieur, je vois Celle qui peut ſeule vous-acquiter envers moi. Je vous rens un Fils; je vous-rens une Bru, que j'aurais-aimée, ſi elle avait-été-libre: Vous avez l'âme trop-fière, à ce que je ſais, pour vouloir-reſter-redevable à-jamais? Acquitez-vous?

DULIS-père. Eh! comment?

MYLORD. Votre Fils ne m'entretiént, depuis ſon entière guerison, que des qualités de ſa Sœur-cherie; je vois ſes charmes; il a-raison: je vous-la-demande?

DULIS-père. Vous êtes-humain & genereus; vous ſerez bon-mari.... Je vous-la-donne.

MYLORD *(à Charles:)* Parlez à-present pour vous-même?

CHARLES-DULIS. Mon Père! je dois la

vie à miſs Anna, autant qu'à ſon Frère, &
je lui-ai-laiſſé mon cœur ?

DULIS-père. Mylord, j'ose-vous-prier
d'être-indulgent pour mon Fils .... mais c'eſt
un cadet....

MYLORD. Je lui-donne ma Sœur, qu'il
aime, & dont il eſt-aimé ! Votre vertu ;
les ſentimens de votre Famille ; les usages
que j'y-voìs-établis ; cette liaison entre les
Frères & les Sœurs me-tranſportent : ma
Sœur aura, pour dot en-Angleterre, une
terre, qui vaut trentemille-livres-ſterling,
& que je conſentirai qu'on remplace en-France, dès-qu'elle aura des Enfans....... Pour
Henriette, elle n'eſt-pas-depourvue : Guidé
par cette Jeune-fille (*montrant Betty*) j'ai-ſu,
en-paſſant par la Capitale, que ſon procès
n'eſt-point-perdu; il eſt-gâgné; elle eſt un
parti convenable pour votre ſecond Fils : &
voila ſon bién. (*Il lui-remet un porte-feuille.*)

HENRIETTE. Ah! mylord !... n'êtes-vous
que juſte ?

MYLORD. Oui : J'ai-decouvert toute la tra-
me : ſoyez-tranquile, heureuse.... (*à Betty:*)
Tu veus-paſſer tes jours avec ta Maitreſſe ?

HENRIETTE. Je le-veus, je le-veus ; mais
je connais ſon cœur; je la marierai. (*à ſon
mari :*) Elle aime Bourguignon.

DULIS-fils (*les reünit*) Elle ſera heureuse.

LOISEAU. Voila donc la plus-funeſte des
Preventions detruite !... O Nations, entr'aimez-vous, entr'eſtimez-vous, & l'âge-
d'or reviéndra ſur la terre !

Fin de la Seconde Variante.

Reflexions de l'Editeur.

Cette seconde *Composition* est-sans-contredit la plus-pittoresque : mais nous ne nous dissimulerons-pas une objection très-forte, quoiqu'à-demi-prevue plus-haut, *page 215, ligne 23 :* C'est que la pièce n'est-pas-assés-nourrie, pour être à la *Shakespear.* La reponse est-aisée : Il faut-observer que les trois Compositions ne sont-ici placées qu'à-raison de leurs differences, & que l'Auteur, ou Tout-autre, peut, quand il le-faudra, composer facilement un seul Drame des trois, au-moyén des retranchemens necessaires dáns chaqu'un des deux-autres, pour les faire-câdrer avec celui-ci, qui serait-alors-parfaitement ce qu'il doit-être. Et vóici comme nous concevons que pourrait-être-faite cette Composition unique :

1, On prendrait le *premier-Acte* de la Pièce qu'on viént de lire, avec un changement qui annoncerait qu'Henriette va en-Puisaie avec son Mari : On ferait le *second* Acte du *premier,* de la Pièce première-imprimée ; en-y-changeant tout ce qui est-trop-adouci, comme le commencement de la vj.^me scène, &c.^a, en-y-substituant ce qui annonce plûs de terrible dans la 1.re *Variante ;* enfin on puiserait encore dans le *second* Acte de la Variante qu'on viént de lire : Le *troisième* Acte serait-formé des trois *troisièmes* des trois *Variantes,* en-évitant les contradictions & changeant le lieu-de-la-scène : Dans le *Quatrième-*Acte, on prendrait celui de la

Variante première-imprimée, avec le *Qua-trieme-*Acte de celle-ci ; on conserverait sur-tout le conseil-de-famille & la malediction ; après laquelle il se-ferait un transport de la scène à York, où l'on verrait le delicieus ta-bleau de la reconnaissance de Charles-Dulis avec Henriette & miss Anna :   Enfin le *Cin-quième-*Acte à-la-*Shakespear*, debuterait comme dans la *Variante* première-imprimée, jusqu'à la fin de la iv scène ; excepté nean-moins, qu'on ajouterait à cette scène les details pathetiqs, horribles même de la iii.me scène de la première-*Variante*, qui commence la *II.de Partie :*   On prendrait ensuite les scènes iv, v, vj, vij, viij, ix, x, xj & xij, de la même I.re *Variante :* après cette xij.me scène, on prendrait l'arrivée de Tom, telle qu'elle est dans la II.de-*Variante*, en substituant par-tout à Dulis-père, Pierre-Dulis, supprimant m.me Dulis, & remplaçant Madelène ou m.me D'Angeliers, par Marguerite-Dulis.

On peut-dire, qu'après ce travail trèsaisé, puisque tout existe, le Drame serait-parfaite-ment à-la-*Shakespear.*

Avant de passer à la Pièce, *troisième-*im-primée, intitulée *I.re Variante*, qui va-com-mencer la *II.de Partie*, nous alons-corriger quelques-fautes considerables qui ont-échappé dans la *première-imprimée.*

Corrections & Additions.

Page 6, 18 *ligne, ajoutez,* en-deuil.
p. 44, 12 *l.* car on ignore ici que Dulis est-ar-rivé ; *lisez,* car on ignore que Dulis soit ici.

p. 47, après la 22 ligne, ajoutez:
MARIE-DULIS.

J'espère que mon Mari est-sur-le-point-d'arriver, mon Père.

p. 48, 13 ligne, après robe, *ajoutez* noire.

Ibid. 15 *l. après* Fille !... *aj.* vous portez-gaîment le deuil de votre Frère-protecteur ! Ce n'est pas ainsi qu'en-usaient vos Devancières ! (*Marguerite va s'assoir honteuse.*)

p. 57, 1 ligne, & vous n'exigerez qu'un, *lisez,* & vous n'exigerez-pas qu'un.

p. 59, 28 ligne, après, corromprait le cœur, *ajoutez ;* Alez-prendre quelque-repos, & laissez-passer la grande-chaleur-du-jour ; vous-en-travaillerez ensuite avec plus-de-courage, & moins de fatigue.

p. 60, 26 ligne, *de Marion qui range ;* lisez, *de Marion qui range tout.*

p. 61, 30 ligne, après, mon ami, *ajoutez ;* le Protecteur que vous m'avez-donné pour toute ma vie ! Me condamnerez-vous à-prendre le deuil, pour ne le-quitter jamais, comme ma Sœur-Marguerite !

p. 72, 27, après enlèvement, *ajoutez,* Il n'en-est-pas-besoin : mon Fils m'obéira ; je vous-en-repons, comme le-peut un Père.

p. 83, 11 l. reponse ; *lisez,* defense.

p. 86, 21 ligne, après, dans la douleur ; *ajoutez,* Mon Père alors se-souleva : Mon Fils (ajouta-t-il), vous savez que la haîne contre les Anglais est hereditaire, &c.ᵃ *prendre ce passage aux pp. 254, 32 ligne, & 255, en-finissant au mot* cervelle, *20 lig.*

p. 95, après 1 scène, *ajoutez dans les noms,*
MYLORD.

p. 100, 1 ligne, après *Jemmy*, ajoutez, (*qu'il retiént à-l'entrée de la galerie, tandiſque Macbell ſ'avance ſur la ſcène.*) lign. 4, après Maître ; *aj. Ils rentrent tous-deux.*)

Ib. 22 l. *apr.* par moi, *aj.* (*Mylord reparaît.*)

p. 124, 20 *ligne*, iſtant, *mettez*, inſtant.

p. 125, 25 *ligne, en-pouſſant de cris*, mettez, *en-pouſſant des cris.*

p. 128, 21 *ligne*, Monſieur D'ANGELIERS, *mettez*, Madame D'ANGELIERS.

p. 142, 18 *ligne, après*, Frère-aîné, *ajoutez*, Le Protecteur que vous m'aviez-donné, n'eſt-plus ; c'eſt mon Frère-aîné que je vous-demande à ſa place. (*Elle preſente la main à Pierre-Dulis, qui la reçoit.*)

p. 143, 29 & 30 *ligne, après*, ma Mère, *ajoutez*, c'eſt le Protecteur naturel que vous m'avez-donné, que je defens, en-Sœur, en-Cliente-fidelle.

p. 144, 15 & 16 *ligne*, j'abandonnaſſe mon Frère ; *lisez*, j'abandonnaſſe le Frère auquel vous m'avez-liée dès ma jeuneſſe, par une loi-de-Famille, la plus-belle, la plus-ſainte, & qui nous-honore dans tout le Canton ?

p. 150, 16, 17, 19 l. *vieage, dema, aprpoche* ; mettez, *visage, de madame, approche.*

p. 160, 16 *ligne, après*, me maudire..., *ajoutez*, :: Je te-maudis !...

c. 167, 26 l. m.me D'ANGELIERS (*en-deuil*).

p. 180, 18 l. *apr.* Oui, ma Sœur...., *ajoutez*,
MARGUERITE-DULIS.

Il nous a-conſervé mon Frère-protecteur, & je vais-quitter le deuil ?
Madame D'ANGELIERS.

Oui, nous le quittons toutes-deux.

p. 218, aux Noms des Perſonages, après AUBERGISTE, *ajoutez en-ligne,* L'HôTE de miſtreſs Macbell & de miſs Henriette.

Une obſervation, qu'il faut-joindre à l'*errata*, c'eſt que l'interêt ceſſe abſolument dans le vme Acte de la *Variante* première-imprimée après le retour d'Henriette, & ſon admiſſion dans la Famille-Dulis, qui en-eſt le veritable-denoûment. Tout ce qui ſuit, depuis la *page* 174, au-milieu de la XJ ſcène, deviént-froid ; quoiqu'il eût-été-fort-intereſſant, & de grand-effet, placé avant le denoûment. L'Auteur l'a-ſi-bién-ſenti, que dans les retranchemens qu'il a-faits à 12 *exemplaires*, qu'il deſtine à un usage particulier, il a-retranché toute cette fin du vme Acte, & tranſposé le combat de Losolis avec Serj. Il a-fait encore d'autres-retranchemens conſiderables dans le cours de la Pièce, afin d'en-reſſerrer le tiſſu, & de la-rendre propre au Theatre.

Nota. L'*Analiſe* de la Ire *Variante* eſt la même que celle de la grande-Pièce, première-imprimée, au vme Acte-près, dont la cataſtrofe eſt-abſolument-differente, & dans le genre le plus-terrible. En-effet, Dulis-fils y-eſt dans un égarement continuel ; Dulis-père meurt, ainſi que m.^{me} D'Angeliers ; Loiseau y-perit de la main de ſon Ami furieus ; m.^{me} Dulis tombe mourante à la vue des malheurs de ſa maison ; ſon Fils expire à ſes piéds, & Henriette ne ſurviént que pour partager le funeſte ſort de ſon Epous. *Voyez* la II.^{de} *Partie*, pp. 79 & ſuiv.

Fin de la Ire *Partie.*

(*Le même Libraire vend un Ouvrage très intéressant,
par la verité des évènemens & des tableaux, intitulé*) :
La Dernière-Avanture d'un Homme de quarantecinq-ans, Nouvelle utile à plus d'un Lecteur.
Venit magno fœnore tardus amor. Propert. A
Genève, & se trouve à Paris, chés *Regnault*,
libraire, rue Saint-Jacques.

Extrait des Affiches-de-Province, 2 avril 1783.

Un Homme de *quarantecinq* à *quarantesix-ans*,
ayant l'âme honnéte, sensible, malheureus par la
situation où il se-trouve, est-prévenu par une Jolie-per-
sone, fille de son Hôtesse : Ils s'estiment & se-lient
en-peu-de-temps : *Sara* (c'est le nom de la Fille),
paraît éprise de m.^r *D'Aigremont ;* elle parviént à s'en-
faire-adorer, en-employant toutes les seductions,
toutes les mignardises de son sexe : Le *Quarantecin-
quenaire*, après en-avoir-obtenu les plus-fortes-preu-
ves-d'attachement, se-persuade qu'il est-aimé : Il
s'en-felicite ; il se-trouve heureus ; l'amour lui rend la
joie, la santé. Penetré de tendresse pour une Jeune-
persone honnête, & qu'il ne peut-épouser, il se-persuade à lui-même qu'il est-prêt à la-céder à Celui qui
la rendrait-plus-heureuse. M.^r *D'Aigremont* veut-
exercer son dévoûment ; il a un Ami plus-riche que
lui, qui a la reputation d'Homme-de-merite, & qui est
garson : Il lui parle de *Sara ;* il l'enflâme pour elle ;
il la-lui-montre. Mais m.^r *De-Blemont*, plus-clairvoyant, ou avec quî la Jeune-fille se-déguise-moins
qu'avec m.^r *D'Aigremont*, la-penètre, & la-traite-
lestement. *Sara*, qui craint que cet Homme ne de-
trompe sa première-Dupe, se-plaint de m.^r *De-Blemont*, qu'elle peint comme un Libertin ; m.^r *D'Aigremont* est-prêt à se-brouiller avec son Ami.... Cependant, il continue de vivre en-bonne-intelligence
avec *Sara*. Il s'aperçoit seulement, que ses manières deviennent tréslibres ; il en-est-surpris, mais il
ne l'en-aime-pas-moins. Enfin, l'instant où il doit-
être-detrompé s'approche.

Sara commence à lui-cacher ses demarches : sa
Mère & sa Corruptrice, dont elle a-dit beaucoup de

mal à m.ʳ *D'Aigremont*, pour exciter sa compassion & s'en-faire un appui, la-mène aux *Boulevards*, au *Palais-royal* ; elles y-font-connaissance d'un Homme qui plaît à *Sara*. Elles vont chés lui, à une petite-maison-de-campagne, sans que *Sara* daigne en-rién-dire à son *Ami*, à son *Papa*, comme elle l'appelait. M.ʳ *D'Aigremont*, qui avait-coutume de souper avec *Sara*, l'attendit envain le soir de ce jour-là. Il fut-d'abord-affligé, inquiet ; ensuite desolé, tremblant pour sa Jeune-amie, qu'il crait-prostituée par sa Mère ; il la-pleure ; il est-au-desespoir.... Mais au-retour de cette Fille, il s'aperçoit qu'elle s'était donnée-volon-tairement à Un-autre, & qu'il n'avait-plus que son indifference. M.ʳ *D'Aigremont* avait-malheureuse-ment-compté sur sa Jeune-Hôtesse, pour le repos & la douceur du reste de sa vie ; toutes ses esperances sont-renversées ; il est-saisi-de-douleur. Il lutte pendant six-mois contre son amour & l'infidelité de sa Maitresse : mais il s'aperçoit que c'est en-vain, & que le mepris ne guerit-pas l'amour assés-vîte, pour l'empêcher de tuer le corps.

Cependant, sa passion lui-laisse un-instant de tran-quilité : *Sara* se-brouille par une nouvelle-intrigue, avec Celui qui l'avait-enlevée à m.ʳ *D'Aigremont* : ce Dernier la-voit alors avec une sorte d'indifference ; mais sa passion n'était-qu'assoupie : Il avait-daté sur la pierre à l'*Ilesaintlouis*, toutes les situations de son cœur avec *Sara* ; il les-revoyait jour-par-jour à l'an-niversaire, & cette vue entretenait sa passion : par-venu à la date de l'an revolu de l'infidelité de *Sara*, il s'attendrit, il pleure, il s'écrie.... Dans le mo-ment, où son âme était ouverte à la tendresse, il voit *Sara*, qui passait avec sa Mère : Il vole à elles ; il en-est-accueilli ; il les-accompagne aux *Anciéns-Boulevards* ; il se-rappelle qu'à pareil-jour *Sara* était à son Rival, & lui au-desespoir ; son âme sensible éprouve les plus-delicieuses sensations. On lie une partie de promenade aux *Nouveaus-Boulevards*, où m.ʳ *D'Aigremont* avait-été-autrefois avec *Sara* fidelle ; cette partie est-delicieuse, c'est un tableau digne de l'*Albane*.... Mais *Sara* eſt une trompeuse, une *Fille*-galante; ſa Mère une infame appareilleuse: m.ʳ *D'Aigremont* n'en-peut-douter. Il la-quitte...... Dans le denoûment de l'*Avanture*, il meurt de douleur, ſans-doute pour depayſer les Curieus; mais dans la verité, que nous ſavons, il oublie une Fille indigne de lui, & ne lui-conſerve que le mepris qu'elle merite. Il écrit ſon *Avanture*, & la-fait-imprimer, pour qu'elle ſoit-utile aux autres *Quarantecinquenaires*, tentés d'aimer.

Telle eſt la courte analyse de cette *Nouvelle*, que ſon étendue & ſa forme ont-empêché d'inſerer dans les *Contemporaines*.

Nous ne pouvons nous-empêcher de convenir, avec les autres Journaliſtes, que l'Auteur de cette nouvelle Production n'imite Perſonne; qu'il marche ſeul, hardiment, ſans-entraves: & que ſ'il ſ'égare, c'eſt en-intereſſant le Lecteur à ſes écarts même. En-lisant la *Dernière-Avanture d'un Homme de quarantecinq-ans*, le ton de verité qu'on y-trouve, étonne, ſaisit, & donne de la confiance : Il eſt-impoſſible de mentir ainſi; on y-voit des inegalités, des repetitions; mais on ſent que ces defauts ſont-naturels à l'Homme fortement-affecté, qui trace journée-à-journée, les effets de la paſſion funeſte qui le tourmente. Si l'on trouve des Lettres dans le recit, on ſent qu'un Romancier les eût-faites autrement, & l'on ſe-dit, *Ces Lettres ſont-vraies.* Si l'Editeur cite des hiſtoires épisodiques, elles ne ſont ni de ſon ſtyle, ni de ſon *faire.* S'il peint l'amour, ce n'eſt-pas une jolie-chimère, c'eſt la realité. S'il peint la jalousie, le deſeſpoir; le Lecteur entraîné, ſent le deſeſpoir & la jalousie; on eſt-convaincu que l'Ecrivain trace ce qu'il a-éprouvé. C'eſt le principal merite de cette Production, écrite du-reſte, par bonds & par ſauts; le ſtyle en-eſt tantôt-vif, tantôt-prolixe, diffus, languiſſant : mais alors même il eſt-pittoreſq, & montre l'âme affaiſſée de l'Ecrivain, qui ſe-peint lui-même. Un paſſage que nous alons-citer, donnera une idée de la manière de l'Auteur: »Le dimanche

29 janvier (puis-je-dire que ce fut un jour heureus),
Sara vint-me-voir à midi. Je l'attendais avec impatience.... J'étais-alors-à-peu-près-inſtruit ... ma delicateſſe en-ſouffrait ; mais les desirs y-gâgnèrent une
inconcevable-vivacité. Je resolus de ſonder ſa vertu
presente ... & de m'arrêter, ſi elle était-reelle, ou de
l'attacher à moi par le plaisir, ſi elle en-avait le goût.
(Ne vous irritez-pas, honnête-Lecteur ! je l'ai-payé
aſſés-chèr, pour ne devoir-intereſſer que votre pitié ;)
Sara ſe fit-entendre par une petite-tous ; (comme tout
intereſſe dans l'Objet qui nous-a-charmé ! je treſſaille-
encore, lorque j'en-entens une ſemblable :) Je cou-
rus-ouvrir. Qu'elle était-belle ! que d'attraits ! que
de fraîcheur ! quel goût dans ſa parure negligée ;
les Grâces avaient-arrangé ſes beaux-cheveus, la Volupté ſon fichu, ſon corſet, ſes jupes, ſa chauſſure ;
la Volupté excitait le ſourire qui ſe-traça ſur ſon
visage. ——Me voici, Papa !.... Le Pauvre petit-
Papa ! je l'ai-bién-fait-attendre ! mais ce n'eſt-pas
la faute de ſa Fille : elle a une Mère, & cette Mère
eſt-bién-capricieuse ! Il faut-prendre-garde à ne pas
la-bleſſer ; à ne pas la faire ſe câbrer ! Si un, *Je
ne veus-pas que vous montiez là-haut*, était-une-fois-
ſorti de ſa bouche, plus de remède, & ta Fille ſe-
rait-au-deseſpoir : quand on riſque tout, il n'eſt-pas-
permis de hasarder. ——Je te-vois, charmante, rai-
ſonnable Fille, & toutes les peines de l'abſence de-
meurent-ſuſpendues juſqu'à ton depart.... Viéns ici,
ma Sara, viéns ſur mes genous-..... Elle y-vint
avec cet aimable-abandon.... faible-langaje ! que tu
ne rendras-jamais» ! Voila un tableau, ſans-doute,
& ce ſtyle peint. Nous voudrions pouvoir-citer
d'autres paſſages, d'une verité ſimple, naïve & frap-
pante ; mais les bornes de cette feuille ne nous-per-
mettent que d'en-indiquer un autre pris vers la fin de
l'*Avanture*. C'eſt lorſque m.ʳ *D'Aigremont* voit-
écrite ſur la pierre, la date de l'infidelité de Sara :
(*Nous alons le rapporter ici en-entier :*)

»Mais il ſemble que j'euſſe reservé toute ma ſenſibilité pour le 31 (mai). La date portait : 31 *maii*

h.ª ferot.11.ª Sara non red. Sara mea perdita ; ego desperat. Je me-recueillis d'abord quelques-instans : un nuage-de-douleur & de larmes fe-formait: mon cœur était-ferré ; ma poitrine haletante :... mes ïeus f'obfcurciffent ; les larmes coulent ; & je m'écrie : —Depuis un an, mon malheur eft-complet ! mon cœur, mon pauvre-cœur avait-cru-trouver un asile ; il f'y-était-jeté, pour ne le-quitter-jamais ! Il aimait, il adorait un Objet... ah ! qu'il la-trouvait-aimable, cette Fille qui l'a-trompé !.... Aujourd'hui, aujourd'hui, Malheureus, tu l'as-perdue ! Aujourd'hui, aujourd'hui tu n'as-plus-eu d'Amie, d'asile contre le malheur, la douleur, le chagrin, les inquiétudes, le desefpoir, la mort !.... Aujourd'hui, aujourd'hui, à cette heure, tu n'as-plus-tenu à Perfone au monde ; tu as-été-abandonné de toute la Nature, comme un pauvre Infortuné !.... Aujourd'hui, aujourd'hui, à cette heure, ton Amie, ta Fille, ta Compagne bién-aimée, Celle qui devait-repandre la douceur fur tes derniers jours, t'abjurait, te-trahiffait, fe-vouait à Un-autre... Aujourd'hui, aujourd'hui, à cette heure, elle te-preparait la coupe fatale de la trahison, de la jalousie, des larmes-de-rage, des ferremens-de-cœur, des foupirs fanglotés, de la cruelle-infomnie, de l'attente brûlante, du brisement-de-l'âme, de l'horrible-desefpoir !.... Aujourd'hui, aujourd'hui, à cette même-heure, j'ai-perdu le plus-grand-tresor de l'Homme, le cœur d'une Femme dont il fe-crait-aimé !... Oh-oh ! pauvre-malheureus que je fuis, j'étais-deja-mort ; pourquoi, pourquoi faut-il que je meure deux-fois !... J'étais-infenfible... ma vie f'écoulait fans-plaisir, fans-douleur... fans-desirs, fans-deffeins, fans-vues pour l'avenir : je me-disais :: Tout eft-fini... Une Jeune-beauté, une Ange viént en-ce-moment ; elle me-montre l'amour, le plaisir, le bonheur ; & elle me-dit, —Tout-cela eft-à-toi, fi tu veus-m'adorer-. Je friffonnai ; je voulus-fuir .... les Grâces m'enchaînèrent ; elles m'étreignirent dans leurs liéns-de-fleurs, plus-forts que le fer : & je m'abandonnai aux Grâces, à l'Ange qui m'offrait le bonheur, à

Sara.... J'aimai ; je revecus ; j'eus un cœur, des
ſens, j'en-fis-usage, & je goûtai le plaisir.... Mais
hélas ! malheureus Jouet du ſort, à-peine-rendu à la
vie, je fus-replongé par Celle qui me-l'avait-donnée
dans le neant dont elle m'avait-tiré !... Mort cruelle
& mille-fois plus-douloureuse que la première, c'eſt
aujourd'hui, aujourd'hui, à cette même-heure, que
tu me-fus-donnée! & ſi depuis j'ai-eu des ſens, ils
n'ont-ſervi qu'à la douleur-.... Et je pleurais, je fon-
dais-en-larmes, en-me-promenant autour de l'*Ile*, le
visage voilé d'une main, traçant quelquefois de l'autre ſur la pierre l'excès de mes douleurs.

»Avec quelle-vivacité cet Anniverſaire me-retraçait
la trahison de Sara ! je la-ſentais peutêtre plus-dou-
loureusement que je ne l'avais-alors-ſentie ; je ne pouvais que ſangloter....

»C'eſt-en-ce-moment-cruel, que j'aperçus devant
moi, ſur le *Pont-marie*, Sara, ſa Mère, & Valfleuri.
Un élan de tendreſſe involontaire, desavoué par ma
raison, me-porta vers l'Ingrate. J'abordai la Mère.
J'en-fus-accueilli. Je ne lui-parlai que de Sara, je
dis ce que je penſais ; je l'aimais en-cet-inſtant
(Ceux qui connaiſſent le cœur-humain n'en-ſeront-
point-étonnés, après ce que je venais d'éprouver) ;
cette Femme parut-charmée de ce que je lui-disais :
Encouragé par-là, je ſentis de la joie, de l'amour,
de la tendreſſe.... En-levant les ïeus ſur Sara, qui
marchait devant moi, je voyais ſa taille élegante, ſes
beaux-cheveus ; un demi-tour que fesait quelquefois
ſon visage de notre côté, me-montrait les roses de ſon
teint : La douceur parut dans ſes ïeus : ah ! quand
elle les-adouciſſait, on y-voyait auſſitôt l'innocence,
la candeur, la franchise, le tendre-interêt, tout ce
qui peut-ſeduire & charmer les malheureus-Mortels !
mon âme ouverte par la douleur, reçut avidement
la ſenſation plus-delicieuse du plaisir, elle ſ'en-raſſa-
sia. Mme Lee, charmée des diſpositions que je lui-
montrais pour ſa Fille, me parlait avec affection.
Nous arrivames ainſi aux *Boulevards* ; j'y-reparus avec
ces deux Femmes, que j'avais-été-y-voir ſi-ſouvent

à-la-derobée, foit avec mon anci en Rival, foit avec leur nouvelle Connaiffance; j'y-jouis des doux re-gards, du grâcieus fourire, des paroles obligeantes de Sara, au même-endrait, où le 9 octobre prece-dent, j'avais-brûlé de jalousie, où j'avais-vu mon Rival preferé.... L'ivreffe revint.... Obligé de les-quitter, je m'en-retournai-heureus... Heureus !.. Oui, j'avais le bonheur d'un Miserable, qui f'eft-enivré.... Je revins le foir fur ma chère *Ile*: Tout m'y-parut-changé en-beau: j'y-verfai des larmes-de-joie; j'y-écri-vis fur la pierre, *Cum Sara ad Belved. 31 maii, anniv. infort.* J'alai jufqu'à la pointe occidentale: Là, mon cœur exalté f'affaiffa: un mot, un cruel mot, ou plutôt un favorable trait-de-lumière me-frappa! Je me-rappelai qu'une Femme m'avait-averti, que Sara, que fa Mère devaient m'ama-douer, pour obtenir de moi ... l'effet de mes an-ciénnes-promeffes...... Adieu tout mon bonheur .... mais je ne me-retrouvai-pas la fenfation regrettante, defefperante qui l'avait-precedé».

On pourrait-reprocher à l'Auteur une volupté trop-fentie; quelques tableaus qui font-horreur, comme celui des *pp. 296-7. 8*; enfin des negligences-de-ftile, des fautes d'impreffion, & des repeticions. A ces de-fauts près, ce Livre, qui n'eft point un Roman, eft-digne du fuccés dont il jouit.

Ouvrages du même Auteur.

La Famille vertueuse,	IV Parties.
Lucile, ou les Progrès de la vertu.	
La Confidence neceffaire, Lettres-anglaises, avec le Conte d'*O-Ribo*, *feconde-édit.*	II Parties.
Le Piéd de Fanchette, ou le Soulier couleur-de-rose, *feconde édit.*	II Parties.
La Fille naturelle, *troisième édit.*	II Parties.
L'Ecole de la Jeuneffe, ou le Marquis de T***,	IV Parties.
Lettres d'une Fille à fon Père,	V Parties.
La Femme dans les trois-états, de Fille, d'Epouse & de Mère, *feconde édit.*	III Parties.
Le Menage Parisien,	II Parties.
Les Nouveaus-Memoires d'un Homme-de-qualité,	II Parties.
Traduit en-allemand.	
Le Fin-Matois, traduit de l'Efpagnol de François de Quevedo,	III Parties.
Le Payfan perverti, *quatrième édit.* 82 *fig.*	IV Tomes,
Traduit en-anglais, 42 éditions, & 4 en-allemand.	

La Paysane-pervertie, 36 *figures.* **IV Tomes.**
——Les CXVIII Figures se-vendront separement.
L'Ecole des Pères, **III Tomes.**
    Traduit en-allemand.
Le Quadragenaire, *avec fig.* **II Parties.**
    Traduit en-allemand.
Le Nouvel-Abeilard, ou Lettres de deux Amans
qui ne se-font-jamais-vus, *avec fig.* **IV Tomes.**
La Vie de mon Père, *avec fig.* **II Parties.**
La Malediction-paternelle, Lettres sincères & ve-
ritables de N. Dulis, à ses Parens, ses Mai-
tresses & ses Amis ; avec les Reponses, *fig.* **III Vol.**
Œuvres posthumes du Fils maudit par son Père :
 Œuvre P.re : *I.re Suite :* Les Contemporaines,
 ou Avantures des plus-jolies-Femmes de l'âge-
 present, *avec* 115 *figures.* **XVII Vol.**
 II.de Suite : Les Contemporaines-du-commun,
 ou Avantures des Belles-Marchandes, Ouvriè-
 res, &c.ᵃ de l'âge-present, *avec* 85 *figures.* **XIII Vol.**
 III.me Suite : Les Contemporaines-par-gradation,
 ou les Jolies Femmes de la Noblesse, de la Ro-
 be, de-Finance, de-Lettres, de-Medecine,
 de-Bourgeoisie, Galantes, & de-Theatre. **XII Vol.**
  [Cet Ouvrage sera-porté à 260 *Nouvelles, qui le-*
  completteront entièrement : mais avec les
  Sujets doubles, on aura 366 *Histoires, &* **XLII Vol.**
La Dernière Avanture d'un Homme de 45 ans. **II Part.**
 Œuvre S.de : La Decouverte-australe, par un
 Homme-Volant, *avec fig.* **IV Vol.**
 Œuvre T.me La Prévention nationale, action
 adaptée à la scène, avec 2 Variantes, & les
 Faits qui lui-servent de base. **II Part.**
 Œuvre Q.me : Les Hauts-Faits & les Merveil-
 leuses-Avantures du bel O-Ribeau, Roi de
 Momomie, &c. *avec fig. (suivra.)* **II Vol.**
 Œuvre C.me : Le Hibou, ou le Spectateur-noc-
 turne, en-50 Juvenales. *(doit-suivre.)* **IV Vol.**
 Œuvre S.me : Le Compère-Nicolas. **IV Tomes.**
 Œuvre Sept.me : Les ··—·—·· Metamorfoses.

PROJETS.

Idées singulières, qui contiéndront six vol. *in-8°.*
Le Pornographe, ou la Prostitution reformée. 1769.
La Mimographe, ou le Theatre reformé. 1770.
Les Gynographes, ou la Femme reformée. 1777.
L'Anthropographe, ou l'Homme reformé. 1782.
 (Ce dernier Ouvrage fait le pendant des Gynographes,
  & les deux forment ensemble un seul & méme Plan-
  de-reformation.)
Le Thesmographe, ou les Lois reformées, *suivra.*
Le Glossographe, ou la Langue reformée, *suivra.*
 Il n'existe plus que quatre Collections absolument complètes
des Ouvrages precedens ; on les-reserve pour les Persones qui
en-demanderont une entière.